Gottfried Traub

Bonifatius

Ein Lebensbild

Gottfried Traub

Bonifatius
Ein Lebensbild

ISBN/EAN: 9783742899323

Hergestellt in Europa, USA, Kanada, Australien, Japan

Cover: Foto ©ninafisch / pixelio.de

Manufactured and distributed by brebook publishing software
(www.brebook.com)

Gottfried Traub

Bonifatius

Bonifatius.

Ein Lebensbild

von

Gottfried Traub.

.

Leipzig.

Verl.   R

Vorwort.

Nichts Neues oder Selbstgefundenes wollen die folgenden Blätter bringen; sie möchten allein dazu dienen, weiteren Kreisen die Geschichte der ersten Zeiten des Christentums in Deutschland näher zu bringen. — Nur wer einen Sinn hat für die Geschichte des Christentums, der hat auch ein Herz für die vielumstrittene und vielverspottete „Volkskirche", welche nicht mit dem modernen „Staatskirchentum" identisch zu sein braucht.

Wendlingen, Mai 1894.
(Württemberg.)

Der Verfasser.

Inhalt.

Erstes Kapitel.

Das Christentum in Deutschland bis auf Bonifatius.

I. Die ersten Spuren des Christentums.

1. Germanisches Heidentum und römisches Heidentum.

Auf dem rechten Rheinufer — von der Lahn abwärts bis unterhalb Köln — wohnte im letzten Jahrhundert vor Christi Geburt der germanische Volksstamm der Ubier. Von altersher hatten sie in Feindschaft mit ihren Nachbarn und Stammesgenossen gelebt, und jetzt stellten sie sich unter römischen Schutz, ein Verhältnis, das dadurch noch an Bedeutung gewann, daß im Jahre 38 v. Chr. der ganze Stamm von den Römern auf das linke Rheinufer verpflanzt wurde. Von nun ab befand er sich ganz in den Grenzen des römischen Reichs, und es war kein Wunder, daß hier der Glaube der Väter ins Schwanken kam und bald anfing sich mit dem Glauben der Römer zu vermischen. Inmitten des neuen bundesgenössischen Volkes erhob sich das prächtige Köln als Hauptstadt des Landes. Römische Sprache, römische Sitten und Bräuche verbreiteten sich in allen Schichten der städtischen Bevölkerung. Von der Stadt drangen sie aufs Land. Der römische Kaiser Claudius holte sich seine Gemahlin aus Köln. Infolgedessen hob sich die Stadt mächtig und wuchs zur echten italienischen Großstadt mit all ihrer Pracht und all ihren Lastern heran. Stolze Villen schmückten die vornehmen Straßen. Menschen allerlei Volks trieben sich darin umher: da feilschte ein jüdischer Händler mit einem germanischen

Krieger; dort kam ein römischer Banquier dahergeschritten mit einem stattlichen Gefolge afrikanischer Sklaven. Hand= werker und Theaterspieler, Kaufleute und Künstler, Generale und Beamte eilten an ihre Geschäfte. Prachtvolle Tempel schauten auf den Rhein hinunter. Denkmale der verschiedensten Götter zierten die öffentlichen Plätze. Vor allem wurde der Genius des Kaisers Augustus allgemein verehrt. Da war kein Platz mehr für die Götter der stillen Haine und Klüfte, zu welchen die Ubier in ihrer alten Heimat die Hände auf= gehoben hatten. Ueberall, selbst bei den südlicheren links= rheinischen Stämmen, den Nemeten und Vangionen, drang das römische Heidentum ein.

Als die römische Regierung die Verehrung des kaiser= lichen Genius in Köln einführte, hatte sie einen wohldurch= dachten Plan. Dadurch wollte sie den alten Geist der rechtsrheinischen germanischen Stämme beeinflussen und schwächen. Freilich schlug dieser Plan fehl. Zwar staunten die einfachen Germanen den Glanz der römischen Krieg= führung rückhaltlos an. Als der kaiserliche Prinz Drusus von der Nordsee her ihr Tiefland unterjochte und der kühne und begabte Tiberius an der Elbe stand, lagen sie gewisser= maßen in einem Bann; die römische Feldherrnkunst dünkte sie etwas Uebermenschliches. Das zeigt jene Erzählung von einem germanischen Greis, welcher in fürstlichem Schmuck in seinem Einbaum über die Elbe herübergerudert kam, nur um den römischen Feldherrn Tiberius zu sehen. Und als ihn die Vorposten zu ihrem Feldmarschall geführt hatten, betrachtete er ihn lange schweigend, bis er in die Worte ausbrach: „Ich habe, o Cäsar, mit deiner huldvollen Er= laubnis heute die Götter gesehen, von denen ich früher nur gehört. Einen glücklicheren Tag habe ich Zeit meines Lebens nicht gewünscht, noch erlebt." Nach diesen Worten berührte er die Hand des Tiberius, stieg in den Kahn und ruderte zurück, unverwandt den Blick auf ihn geheftet. Jeder Sieg der Waffen galt eben als Krafterweis der Gottheit. In den Gestalten dieser gewandten und erfolgreichen römischen Führer schienen ihnen die Götter selbst auf die Erde herab= gestiegen zu sein. Ein Sohn aus dem Hause des Cherusker= fürsten Segest war es, welcher im purpurgesäumten Priester= gewand römischen Priesterdienst verrichtete. In solchem

Umfang war römisches Heidentum schon zur Modesache geworden.

Da kamen andere Zeiten: Zeiten, in welchen die Römer habgierige und beschränkte Beamte über den Rhein hinüber= schickten. Quintilius Varus erbittert das Volk der freien Germanen. Der Suebenfürst Marbod verläßt die cheruskischen Stämme und schließt ein Bündnis mit Rom. Arminius, Segimers Sohn, „der römische Ritter mit der tapferen Faust und dem blitzenden Aug'", sammelt die unzufriedenen Scharen seines Volks und vernichtet die Römer im Teutoburger Wald. Das war nicht nur ein Sieg der germanischen Waffen über die römischen, das bedeutete einen Sieg der germanischen Götter, welche in jenen Kampfestagen ihre Ueberlegenheit über die römischen kundgethan hatten. Der Zauber, welchen bisher die römische Feldherrnkunst ausgeübt hatte, war ver= nichtet. Man wußte jetzt, daß man den Römer auch besiegen konnte. Das Volk hatte den Glauben an seine Zukunft wiedergewonnen. „Wir werden siegen" — diese Gewißheit begleitete von jetzt ab die germanischen Stämme bei ihrem Kampf gegen Rom. Hatten sie bisher ihre Kraft nur geahnt: jetzt wußten sie, daß sie stark waren mit Hülfe ihrer Götter, und jetzt wollten sie stark bleiben. Ein Ge= fühl der Zusammengehörigkeit aller Stämme regte sich. Einzelne Völkerschaften schlossen Bündnisse und nahmen einen Gesamtnamen an, unter welchem sie stets von neuem ihren Totfeinden, den Römern, trotzten. Eben die Alamannen, Franken, Sachsen, von welchen uns die Geschichte am meisten berichtet, sind nichts anderes, als solche Stammesbündnisse, getragen von dem Haß gegen Rom und erfüllt von Ver= trauen auf die heimischen Götter. An diesen hatten sie den einzigen Rückhalt. Die Gottheiten der einzelnen Stämme traten mehr in den Hintergrund. Man besann sich wieder auf die gemeinsamen Götter, welche von allen Stämmen zugleich verehrt wurden. Die Gewißheit machte stark: wir Germanen haben alle dieselben Götter. Kann man dies doch heute noch aus den Trümmern der alten Sagen von dem Rand der Nordsee bis zum bayerischen Hochgebirge hin herauslesen. Ein gemeinsames Heiligtum für alle Stämme wurde zwar nie geschaffen. Aber stammverwandte Völker= schaften schickten ihre Gesandten zu demselben heiligen Hain, wie es bei den Führern im Suebenbunde, den Semnonen, Sitte war. Auch die Stämme, welche nur durch politische oder militärische Rücksichten aufeinander angewiesen waren, pflegten religiöse Gemeinschaft. Wie der Gott Thor als Landesbeschützer von Norwegen verehrt wurde, so stand an der Diemel die Irmensul als das Bundesheiligtum der Sachsen. So zeigte sich das germanische Heidentum gesicherter und fester als je. Der Römer war nicht nur ein Fremder: er war gehaßt. Eben deshalb waren auch die Götter verhaßt, zu welchen er betete. Ein Abfall von den heimischen Göttern war gleichbedeutend mit dem Uebertritt zum Volksfeind. Auch dürfen wir nicht vergessen, wie enge das Leben des Einzelnen mit dem seines Stammes und darum auch mit den Göttern dieses Stammes verknüpft war. Wer sich von ihnen lossagte, der entwurzelte und vereinsamte sich selbst — die gleiche Erfahrung, welche heutzutage christliche Missionare mit ihren heidnischen Zöglingen machen, wenn diese sich bekehren und zur Strafe dafür von aller Familien- und Stammesgemeinschaft ausgeschlossen werden. Jede Mahlzeit, welche die Familie hielt, war zugleich ein Opfer für die Götter. Die gemeinsamen Götterfeste mit ihren Gelagen und Schmausereien, mit ihren Reigen und Chören waren die einzige Abwechslung in dem einförmigen Leben der Stammesgenossen. Der Grund und Boden, auf dem man wohnte, war durch den Segen der Götter geweiht. Die Nahrung kam aus ihrer Hand. Jede Familie verehrte noch dazu ihren bestimmten göttlichen Helden, von welchem sie ihres Geschlechtes Ursprung ableitete. Die Siegesbeute war verloren, der Ruhm der Tapferkeit dahin, sobald man nicht im Dienst der heimischen Götter focht. Drum war keine Gefahr mehr, daß die römischen Staatsgötter die germanischen verdrängen würden.

Allerdings blieb sich das germanische Heidentum nicht immer gleich. Ursprünglich kannte es keinen abgesonderten Priesterstand. Es gab da keine Priestergeschlechter, wie bei den Juden oder Griechen. Alles war noch einfacher. Die Häupter des Stammes oder der Familie leiteten den Gottesdienst. Dieser selbst war nicht mit mannigfaltigen Ceremonien überladen, sondern natürlich und würdig. Sonne, Mond und Feuer wurden angebetet: man hatte also einen Dienst

der Naturkräfte. Keine scharf gezeichneten Personen waren
es, welche angebetet wurden. Die mit der Natur lebenden
Stämme lauschten dieser die treibenden Kräfte ab und ver=
körperten dann die Macht des Lichtes und der Wärme eben
in ihren Göttern. An der Wende des ersten Jahrhunderts
nach Christo stand es schon etwas anders. Die Götter
wurden persönlicher gestaltet und weit lebhafter vorgemalt.
Drei Götter treten allen anderen voran. Es sind dies die
Beherrscher des Götterhimmels: Wuotan, Donnar, Ziu.
Diese Dreizahl finden wir merkwürdigerweise ebenso im
nordischen Götterreich, wo Odhin, Vili und Ve, und in
Schweden, wo Odhin, Thor, Freyr verehrt wurden. Man
darf sich aber diese Götter nicht als bestimmte, scharf ge=
zeichnete Persönlichkeiten mit feststehenden Eigenschaften vor=
stellen. Der Germane trägt in sich ein geheimnisvolles
Sehnen, und diesem hat er bei der Vorstellung seiner Götter=
welt voll Rechnung getragen. Besonders Woutan ist un=
endlich in seiner Macht, gewaltiger, als jede menschliche
Vorstellung zu begreifen vermag. Diese Göttergestalten stehen
weit über den zeitgenössischen Göttern der Griechen und
Römer. Deren höchste Wesen waren nichts anderes mehr,
als reine Menschen mit all ihrer Schwachheit und Sünde
dazu. Demgegenüber hatten die germanischen Götter=Vor=
stellungen unstreitig einen geistigen, idealen Gehalt. Denk=
würdig ist deshalb die Art der Götterverehrung. Nirgends
fand man Bilder von Göttern. Auch in früheren Zeiten
finden sich äußerst seltene Spuren von Abbildungen der
Götter in menschlicher Gestalt. Man begnügte sich mit sinn=
bildlichen Zeichen. Ein Pfahl, eine Säule, ein Schiff wies
das Auge des Andächtigen auf seine Götter hin. Solche
Götter konnten nicht in Tempeln wohnen. Der Hain, in
welchem die Eichen geheimnisvoll rauschten, war ihr Wohnort.
Der Felsen oder Berggipfel, von dessen Höhe der Blick ins
Weite schweifen konnte, diente ihnen als Heiligtum. In
Schluchten und an Quellen war ihr Lieblingsaufenthalt.
Priester besorgten jetzt den Gottesdienst. Aber immer blieb
derselbe frei von lästigen und hohlen Ceremonien. In den
heiligen Hainen am Schlachtfeld opferten jene die gefangenen
Offiziere der römischen Truppen. Galt doch das Menschen=
leben als das kostbarste Gut, welches man den Göttern

darbringen konnte. Die Priester vermittelten den Verkehr des Frommen mit der Gottheit und waren ihm behülflich, deren Willen zu erforschen. Kleine Stäbchen aus Buchenholz, in welche verschiedene Zeichen eingeritzt waren, wurden unter den heiligen Bäumen des Haines ausgeschüttet und dann wieder zusammengelesen, wobei dann aus der Reihenfolge der Zeichen das Schicksal gedeutet wurde *).

Leider finden wir schon, daß der Glaube des Volks einer Verwilderung entgegengeht. Die Waffe war dem Germanen sein Liebstes, der Krieg sein Leben. Vollends gegen Rom sein Schwert zu ziehen, war die Pflicht jeden Mannes, der vaterlandstreu und fromm sein wollte. In seiner kriegerischen Lust formte allmählich das Volk seine Götter zu reinen Kriegsgöttern. Schon sah der Stamm der Tenkterer in Wuotan nur noch den Schlachtengott. Doch ist dies für die damalige Zeit eine Ausnahme, immerhin ein Fingerzeig, daß die germanischen Götter eben auch immer mehr herabsanken, wie die griechischen.

2. Germanisches Heidentum und römisches Christentum.

Dem römischen Heidentum war der Eingang in die Herzen der Germanen gewehrt. Ebenso war das Christentum am Einzug verhindert. Waren es doch überwiegend Römer, welche Christi Namen trugen. Römische Kaufleute brachten mit ihren Waren die erste Kunde von dem Weltheiland. So mußte das Christentum bei ihnen nicht nur als fremder Glaube überhaupt erscheinen: es galt als eine besondere Form des Glaubens der verhaßten Römer. Es war so fast ein Ding der Unmöglichkeit, den Haß gegen die Römer nicht auch auf diesen christlichen Glauben zu übertragen. Christlicher Glaube und römische Religion erschien den Germanen vollends als gleichbedeutend, seit um die Mitte des vierten Jahrhunderts das Christentum zur römischen Staatsreligion geworden war. Folgerichtig wandte sich ihr Haß gegen den Christengott. Denn dieser führte ja jetzt die

---

*) Diese Buchenstäbchen tragen den bekannten Namen: Runen (raunen). An diese altdeutsche Gewohnheit erinnern uns noch die tagtäglich gebrauchten Worte: „Buchstabe" und „lesen" (Zusammenlesen der Stäbchen).

römischen Adler zum Sieg. Dieser Christengott stand auf
Seiten ihrer Erbfeinde, und jeden Sieg, welchen diese er=
rangen, hatte er verschuldet. Der Liniensoldat in der römischen
Kaserne am Rhein, welcher den Christengott als den wahren
erkannt hatte, mochte immerhin heilig und teuer versichern,
daß sein Gott auch der Feind der alten römischen Götter sei.
Thatsächlich kämpfte er als Staatsbürger mit heidnischen
Genossen zusammen gegen die Germanen. So mußten doch
diese jede Niederlage, die sie erlitten, auch auf Rechnung des
neuen Christengottes schreiben, und dem Eindringen des
Christentums standen damit die allergrößten Schwierigkeiten
entgegen.

Dazu kommt, daß die germanischen Stämme keineswegs
ein Bedürfnis nach Erlösung fühlten. Sie waren an ihren
Göttern noch nicht irre geworden. Ihr eigenes Kraftgefühl
steigerte sich. Mit den Jahren des zunehmenden Kampfes
wurden sie immer trotziger. Was am Christentum sollte
ihnen da gefallen? Jesus, der in Armut Geborene und am
Kreuz Gestorbene? Er war gerade das Gegenteil von dem
Bild, welches sie sich von einem vollkommenen Helden machten:
ein solcher mußte voll üppiger Manneskraft einer Welt in
Waffen trotzen können. Nichts ging dem Germanen über
sein Schwert. Jesus aber brachte den Frieden. Jenem war
es wohl bei Ring= und Wettkampf, vor allen Dingen in der
heißen Feldschlacht. Jesus aber wurde verkündigt als der
Dulder voll Sanftmut und Barmherzigkeit. Das war kein
Mann für Leute, welche zufrieden mit sich selbst und voll
kriegerischer Leidenschaft dahinlebten. Sie verstanden nicht,
was es heißen solle: sich selbst überwinden. Den Nächsten
lieben, gegen jedermann versöhnlich sein — war für sie eine
widersinnige, ja unmögliche Forderung, galt doch das Gesetz
der Blutrache ihnen als unverbrüchlich), der Haß gegen den
Feind als eine Tugend. Deshalb war bei denjenigen Stämmen,
die mit Rom im Kampf standen, die Abneigung gegen das
Christentum weit stärker, als jede etwaige Befreundung mit
christlichen Gedanken. Von Tag zu Tag hielt man zäher
an den alten Göttern fest. Verlor man diese, so glaubte
man das Vaterland verloren. Was an Weichheit und was
an Trotz in des Germanen Herz war, es mußte mit helfen,
die alten Götter zu halten.

Immerhin mögen sich hie und da Einzelne zum Christen=
tum bekehrt haben. Meistens nahmen sie dann zugleich die
Bildung des Römertums an und gewöhnten sich an seine
Einrichtungen: sie wurden Christen und zugleich Römer.
Ihre alten Verwandten wollten nichts mehr von ihnen wissen.
Sie waren abgefallen vom Vaterland, ausgestoßen vom Boden
der heimatlichen Götter. Es ist auffallend, wie viele Germanen
wir im römischen Kriegsdienst finden. Sie waren es, welche
besonders in der Reiterei vortreffliche Dienste leisteten. Von
solchen Soldaten, welche in den römischen Garnisonen lagen,
mögen manche die neue Lehre angenommen haben. Freilich
pflegten die römischen Truppen weit lieber den Dienst anderer
Götter des Morgenlands, als gerade den des Propheten von
Nazareth. Heutzutage noch finden sich in Siebenbürgen und
in Frankreich, in Throl und am Neckar, an der Nahe und
am Rhein eine Menge von Höhlen, in welchen überall der
persische Gott Mithras angebetet wurde, — lauter Schöpfungen
der römischen Heere, auf welche offenbar von fernher stammende,
abenteuerliche und geheimnisvolle Bräuche den stärksten Ein=
druck machten. Ueberdies war es dem römischen Liniensoldaten
vermöge der strengen Dienstordnung außerordentlich erschwert,
den Christengott zu bekennen, so lange die Christen noch
keine Religionsduldung im römischen Reich genossen. Doch
hat das Christentum sicherlich früh seinen Einzug in den
Kasernen gehalten seit den Tagen, da Paulus bei der
Prätorianerkaserne zu Rom predigte. Nur waren es eben
wenige, die gewonnen wurden.

In die germanischen Heimatwälder selbst drang die
Kunde vom Heil der Welt auf anderem Wege. Tausende
von Sklaven, welche im Krieg erbeutet worden waren, wurden
in die verschiedensten Landesteile geschleppt. Hier lebten sie
mit den Familien ihrer Besitzer zusammen, und es müßte
wunderlich zugegangen sein, wenn nicht der eine oder andere
von jenem Christus etwas erzählt hätte. Das Evangelium
hatte sich ja ausnehmend rasch verbreitet. In den abgelegenen
Teilen des armenischen Hochlands, in den Kaukasusländern,
in Arabien wirkten christliche Missionare mit Eifer und
Erfolg. Es ist fast unmöglich, anzunehmen, daß die Lande
zwischen Rhein und Donau vollkommen unberührt geblieben
sein sollen. Waren sie doch so eng mit dem römischen Reich

verknüpft. Ein schwunghafter Handel zwischen Römern und Germanen brachte die beiden Völker einander näher. Die Römer handelten besonders Bettfedern ein. Alljährlich ließ sich der Kaiser Tiberius Mohrrüben aus Germanien kommen. Besonders lebhaft war der Bernsteinhandel; immer zogen Kaufleute auf der Handelsstraße vom Adriatischen Meer über Haimburg an der Donau der Oder und Weichsel entlang nach der Ostsee, um dieses Harz zu gewinnen. Römische Ritter aus der Umgebung des Kaisers Nero reisten ebendeshalb in das Odergebiet. Am Hofe des Fürsten Marbod trieben sich römische Hausierer herum. Sie verschafften den Germanen die edeln Metalle, aus welchen diese dann mit kunstgeübter Hand prächtige Armbänder, Ringe, Nadeln und herrliche Schilder verfertigten. Eben diese Kleinhändler zählten viele Standesgenossen unter sich, die Christen geworden waren. Sie sind wohl die ersten Missionare Deutschlands gewesen. Sie kamen in Gegenden, wo kein römischer Soldat oder Beamter jemals hindrang. Sie haben zum erstenmal die frohe Botschaft verbreitet, — eine Verkündigung, die freilich ohne nachhaltige Wirkung geblieben ist.

3. Das Christentum in den Rheinlanden.

Die gewaltige Hauptstadt der Rheinlande war Trier. Hübsch gelegen in einer freundlichen Thalweitung der Mosel, hat die Stadt den Römern immer gefallen. Vier große Römerstraßen trafen dort zusammen. Mit Lyon und Reims, mit Mainz und Köln wurde der lebhafteste Verkehr unterhalten. Die römischen Kaiser erwählten sich Trier als Residenz. Hier waren sie vor den feindlichen Ueberfällen der Germanen gesicherter als in den Festungen, welche unmittelbar am Rhein lagen, und doch blieben sie in der Nähe des Schlachtfeldes. Der große Konstantin und seine Söhne, Valentinian, Gratian, Maximus, schlugen hier ihren Wohnsitz auf (im vierten Jahrhundert). So wurde Trier ein zweites Rom. Die Rebenhügel des Moselthales bedeckten sich mit prächtigen Villen, und ein römischer Dichter hat dieses Thal in begeisterten Versen besungen. In dem benachbarten Fließem erhob sich ein Prachtbau, dessen Vorderseite weit über 1000 Fuß maß. In dem großen Amphitheater gab

Konstantin seine Fechterspiele (306—312). Er baute einen Cirkus, welcher 150 000 Personen faßte, einen Kaiserpalast mit Prachtsälen, Gerichtshallen, öffentliche Bäder u. s. w. Ein buntes Treiben herrschte in den Mauern dieser Stadt. Hier schlendert ein Gallier in seinen langen Beinkleidern aus möglichst bunten Stoffen behaglich einher. Dort steht an der Bude eines syrischen Krämers ein Germane im gold=blonden Haar, den langen Mantel über die Schulter geworfen. Hastig eilt der griechische Künstler ins Schauspielhaus und hinter ihm drein kommt der pomadeduftende Senatorensohn, welcher soeben den Laden des Friseurs verlassen hat. Schwer=atmend zieht die Händlerin ihren Gemüsewagen zum Markt=platz und weicht mißmutig den anrückenden Bataillonen aus. Trier war zur Weltstadt geworden, in welcher dem Frohsinn des Lebens mehr als gut gehuldigt wurde. Noch heute zeugen die Denkmäler, die aus jener Zeit erhalten sind, von der Lebenslust der Einwohner: da sieht man schöne Frauen am Toilettentisch, tanzende Mädchen mit hochgehaltener Traube, Schiffe voll Weinfässer u dergl. m. Toller Leichtsinn und unglaubliche Genußsucht griff immer mehr um sich.

Aber gerade in dieser üppigen Weltstadt sammelte sich seit dem zweiten Jahrhundert eine christliche Gemeinde. So war es ja schon in Korinth, in Rom und in anderen großen Städten gegangen. Ihre Glieder gehörten den verschiedensten Völkern an. Jüdische Händler, italienische Kaufleute, syrische Sklaven haben sich hier im Moselthal zu gemeinsamem Gottesdienst zusammengefunden. Es war freilich nur ein bescheidener Anfang, aber immerhin eine Gemeinde des Herrn. Die rheinischen Kasernen haben äußerst wenige Christen be=herbergt. Die dortigen Mannschaften waren fast durch keinen Zuzug von außen erneuert worden. Ein großer Teil der=selben war im Soldatenlager selbst geboren und aufgewachsen, so daß eben auch bei dem heranwachsenden Geschlecht der alte heidnische Väterglaube weiter fortgepflanzt wurde. So erklärt es sich, daß die erste Christengemeinde in den Rhein=landen nicht aus Einheimischen, sondern aus lauter Fremden bestand, welche das Großstadtleben zufällig hier zusammen=geführt hatte. Es war eine bunt zusammengewürfelte Ge=sellschaft, aber beseelt von dem Einen Geist ihres Herrn und Meisters. Der eine Christ kam, der andere ging, je nachdem

ihn sein Beruf wegführte oder wieder zurückkehren ließ.
Die Aussicht, das Christentum bei der umliegenden Land=
bevölkerung auszubreiten, war also äußerst gering. Zudem
redete man in der Stadt römisch, während auf dem Lande
noch die Mundarten des Volks, entweder die keltische oder
die germanische, herrschten. In der christlichen Stadtgemeinde
wurde eher hebräisch und griechisch, als keltisch oder germanisch
gesprochen. Man dachte offenbar gar nicht daran, in den
Mundarten des Volks das Wort vom Heil zu verkündigen.
Erst im vierten Jahrhundert wurden allgemein verständliche
Predigten gehalten, an welchen auch die Landleute teilnahmen.
So blieb das Christentum zunächst auf die Stadtgemeinde
beschränkt. Wachte ja doch auch eine mißtrauische heidnische
Priesterschaft über dem Glauben der Väter. Die Druiden
— so hieß dieselbe — schützten den keltischen Glauben und
waren trotz verschiedener Verbote fast nicht auszurotten.
Ebenso zäh wie die Kelten an ihren Göttern, hingen die
Germanen am althergebrachten Gottesdienst. Gerade sie aber
machten einen großen Bruchteil der Bevölkerung aus. In
allen Ständen waren sie anzutreffen: als Sklaven, Beamte,
Landbauern, Gewerbetreibende. Ein römischer Kaiser hatte
gegen das Ende des dritten Jahrhunderts den ganzen Stamm
der Franken gerade in die Umgegend von Trier verpflanzt.
Kurz, alles vereinigte sich, um das weitere Umsichgreifen des
Christentums zu verhindern. Das Haupthindernis jedoch
lag darin, daß die Blüte der ganzen Landschaft Gallien seit
dem vierten Jahrhundert in stetem Niedergang begriffen war.
Der Vorstand einer Rednerschule bezog einen Jahresgehalt
von 90 000 Mark und daneben seufzte der Stand der Klein=
bauern unter der Steuerlast, welche er nicht mehr zu tragen
vermochte. Sie schlossen sich zu einem „Bundschuh" zusammen
und waren lange Zeit der Schrecken machtloser Regierungen
und hochmütiger Städter. Man sah den Untergang herein=
brechen; aber man war zu schlaff, ihn aufzuhalten. In
Trier und Lyon, in Toulouse und Köln reimte man geist=
lose Verse und übte sich in phrasenhaften Reden. Als Kaiser
Konstantin Christ wurde, verfertigte man christliche Gebete
als Stilübungen. Es gab keine Charaktere mehr. Man
zierte die Wände seines Speisezimmers mit lüsternen Auf=
tritten aus heidnischen Göttersagen und aß dabei mit Löffeln,

welche das Monogramm Christi schmückte. Das Christentum war den tonangebenden Kreisen nichts als eine Sache der Spielerei. Das gallische Volk glich einem „geschwätzigen Greis".

Die Christengemeinde in Trier — wie gesagt — war klein. Bis zum Jahre 336 genügte ein einziges Kirchlein in dieser Stadt von 60 000 Einwohnern. Erst als Kaiser Konstantin zum Christentum übertrat, nahmen die Christen an Zahl zu. Es mußte eine zweite Kirche gebaut werden. Allein nach wenigen Jahrzehnten trat wieder ein Stillstand ein, die vornehmen Kreise wollten wenig von dem Ernst der neuen Predigt wissen. Noch am Ende des vierten Jahr=hunderts finden sich Heiden in hohen Beamtenstellen und als Privatleute. Trier war noch nichts weniger als eine christliche Stadt geworden. Freilich nahmen auch Mitglieder des kaiserlichen Hauses, Hofbeamte am christlichen Gottes=dienst teil. Allein es fehlte der Gemeinde an Frische und an Zufluß gesunder Kräfte von außen: sie war zu sehr auf sich selbst angewiesen und konnte sich bei den umwohnenden Landleuten nicht ausbreiten. So glich das Christentum einer fremden Pflanze, welche in ungewohntem Boden nur dürftig ihr Dasein fristet.

Aehnlich, wie in Trier, entwickelte sich das christliche Gemeindeleben in den übrigen rheinischen Städten. Das große Köln barg auch (seit 355) ein kleines Gotteshaus für Christen in sich. In Tongern hatte die Gemeinde einen eigenen Bischof. Die Mainzer Bevölkerung war sogar eine recht kirchliche geworden. Wählte doch der Alamannenherzog Rando den Sonntag zu einem Ueberfall der Festung, weil sich an diesem Tage der größte Teil der Bevölkerung in der Kirche befand (368). In Bingen, in Bonn, in Rüdesheim, in Wiesbaden finden sich überall frühe Spuren des Christen=tums. Im allgemeinen jedoch galt der Christengott als Gott der Städter. Das Landvolk lebte nach seinen alten heidnischen Ueberlieferungen. Und auch in den Städten wurde das Christentum erst an der Wende des vierten Jahrhunderts die überwiegende Religion, ohne daß es zunächst eine merkliche Aenderung im sittlichen Leben der Bevölkerung herbeigeführt hätte.

4. Das Christentum im Zehntland.

Mit diesem Namen wird der Landstrich zwischen der oberen Donau und dem Mittelrhein benannt. Derselbe war durch eine starke Befestigungslinie von Kehlheim an der Donau bis zur Mündung der Lahn gegen die germanischen Stämme abgegrenzt. Einst hatte hier Marbod mit seinen Markomannen gehaust. Nun hatten sich diese nach Böhmen zurückgezogen, und römische Veteranen besetzten mit gallischen Einwanderern zusammen das freiliegende Land. Sie hatten dazu die Erlaubnis der römischen Regierung eingeholt und mußten an dieselbe nur den Zehnten abliefern. Daher der Name des Landes.

Auch in diesen Gegenden hatte sich römisches Wesen außerordentlich rasch eingebürgert. Städte, wie Baden, Ladenburg, Sülchen bei Rottenburg am Neckar, brauchten den Vergleich mit den großen Rheinstädten nicht zu scheuen. Eben dieses Sülchen war die Hauptstadt des Römergebiets in Schwaben. Die damalige Stadt bedeckte weit mehr Flächenraum als das heutige Rothenburg. Prächtige Landhäuser mit wunderschönen Gartenanlagen umgaben dieselbe. Auf dem rechten Neckarufer erscholl der Kommandoruf der Offiziere in den Kasernen; das linke bedeckten Tempel, stattliche Amtsgebäude und bequeme Privatwohnungen. Mehrere Wasserleitungen führten frisches Wasser einige Stunden weit für die Städter herbei. In einem Theater, von welchem man unfern von Sülchen „am grasigen Weg" noch Spuren gefunden hat, belustigte sich die Bevölkerung. Sollte hier das Christentum keinen Platz finden?

Im Zehntland wurde eine Menge Götter verehrt. Die eingewanderten Gallier brachten aus ihrem Heimatland ihre Götzen mit und verbanden teilweise deren Namen mit denen der römischen Landesgötter. Im Schönbuch sind Steinbildwerke der römischen Göttin Diana aufgefunden worden, wie sie in Begleitung von Nymphen oder Jagdhunden mit Köcher und Bogen auf die Jagd zieht. In Jagsthausen betete man zu der ägyptischen Isis, in Köngen wurde dem römischen Gott Merkur von Besançon geopfert, in Canstatt suchte man bei der kleinasiatischen Göttermutter Frieden. Weit verbreitet war die Verehrung der segnenden Flurgöttinnen, und die altgedienten Truppen ließen es sich nicht nehmen, ihre Anhänglichkeit an das römische Kaisertum durch den eifrigsten Dienst des kaiserlichen Genius zu bewähren. So bunt und reich hatte sich das Heidentum im Zehntland ausgestaltet. Dies war einerseits ein Zeugnis von dem Verfall des heidnischen Glaubens: die Menschenseele suchte immer bei neuen Göttern Frieden und fand ihn doch nicht, andererseits kam in dieser Mannigfaltigkeit die Stärke des religiösen Bedürfnisses zum Ausdruck. Alle diese vielen Götter aber einigten sich dem gemeinsamen Feinde, dem Christentum, gegenüber. Es ist merkwürdig, daß wir in der That nirgends ganz bestimmt das Vorhandensein von christlichen Gemeinden nachweisen können. Und doch müssen solche sich gebildet haben. Denn gerade diese Landschaft unterstand dem römischen Einfluß vollkommen und hatte die engsten Verbindungen mit dem Reich. Auf den mannigfachen Handelsstraßen mußten christliche Krämer und Hausierer den Weg ins Schwabenland finden. Das Straßennetz war überaus ausgedehnt. Militär- und Handelswege durchkreuzten das Land, und Württemberg war zum echten Handelsland geworden, welches überall dem Handelsgott Merkur Altäre errichtete. Darum ist die Vermutung berechtigt, daß auch in diese Gegenden frühe schon der Namen Christi getragen worden ist.

Zu einer festen Gemeindebildung ist es jedoch keinesfalls gekommen. Um die Wende des zweiten Jahrhunderts bildete sich am Main der Bund der Alamannen, deren Hauptstamm vielleicht die Semnonen waren. Diese spielten die Hauptrolle unter den Sueben (daher der Name: Schwaben) und bestimmten eine Reihe kleinerer Stämme zum Anschluß. Unablässig wurde nun gegen die Römergrenze vorwärts gedrängt. Die Zehntländer wichen nicht. Es kam zu einem langwierigen Kampf, und noch ums Jahr 290 war der Grenzwall nicht ganz gewonnen. Allmählich mußte sich die römische Bevölkerung zurückziehen. In den preisgegebenen Landesteilen ließen sich die heidnischen Alamannen nieder. Damit war der Untergang des Christentums in dieser Gegend besiegelt. Mancher kriegsgefangene Römer mag freilich den stolzen Alamannen von Christus erzählt haben. Aber diese Verkündigung blieb ohne größeren Erfolg. Die Alamannen

waren von jetzt ab die gefährlichsten Nachbarn des römischen
Reichs. Langsam, aber stetig drangen sie in dasselbe ein.
Es war ein Kampf zwischen einem kräftigen, trotzigen Völker=
bund und einem verfallenden Reich. In diesem Kampfe
mußten die heidnischen Götter mitstreiten gegen den Christen=
gott der Römer. So war Alamannien dem Christentum
zunächst verschlossen.

5. Das Christentum in Südostdeutschland.

Hier treffen wir ähnliche Verhältnisse wie im Zehnt=
land, nur in lebenskräftigerer Gestalt. Im Jahre 15 hatten
die kaiserlichen Prinzen Tiberius und Drusus einen gemein=
samen Angriff auf die Alpenvölker geplant und denselben
im Sommer des gleichen Jahres ausgeführt. Der Gewinn
dieses Feldzugs war die Landschaft Rätien. Dieselbe um=
faßte die heutige Ostschweiz, das südliche Bayern und Tirol.
Die beiden Grenzfestungen waren Augst bei Basel und
Augsburg, das durch seine großen Büchereien und seine
Pflege der Musik weithin einen Namen hatte. In diesen
größeren Städten sammelten sich auch christliche Gemeinden.
Dieselben erfreuten sich einer streng kirchlichen Ordnung; sie
besaßen einen Bischof, welcher selbst wieder einem größeren
oberitalischen Verband angehörte. Ebenso saßen Bischöfe
in Chur und Trient. Das Christentum hat in diesen
Gegenden offenbar früh Wurzel gefaßt. Die Sage erzählt
von einem Geschwisterpaar, Lucius und Emerita, daß das=
selbe in der Umgegend von Chur außerordentlich bald die
Umwohner mit Christus bekannt gemacht habe. Selbst von
Blutzeugen wird berichtet, und die enthaupteten Figuren von
St. Felix und Regula sind zum Andenken auf dem großen
Stadtsiegel von Zürich ausgeprägt. Jedoch der Alamannen=
sturm vernichtete auch in diesen Gegenden, was das Christen=
tum bisher geschaffen hatte. Die Bistümer lösten sich auf.
Augsburg wurde 378 erobert. Damit war die dortige
Christengemeinde aus dem Verband mit den übrigen ita=
lischen und sonstigen Gemeinden ausgeschieden. Erfreulich
ist, daß sie nie ganz aufhörte. Wir wissen, daß die heilige
Afra und ihre Dienerinnen fortwährend daselbst verehrt

wurden. Das Bild der chriſtlichen Miſſion in all' dieſen
Bezirken trägt hiernach ſchärfere Umriſſe und feſtere Züge.

Gehen wir weiter nach Oſten! Zwiſchen Inn, Donau
und Drau lag die Landſchaft Noricum. Sie war am engſten
mit Italien verbunden. Ein halbes Jahrtauſend blieb ſie in
römiſchem Beſitz. Tragen doch noch heutzutage ein Drittel
der Almen im deutſchen Tirol romaniſche Namen. Eben
dieſe Sicherheit der ſtaatlichen Verhältniſſe war dem Ein-
bringen des Chriſtentums außerordentlich günſtig. Die Sage
erzählt von einer Predigt, welche der Evangeliſt Lukas in
der Kirche von Lanzendorf, ſüdlich von Wien, gehalten haben
ſoll. Die erſten Boten des Evangeliums kamen jedenfalls
von Sirmium*) her. Dies war ein hervorragender Hafenplatz für die ſlaviſche Donauflottille. Die Römer hatten
dort eine Hauptniederlage von allen möglichen Kriegsbedürf-
niſſen, überdies beſaß die Stadt eine ausgedehnte Waffen-
fabrik. Militär- und Handelsſtraßen gingen von Sirmium
aus am rechten Ufer der Donau und an den beiden Ufern
der Sau hin: Wege, geebnet für die Verkündigung von
Chriſtus. In der That gewann das Chriſtentum raſch
Boden. Lange vor Konſtantins Regierung ſtarben Chriſten
den Märtyrertod in Regensburg. 41 Chriſten bekannten ſich
zu Lorch an der Enns mit ihrem Blut zu dem Herrn, ihrem
Gott. Eben hier wurde früh ein Biſchofsſitz errichtet. Von dem
herrlichen Salzburg, an der ſchönen, ſmaragdgrünen Salzach),
ſchaute eine Kirche weit hinaus ins Land. In Tiburnia,
einer kärntiſchen Stadt, ſammelte der Biſchof eine anſehnliche
Gemeinde um ſich, und auf der Kirchenverſammlung zu Aqui-
leja (381) war ein Biſchof von Laibach anweſend. Freilich
zogen aus dieſer Stadt dem römiſchen Kaiſer Theodoſius
noch Götzenprieſter entgegen (388), um ihm zum Sieg über
ſeinen Gegner Glück zu wünſchen. Tempel der Juno,
Minerva und Diana, welche verfallen wollten, wurden
wieder neu hergeſtellt. Aber es half nichts. Beſtand auch
Heidentum und Chriſtentum oft in buntem Gemiſch neben
einander, jenes mußte doch dieſem den Platz räumen. Die
vielen römiſchen Göttergeſtalten verſchwanden aus der Land-

*) Eine alte Römerſtadt am linken Ufer der Sau gelegen, deren
Ruinen ſich bei dem Städtchen Mitrowitz finden.

schaft und der Eine Gott der Christen gewann die Herr=
schaft. Bis hinein in die tiefen Alpenthäler Tirols und
hinauf auf die Almen ist das Christentum gedrungen. Schon
im fünften Jahrhundert galten jene Gegenden als christlich.

II. Ausbreitung des Christentums unter den Germanen.

1. Abriß der Geschichte der Völkerwanderung.

In den beiden ersten Jahrhunderten sind es wesentlich
die Stämme der Westgermanen, welche in dem Kampfe
gegen Rom und durch die Stammeskämpfe unter einander
unser Augenmerk auf sich ziehen. Es handelt sich dabei um
die Gebiete zwischen Rhein, Weser, Elbe und Donau. Vom
dritten Jahrhundert ab treten zugleich die Ostgermanen auf
den Plan. Diese lagerten an den Küsten der Nord= und
Ostsee, in den Gebieten der Elbe, Oder und Weichsel.
Während im Westen die Alamannen gegen den römischen
Schutzwall vorrücken, wandern die Goten, ursprünglich
an der Weichsel wohnend, südwärts in die Flußgebiete des
Don und Dnjepr. Von hier aus verheeren sie das römisch
gewordene Siebenbürgen, überfluten die Balkanhalbinsel und
dringen bis zu den Thermopylen vor. Auf großen See=
fahrten plündern sie die blühenden Städte am Marmara=
meer, zerstören den berühmten Dianatempel in Ephesus
(Apostelgesch. 19, 28) und erreichen Cypern und Kreta. Da
bricht wie ein Wetterstrahl aus den entlegenen Sitzen am
Ural ein wildes Reitervolk hervor: die Hunnen. Mit
Blitzesschnelle überschreiten sie die Wolga, stürmen nach der
Krim (373), geraten in die Weidegebiete der Alanen und
wälzen sich gegen die Goten. Diese bestanden ursprünglich
aus zwei Geschlechtern: den Ost= und Westgoten (oder wie
sie auch hießen: Greuthungen und Thervingen). Noch lebten
beide mit einander geeint unter dem starken Scepter des
großen Fürsten Ermanarich, von welchem später die Sage
manche Ruhmesthat erzählt hat. Da kamen die Hunnen und
trennten den Stamm. Ein Teil der Ostgoten schloß sich
dem Sieger an; ein anderer stürzte flüchtend in das Land

der Westgoten. Diese wichen dem Sturme aus und zogen unter Führung ihrer Obersten Fritigern und Alavif über die Donau, wo ihnen der römische Kaiser Valens Sitze im heutigen Serbien und Bulgarien anbot und ihnen Verpflegung samt Zutritt zu den römischen Märkten zusicherte. Die römischen Beamten brachen jedoch die Vertragsbestimmungen. Was die Hunnen den Goten gewesen waren, wurden nun diese den Römern. Vor dem Auge der Mutter wurde das Kind niedergestoßen, die Kinder wurden über die Leichname der Eltern hinweggeführt, schwache Greise und blühende Mädchen aus den rauchenden Trümmerstätten gefesselt weggeschleppt. Am 9. August 378 kam es auf der Ebene von Adrianopel zum Zusammenstoß zwischen Römern und Goten. Die römische Reiterei wurde geworfen, das Fußvolk in einen Knäuel zusammengedrängt und niedergemetzelt. Der Kaiser selbst fand in den Flammen einer Hütte den Tod. Es war eine Niederlage, wie Rom seit den Tagen von Cannä keine mehr erlebt hatte. Die Ostgoten erhielten jetzt Sitze in Slavonien und Bosnien, die Westgoten am Balkan. Der große Kaiser Theodosius bestieg den römischen Thron. Aengstlich vermied er alles, was die gotischen Scharen hätte reizen können. So gelang es ihm, dieselben in ruhigem Frieden zu halten. Als der Kaiser aber das Auge schloß (395), wurde es anders. Dem letzten römischen Kaiser, welcher die Ost= und Westhälfte des römischen Reichs zusammen regiert hatte, folgte der Germane, der Rom eroberte: der Balthe Alarich.

Inzwischen war es Sitte geworden, daß eine stattliche Zahl Germanen im römischen Heer Dienste nahmen. Hohe militärische Ehrenstellen hatten die Germanen inne. Der große Feldherr Stilicho faßte den Plan, mit Hülfe dieses kräftigen und gesunden Blutes dem alternden Leib des römischen Heerwesens neue Kräfte zuzuführen. Aber nochmals regte sich in der römischen Truppe der alte Germanenhaß. Sie wollten nicht mit Germanen zusammen dienen. Stilicho wurde gestürzt, viele Hunderte der gehaßten Fremden mißhandelt und getötet. Rachedürstend ging eine gewaltige Menge der germanischen Söldner zu Alarich über. Dieser marschirte gegen Rom und hungerte die Stadt aus. Noch einmal zieht der Gotenfürst ab, nachdem ihm Rom Geld

und Naturalien in Menge hat liefern müssen. Jedoch der
römische Kaiser war ein wankelmütiger Mensch. Vergeblich
unterhandelte Alarich mit ihm. Da riß dem Goten die
Geduld. Am 23. August 410 wurde Rom erstürmt und
die Goten drangen beim Mondenschein in die Stadt, überall
plündernd und mordernd. Während aber Jahrhunderte
später der streng katholische Kaiser Karl V. neun Monate
verheerend in Rom gehaust hat, zog Alarich nach drei Tagen
wieder mit seinen Truppen ab. Die Goten dachten nicht an
Eroberung des römischen Reichs; sie wollten sich nur eine
gesicherte und bevorrechtete Stellung innerhalb desselben erringen. Es sollte ihnen nicht so leicht gelingen: ein Sturm
zerstörte die gotischen Schiffe, und plötzlich raffte der Tod
den kaum 40 jährigen Alarich hinweg: die Wellen des Busento
fließen über seinem Grab, das ihm sein treues Volk gegraben
hat. Darauf rückte sein Schwager im Auftrag des römischen
Hofs in das südliche Gallien ein (412). Früh wurde er
ermordet. Sein Bruder Wallia übernahm nach ihm die
Aufgabe, die in Spanien eingedrungenen Barbarenstämme
dem römischen Reich zu unterwerfen und vernichtete daselbst
die Vandalen (419). So dienten die Goten dem römischen
Reich mit ihrem Schwert und wollten nur ihre Dienste
unentbehrlich machen.

Das Hauptvolk eben dieser Vandalen hatte seinen
ursprünglichen Sitz in Niederschlesien. Die Hunnenfurcht
hatte sie aufgeschreckt. Zusammen mit den Alanen waren
sie über den Rhein gezogen (406). Zerstörte Städte, wie
Straßburg, Mainz, Speier, und die Feuersäulen in Reims,
Amiens, Tournai bezeichneten ihren Weg. „Ganz Frankreich schwamm in Blut.“ In Spanien (411) setzten sich
die Alanen zwischen dem Duero und Guadiana, die Vandalen am Quadalquibir fest. 429 zogen diese unter Führung
Gaiserichs weiter nach Afrika, besetzten das Land und be-
raubten so Italien seiner reichsten Getreidekammer. Während
nun von Süden Gaiserich mit seiner geübten Flotte das
römische Reich anzugreifen drohte, kam im Norden und
Osten ein zweiter Feind. Der große Hunnenfürst Attila
handelte im Einverständnis mit Gaiserich, welcher ihn gegen
seinen Todfeind, den Westgotenkönig Theoderich I., hetzte.
Ueber 500 000 Hunnen fluteten auf Attilas Wink nach dem

Westen. Gallien war ihr Ziel. Bei Orleans stand das Soldheer der Römer, zu einem großen Teil aus Westgoten bestehend. Attila zog sich in die Campagne zurück. Hier kommt es zur Schlacht. Auf der Flur von Fontvannes stoßen die Truppen aufeinander. Es entspinnt sich ein erbitterter Kampf. Theodorich sprengt mitten durch die Reihen, wird plötzlich vom Pferd geworfen und von den Rossehufen seines Gefolges zertreten. Unnennbare Wut ergreift die Goten bei diesem Anblick. Sie schlagen in wildem Anprall die Hunnen zurück bis zu ihrer Wagenburg. So endet die Schlacht „auf den katalaunischen Feldern" mit einer Niederlage des hunnischen Heers. Auf beiden Seiten waren je 180 000 Mann gefallen: eine einzig dastehende Völkerschlacht (451). Nach zwei Jahren starb die Gottesgeißel Attila (453), und Gaiserich vollendete sein Werk, indem er Rom (455) eroberte und, mit unendlichen Schätzen beladen, in sein Land zurückkehrte. Gewaltig herrschte er bis zu seinem Tod (477) und hinterließ ein Reich von 44 000 Quadratmeilen Ausdehnung, gesichert durch Frieden nach außen, durch Feststellung der Erbfolge im Innern.

Das Steuerruder des versinkenden römischen Reichs hatte inzwischen ein Germane in die Hand genommen. Ein Enkel des Wallia, Ricimer, herrschte unter dem Titel eines Patricius als der höchste Hofbeamte (456). Er hatte erreicht, wonach der Ehrgeiz eines Alarich und aller germanischen Häuptlinge von jeher gestrebt hatte: die erste Stelle im römischen Reich nach dem Kaiser. Bald nach seinem Tod (472) erhoben die germanischen Truppen den Skiren Odoaker zum König von Italien. Er setzte den letzten römischen Scheinkönig ab, und der greise Gaiserich sah noch von seinem Karthago aus das stolze Rom gestürzt.

Unterdes waren die Westgoten von den katalaunischen Feldern nach dem südlichen Frankreich und Spanien gezogen. Unter Attilas Führung hatten Ostgoten gegen sie gekämpft. Diese zogen jetzt auf die Balkanhalbinsel. Allmählich vereinigte der Amaler Theoderich die Hauptmasse seines Volks unter seinem Scepter und ließ sich von dem römischen Kaiser in Konstantinopel dazu bewegen, gegen Odoaker zu Felde zu ziehen. Am Isonzo erzwang er sich mit seinem Volk den Eintritt in die Po-Ebene (489). Drei Jahre darauf

fand bei einem Ausfall Odoakers aus der Festung Ravenna
jener große Kampf statt, von welchem die deutsche Sage als
von der „Rabenschlacht“ in manchen Liedern singt. Bald
war Theoderich Herr. Odoaker wurde getötet. In Italien
herrschten die Goten.

So haben wir kurz das Schauspiel der „Völkerwande=
rung“ an unserem Auge vorbeiziehen sehen; es ist zugleich
das Schauspiel von dem Zusammensturz des römischen Reichs.
Zweierlei Arten germanischer Völker haben dasselbe zerstört:
die großen „Wandervölker“ der Goten und Vandalen, welche
immer von den Hunnen weiter vorwärts geschoben wurden,
und neben ihnen die Völker, welche, ohne den heimatlichen
Boden dauernd zu verlassen, von der Heimat aus allmählich
aber stetig in der Römer Gebiet eindrangen. Das sind die
Alamannen, welche ins Rheinthal und an die Donau, die
Sachsen, welche nach England, die Franken, welche nach
Gallien vorstürmten. Eine merkwürdige Veränderung ist
eingetreten: früher waren die Germanen eingekeilt zwischen
Rhein, Donau und Weichsel, jetzt haben sie das ganze Becken
des Mittelmeers inne. Rom und Karthago sind germanische
Königsstädte!

2. Veränderungen im germanischen Heidentum.

In den Kriegen der Westgermanen mit Rom hatte eine
unglaubliche Roheit Platz gegriffen. Die Römer wollten die
Germanen einfach ausrotten. Diese waren die gesuchteste
Ware auf dem römischen Sklavenmarkt. Die römischen
Damen klatschten in die Hände, wenn in den Fechterspielen
die Söhne der nordischen Wälder niedergemetzelt wurden.
In früheren Tagen waren Kriegsgefangene noch gelind be=
handelt worden: die Cheruskerfürstin Thusnelda hatte während
der Zeit ihrer Gefangenschaft über nichts zu klagen, als über
die Trennung von der Heimat. Jetzt ließ der Kaiser Kon=
stantin (325—337) germanische Fürsten den wilden Tieren
im Cirkus vorwerfen. Solch glühenden Haß trugen die
Römer in ihrer Brust. Sie ergriffen deshalb jedes Mittel,
um den Nachbarhaß verfeindeter Stämme zu nähren und zu
entfachen. Das Sprichwort wurde zur Wahrheit: wenn man
Deutsche verderben will, so braucht man Deutsche dazu.

Infolgedessen stieg die Gier und Wildheit auch bei den Germanen. Mordlust war ihre Freude; dem arglistigen Gegner zahlte man mit Tücke und Wortbruch heim. Einstens führte man Kriege, um seine Manneskraft und seinen Mut zu bewähren; jetzt malte man sich mit fiebernder Gier die Schätze Italiens, das goldene Rom mit all seinen Genüssen und Ehren aus. Von dieser Herrlichkeit der römischen Welt ließ man sich blenden. Sie in Besitz zu bekommen, war das höchste Ziel. Goldsucht hatte das Volk gefangen und stürzte es von einem Krieg in den andern.

So verwilderte das Volk; und gleichzeitig verwilderten auch die Vorstellungen, welche es sich von seinen Göttern machte. Der oberste Gott Wuotan wird jetzt immer mehr ein reiner Kriegsgott. Das blutige Schlachthandwerk im Kampfe von Mann gegen Mann leitet er zwar noch nicht. Hierzu steht er noch zu hoch. Seine Aufgabe ist die geistige Lenkung des ganzen Krieges. Aber Wuotan wird nicht mehr deshalb verehrt, weil er Tapferkeit und Manneskraft mit dem gebührenden Sieg belohnt, sondern einfach weil er den Feind vernichtet. Die Wölfe, welche nach dem Blut des gejagten Hirsches lechzen, die Raben, welche über das leichnambesäte Schlachtfeld schwirren: das sind die heiligen Tiere Wuotans. Doch hat er immer noch eine geistigere Bedeutung. Seine Waffe ist nicht das Schwert, das den Gegner niederhaut und Blut vergießt: es ist die Lanze, welche fernhin wirkt*). Schon der Name „Wuotan" verrät das doppelte Wesen dieses Gottes. Es drückt sich darin die rastlose Aufregung aus, welche sich bis zur höchsten Kampfeswut steigert, wie wir ja heute noch von Wut sprechen. Andererseits bezeichnet der Name das alldurchdringende Wesen des Gottes, der im Säuseln wie im Sturme erkennbar ist (haben wir doch jetzt noch das Wort: durch-„waten"). Einst war Wuotan der Ernte= und Ackergott, welchem das Gedeihen der Saaten zu verdanken ist. Das Volk dachte sich ihn einäugig, wie die Eine alles belebende Sonne. Allein der Gott wurde immer düsterer. Er erscheint

---

*) Vergleiche wie Kaiser Otto der Große die Lanze in die See hinaus wirft, zum Zeichen der Grenzbestimmung, nachdem er Jütland erobert hatte.

später mit breitem, grauen Hut und grauem Mantel — das graue Gewölk verkündend — um die Zeit der Tag= und Nachtgleiche und braust mit dem Heer der Götter durch die Wälder. In diesem Waldesrauschen hörte der Germane einst das Nahen des Frühlings; er hörte, wie Wuotan die Macht des grimmen Winters brach. Später war sein Ohr voll vom Waffengetöse und hörte nun auch in dieser wilden Jagd des Wuotansheeres nichts anderes, als der Waffen Lärm: sein oberster Gott brauste im Sturm daher, nur um zu kämpfen. Droben im Himmel, in Walhalla, führten die Seligen unter seiner Führung Kriegsspiele auf, spalteten einander die Köpfe, durchbohrten sich mit den Schwertern, bis sie Abends wieder bei dem Meth saßen, welchen ihnen die schönen Schildmädchen zum Trunke reichten. So war der Himmel des Germanen erfüllt von Krieg und Kriegs= geschrei. Man dachte kaum mehr daran, daß Wuotan der Hüter des Rechts war, wie ihn die nordischen Völker ver= ehrten. Der Krieg mit den Römern hatte die Götter er= niedrigt. Man. lebte in einer Welt voll Aufregung und voll Angst. Ueberall sah man Gespenster und böse Geister, welche den Untergang des Volkes wollten. Einst hatte Wuotan seinen Getreuen die Gabe der Beschwörung ver= liehen, daß sie sich vor den bösen Geistern schützen könnten. Er sprach zu ihnen durch die Seherinnen, eine Ganne und Velleda, welche aus dem Blut und den Eingeweiden der Kriegsgefangenen weissagten und in ihren weißen Gewändern neben den kämpfenden Scharen einherzogen und dieselben zum Kampf anfeuerten. Auch jetzt ging Beschwörung und Zauberei außerordentlich im Schwang. Aber diese Kunst ward nicht mehr nach dem Sinn der Götter verwendet; sie mußte zur Befriedigung des Eigennutzes, zur Schädigung des Feindes dienen.

Dieselben Spuren der Verwilderung finden wir bei den Vorstellungen über die andern Götter. Der eine derselben heißt Donnar, dessen Name noch nachklingt in unseren „Donnersbergen", „Donnersbühlen" und im „Donnerstag". Er ist der Donnergott, welcher durch das Gewitter die schwüle Luft des Sommertags in wohlige Kühle auflöst. Der Blitz, den er schleudert, soll nicht zünden. Gilt doch der Blitz als die Urquelle des Feuers, des unentbehrlichsten

Hülfsmittels, das der Mensch besitzt. Donnar bringt durchs Gewitter nur wohlthätige Wirkungen hervor. Mit seinem Hammer zerschmeißt er die Felsen der feindlichen Riesen, welche dem Pflug der Bauern im Weg stehen, und schafft diesem freie Bahn. Er weiht das Mädchen zur Braut, indem er es mit seinem Hammer berührt. Und das gleiche Werkzeug dient dazu, um überall in Feld und Wald die Marksteine als Zeichen des Gemeindelandes einzurammen. Donnar ist der Gott, der die Familie und das Eigentum schützt. Er verteidigt in erster Linie die Schar der hohen Götter gegen die niederen, die Riesen, und läßt sich mit diesen in hitzigen Kampf ein. Diese Eigenschaft ihres Gottes wurde jetzt den Germanen die liebste. Diesen Kampf malten sie sich immer lebhafter aus. Immer abenteuerlicher und wilder wird die blutige Arbeit Donnars. Bald benutzt er seinen Hammer nur noch, um die Feinde zu zerschmettern. So ist auch die Vorstellung von diesem Gott tief gesunken und Donnar steht nun ganz nahe neben dem dritten Gott Ziu, der nichts als das grause Geschäft der Schlacht oder vielmehr des Schlachtens der Krieger untereinander zu leiten hat. Wo Blut fließt und das Schwert den Schädel des Feindes trifft, da ist Ziu. Dem Krieger war er der nächste und liebste unter den Göttern. Und wie gut Kind viele Namen hat, so heißt auch Ziu bald so, bald anders: den Sachsen war er der Schwertgenosse: Saxnot, die Bayern nannten ihn Eor, die Schwaben Ziu. Nach ihm ist unser Dienstag (Tag des Ziu) benannt (in Altbayern und Oesterreich Erchtag = Eritag, Fortag).

Demnach ist es ein trauriges Bild, welches uns jene Zeiten vorhalten. Freilich hat dieser letzte Gott, der eigent= liche Schlachtengott, niemals den obersten verdrängt. Jene wilden Wandervölker der Alanen und Skythen zwar wollten nichts mehr von ihm wissen; die Westgermanen aber hielten fest an ihm. Doch gewannen die grausigen Vorstellungen von bösen Geistern und Gespenstern immer weiteren Boden. Ja die hohen oberen Götter schließen mit den feindlichen Riesen eheliche Verbindungen. Dadurch vermischt sich ihr edles Blut mit dem „dumpfigen Riesenblut" und sie werden immer weiter herabgezogen. Die ganze Welt füllt sich mit lauter Spukgestalten. Ueberall sieht das Auge Zwerge und Riesen, jene voll Habgier nach Gold, diese voll tierischer

Roheit. Die oberen Götter kämpfen gegen diese Gewalten. Aber sie wenden schlimme Mittel an. Sie überbieten die Riesen nicht an sittlicher Kraft, sondern allein an Tücke und Schlauheit. Am Ende der Tage gewinnen es daher die bösen Geister. Das germanische Volk verzweifelt an seinen eigenen Göttern und giebt sie dem Untergang preis. Es ist ein verzweifelter Gedanke: die Götter, welche schlecht geworden sind, müssen untergehen. Das Volk beraubt sich selbst seiner Götter. Aber es ist zugleich eine sittliche That. Die Griechen sahen es nicht ein, daß Götter, die mit Sünde und Leiden= schaften befleckt sind, des Himmels unwürdig sind; die Ger= manen haben es eingesehen. In der „Götterdämmerung" geht alles in Rauch und Flammen auf:

„Schwarz wird die Sonne, die Erde sinket ins Meer. Vom Himmel fallen die heiteren Sterne. Glutwirbel umwühlen den allnährenden Weltbaum. Die heiße Lohe bedeckt den Himmel . . ."

Das germanische Volk war der Zeit nahe, da es sich erlösungsbedürftig fühlen mußte.

3. Gotisches Christentum. Ulfila.

Die Goten hatten viel von römischem Wesen angenommen. Eine große Zahl derselben lagen in den römischen Grenz= garnisonen. Durch die weiten Wanderungen war der Volks= verband gelockert worden und alle möglichen Völkerschaften vermischten sich mit demselben. Vor allen Dingen standen sie mit den Römern in den lebhaftesten Handelsbeziehungen. Gerade die Donauländer bildeten ein ergiebiges Feld für Handel und Verkehr. Eine der dortigen Grenzfestungen trug geradezu den Namen: Handelsstadt. Und nicht nur Händler römischen Volks verkehrten mit den Goten. Diese hatten in den vielen Kriegszügen eine große Schar von Kriegsgefangenen gemacht. Nach germanischer Sitte wurden dieselben zu Knechten verwendet, welchen der Landbau, teil= weise auch der Gewerbebetrieb, anvertraut wurde. Diese kriegsgefangenen Knechte schlossen sich natürlich eng an= einander an. Trieben sie doch dasselbe Geschäft; waren sie doch in derselben Lage und hatten dieselben Interessen. Die Unterschiede des Stammes verschwanden unter ihnen: An=

gehörige der verschiedensten Länder bildeten hier einen eigenen Stand durch Heirat und Verschwägerung. Unter diesen Knechten und Hörigen befanden sich außerordentlich viele Christen. Namentlich die Kriegsgefangenen aus Kappadocien hatten vieles von dem Herrn Christus erfahren. Rasch breitete sich nun das Christentum aus: der eine erzählte dem andern von dem Heil, das er gefunden, und dieses Heil stärkte wiederum diese bemitleidenswerten Menschen in ihrer traurigen Lage, und das Christentum bildete bald ein weiteres Band, das die verschiedenen Volksangehörigen immer enger verknüpfte. Was Wunder, wenn die Knechte auch ihren Herren von ihrem Gott und Heiland erzählten? Nicht ohne Erfolg blieb diese Predigt bei den freien Goten. Ihre Volksgötter waren schon tiefer gesunken als die der Westgermanen und hatten ihr Ansehen eingebüßt. Der Sieg des Christus war dadurch erleichtert; die Herzen standen ihm offen.

Mißlich aber war es, daß das Christentum sofort mit politischen Parteifragen verquickt wurde. Das Christentum war römische Staatsreligion geworden, und so sahen denn die römischen Christen in ihren germanischen und anderen Glaubensgenossen zugleich auch ihre politischen Bundesgenossen. Das war einfach genug, aber es sollte verhängnisvoll werden. Bezeichnend ist, daß der große Bischof Ambrosius von Mailand es für ganz selbstverständlich hielt, daß die Markomannenfürstin Frithigild, welche Christin geworden war, nun auch ihren fürstlichen Gemahl samt seinem Volk zu Bundesgenossen Roms machen müsse! So kam es, daß die Frage, ob Christ oder Heide, bald zur Frage der Partei, ja der Volksangehörigkeit wurde. Dies erschwerte vielen Goten die Annahme des christlichen Glaubens. Die gotischen Christen standen ohne weiteres im Verdacht geheimen Einverständnisses mit den Römern und also des verräterischen Abfalls vom eigenen Volksstamm.

Da trat im vierten Jahrhundert ein gewaltiger Mann unter den Goten auf: Ulfila mit Namen. Auch er stammte von kappadocischen Kriegsgefangenen, welche ums Jahr 258 auf einem Plünderungszuge waren weggeführt worden. Seine Vorfahren hatten ihre Heimat in dem Flecken Sadagolthina, nahe bei der Stadt Parnassus gehabt; aber schon 60 Jahre waren verflossen, seit jene Familie unter den Goten ihre

Wohnung aufgeschlagen hatte. Da wurde Ulfila geboren (318); es war ganz natürlich, daß der Knabe einen gotischen Namen (Ulfila = Wölflein) erhielt und die gotische Sprache erlernte. Ulfila war Christ. In seinem Vaterhaus hatte sich die griechische Bildung noch erhalten, in welcher seine Voreltern einst aufgewachsen waren. Dies kam auch dem Ulfila noch zu statten. Bis ins 30. Jahr versah der begabte junge Mann den Dienst eines Vorlesers und Aufbewahrers der heiligen Schrift, und dreißigjährig wurde er zum Bischof geweiht, um nun mit doppeltem Eifer und Erfolg für den christlichen Glauben unter den Goten zu wirken. Aber nur sieben Jahre lang blieb diese Wirksamkeit ungestört. Dann brach die Verfolgung aus.

Ein neuer Fürst war auf den Thron gekommen. Ihm waren die Christen als Römerfreunde verhaßt. Er wollte seine Thronbesteigung durch eine patriotische That verherrlichen und verhängte daher über die Christen eine Verfolgung. Aller Augen richteten sich auf Ulfila. Er sollte Rat schaffen. Und er schaffte ihn, indem er sich an den römischen Kaiser Konstantius (337—361) wandte, der ihn freundlich aufnahm und es guthieß, daß Ulfila mit einem großen Heer von Bekennern die Donau überschritt und am Balkan sich niederließ. „Wie einst Mose das Volk Israel aus Aegypten", so hatte Ulfila seine Christen aus dem Bereich des Verfolgers und über die Donau geführt und sich damit den Namen eines „zweiten Mose" verdient, mit welchem Konstantius ihn beehrte. Die Bevölkerung, welche sich in jenen Gegenden niederließ, waren die sogenannten kleinen Goten; ein zahlreiches Volk, aber arm und schwächlich. Sie lebten von Ackerbau und Viehzucht. Aber der Boden war wenig ergiebig. Desto fetter waren die Wiesen und Weiden für die Herden. Unter diesen Goten, lauter einfachen Leuten, wirkte Ulfila rastlos und mit großem Segen. Unterdessen war zwischen dem zurückgebliebenen Teil der Goten und dem römischen Kaiser Valens (364—378) ein Krieg ausgebrochen, welcher mit der Niederlage des Athanarich endete. 369 schloß der Gotenfürst Frieden. Seinen Zorn über den mißglückten Feldzug ließ er an der Christengemeinde aus. Es kam zu einer neuen Verfolgung. Die Christen wurden gefangen, gemartert, getötet. Saba und Nicetas sind uns als Namen von Blutzeugen aufbewahrt. Durch die Gassen der Dörfer wurde ein Götzenbild auf einem Wagen geführt. Die Bewohner der christlichen Zelte mußten heraustreten, um zu opfern und anzubeten. Weigerten sie sich dessen, so wurde das ganze Zelt mitsamt den Insassen verbrannt. Mehrere Jahre dauerte diese schwere Verfolgung. Wieder und wieder begaben sich einzelne Flüchtlinge über die Donau und stellten sich unter den Schutz des Ulfila, dessen Arbeitsfeld dadurch immer größer wurde, besonders als einige Jahre später (um 375) ein Teil der Goten sich von ihrem bisherigen Fürsten trennte und unter Fritigern über die Donau zog (siehe oben Seite 18). Der Kaiser Valens bot demselben Hülfe und Wohnsitze an und der Gotenfürst nahm dagegen zum Dank den Glauben des Kaisers an. Valens war nämlich Christ. Dies war die erste massenhafte Bekehrung unter den Goten. Auch hierbei hat Ulfila mitgewirkt, indem er nicht allein jene Scharen zu dem ersten Schritt bestimmte, daß sie das Christentum annahmen, sondern noch vielmehr durch nachhaltige Arbeit den neuen Glauben fest unter ihnen zu gründen suchte. Die Lage Ulfilas wurde jedoch bald eine peinliche. Durch die ganze Christenheit ging damals eine Spaltung in Sachen des Bekenntnisses. Die Anhänger des Arius und des Athanasius bekämpften sich gegenseitig*). Der römische Kaiser Valens war der Lehre des Arius günstig. Deshalb nahmen auch die Goten nicht das orthodoxe oder katholische, sondern das arianische Christentum an. Sein Nachfolger auf dem Thron, der

---

*) Es ist nicht so einfach, den Unterschied zwischen der Anschauung des Arius und der des Athanasius kurz und doch zutreffend zu beschreiben. Die Anhänger des Athanasius lehrten, daß Christus gleichen Wesens mit Gott sei, die Anhänger des Arius, daß Christus dem Wesen nach Gott nur ähnlich sei, aber göttliche Eigenschaften an sich trage und göttliche Werke übe. Auf der Kirchenversammlung zu Nicäa (325) siegte die Anschauung des Athanasius. Diese galt von da an als die rechtgläubige, allgemein zu handhabende oder katholische. — Von seiten der katholischen Kirche wird denn auch Ulfila mit Vorwürfen überhäuft, daß er seine Goten zu dem arianischen Bekenntnis geführt habe; er gilt als ein „Aftermoses, welcher um der Kaisergunst willen sein verratenes Volk aus dem gelobten Land der Wahrheit in die Wüste der Irrlehre geführt" habe. Anfangs war auch er katholisch gewesen. Wann und warum er zu der Lehre des Arius übergegangen ist, läßt sich nicht mehr mit Sicherheit ermitteln.

Spanier Theodosius, wollte dagegen der rechtgläubigen katho=
lischen Anschauung des Athanasius zum Sieg verhelfen
(378—395). Alle Anhänger des Arius wurden verdammt
(381), und dieses Urteil traf natürlich Ulfila mit. Doch
schlug der Kaiser noch den Weg persönlicher Verständigung
ein und berief den verdienten Bischof mit andern Amtsgenossen
nach Konstantinopel, um mit ihnen zu verhandeln. Der
Kaiser machte günstige Aussichten. Die Bischöfe wurden
aber bitter getäuscht. Auf einem Feldzuge in Macedonien
erließ Theodosius plötzlich ein Gesetz, welches jede Verhand=
lung über die Glaubensstreitigkeiten rundweg untersagte
(16. Juni 388). Noch einmal reiste der alte Ulfila nach
Konstantinopel, um seinen Glauben zu verteidigen. Da
überraschte der Tod den ehrwürdigen Greis. Mit allen
Ehren wurde er bestattet. Auch diejenigen seiner Amts=
genossen, welche nicht mit seiner Lehranschauung einverstanden
waren, gaben ihm das letzte Ehrengeleite (388).

Ulfilas Andenken hat Jahrhunderte überlebt. Er hat
seinen Goten in doppeltem Sinn die Schrift gebracht. Erst=
lich gab er dem gesprochenen Wort das schriftliche Zeichen
und dann übertrug er Gottes Wort in diese neue Schrift=
sprache. Ulfila hat die Buchstaben nicht erfunden. Die
Goten schrieben schon vorher in der sogenannten „Runen=
schrift". Aber Ulfila hat seinem Volk das Alphabet ge=
schaffen, dessen es sich späterhin bediente. Einige griechische
Wortzeichen, vielleicht auch einige lateinische Buchstaben, stellte
er mit den Runen zusammen. So schuf er ein Alphabet
von 26 Zeichen. Eben die griechische und lateinische Sprache
waren ihm völlig geläufig; er predigte in diesen Mundarten
und schrieb in ihnen mehrere Abhandlungen. Das größte
Werk, welches er hinterlassen hat, ist seine Bibelübersetzung.
Dieselbe umfaßte, nach alten Nachrichten, alle biblischen
Schriften, ausgenommen die Bücher der Könige. Diese soll
er weggelassen haben aus Furcht, sein kriegerisches Volk
möchte dadurch noch kriegslustiger gestimmt werden. Nun
denke man sich diese Arbeit, die ganze Bibel allein ohne Hülfe
von Sachverständigen, von Nachschlagewerken und anderen
Büchern in eine neue Sprache zu übersetzen! Wieviel Geist
und wieviel Thatkraft gehörte dazu, sich diese große Aufgabe
zu stellen und sie so glänzend zu bewältigen! Als Probe

dieser Uebersetzung stehe hier der Eingang des Vaterunsers: veihnai namo thein, quimai thiudinassus theins, vairthai vilja theins, sve in himina, jah ana airthai, hlaif (Laib!) unsarana thana sinteinan gif uns himma daga. Es be= deutete einen großen Gewinn für die christliche Mission unter den Oststämmen, daß hier der Gottesdienst in germanischer Sprache gehalten und das Gotteswort in den gewöhnten und vertrauten Mutterlauten gehört und gelesen werden konnte. Damit hatten die Goten unendlich viel vor ihren Brüder= stämmen im Westen voraus, an welche das Christentum sofort mit lateinischer Gottesdienstsprache, also in fremdartiger Gestalt, herantrat. Jahrhundertelang wurde Ulfilas Bibel= werk von seinem Volk in Ehren gehalten; noch im neunten Jahrhundert haben es die spanischen Westgoten verstanden. Desto schmerzlicher berührt es, daß die katholischen Christen diese Uebersetzung kaum benutzten, weil viele darin bloß das Werk eines „Ketzers" sahen! Und doch war das Bibelwort Ulfila oberstes Gesetz; mit dem Wortlaut desselben wollte er sein Volk bekannt machen. Aus ihr schöpfte er seinen Glauben, den er in seinem Testament mit den Worten kund= giebt: „Ich Ulfila glaube an Gott, den Vater, den allein ungeborenen, unsichtbaren Gott und an seinen eingeborenen Sohn, unsern Herrn und Gott, den Erschaffer aller Krea= turen, der keinen hat, der ihm gleicht, und an den heiligen Geist, die erleuchtende und heilige Kraft, selbst weder Gott noch Herr, sondern Diener Christi, dem Sohn in allem unterwürfig und gehorsam, wie dieser dem Vater." Darum sagen auch wir: „Ulfila war seinem Volk ein Luther, und keine andere der fortlebenden europäischen Sprachen kann sich eines Denkmals von gleich hohem Alter und Wert rühmen, wie die deutsche dieser gotischen Bibelübersetzung."

4. Germanische Stämme arianischen Bekenntnisses.

Nachdem die Goten das Christentum nach dem aria= nischen Bekenntnis angenommen hatten, erscheint eines der germanischen Wandervölker um das andere als christliches Volk, und zwar ebenfalls arianischen Bekenntnisses. Die Ost= goten nehmen das Christentum an. Die Heruler, Rugier,

Skiren und andere Völkerabteilungen, welche sich bis an die Donau vorgeschoben hatten, sind arianische Christen. Die Vandalen waren bei ihrem wüsten Einbruch in Gallien noch Heiden: wenige Jahre darauf erscheinen sie in Spanien als Christen, und zwar gleichfalls als entschiedene Arianer. Die Langobarden waren bei ihrem Abzug aus Pannonien nach Italien ihrer Masse nach Arianer. War doch eben diese Landschaft Pannonien, welche die Gegenden an der mittleren Donauebene und an der Drau umfaßte, der Hauptsitz der arianischen Lehre im vierten Jahrhundert. Woher diese rasche Ausbreitung des Christentums gerade in dieser Form?

Unmöglich können wir die einzelnen Wege verfolgen, auf welchen das Christentum zu all' diesen germanischen Stämmen gedrungen ist. Es ist überwältigend, zu sehen, welche Eroberungen damals das Christentum gemacht hat. Etwas von der Siegeskraft des Kreuzes tritt darin zu Tage. Gerade die arianischen Christen waren besonders eifrig in der Mission. In den Bischofstädten stellten sie neben dem katholisch-rechtgläubigen Bischof sofort einen Vertreter ihrer Anschauung als Bischof auf oder besetzten die leergewordenen Bischofstühle mit Männern ihrer Richtung. Sie waren die Verfolgten; desto thätigeren Widerstand wollten sie leisten. Warum fand aber das arianische Christentum gerade bei den Germanen so ungemein schnell Anhang und Ausbreitung?

Allem nach ist dies das Verdienst der gotischen Priester, welche von Ulfila gelernt hatten, mit zäher Ausdauer und überlegener Bildung zu wirken für das Reich Gottes. Der Geist Ulfilas trug seine Nachfolger und trieb sie zu unausgesetzter Mission unter den stammverwandten Brüdern. Ulfila war ein Mann der That; er lenkte seine ganze Aufmerksamkeit darauf, sein Volk sittlich zu erziehen. Und seinem Geist ist es zu danken, daß gerade die arianisch gesinnten Germanen sich durch eine strenge Sittlichkeit auszeichneten. Die Vandalen waren es, welche in der christlichen, aber sehr üppigen Stadt Karthago zum erstenmal wieder die Forderungen einer öffentlichen Sittlichkeit geltend machten. Sie haben es den entnervten Bewohnern dieser Großstadt durch strenge Polizeimaßregeln wieder einigermaßen begreiflich gemacht, was Sitte und Anstand verlangen. Selbst die rechtgläubigen Katholiken mußten ihren regen Eifer in dieser Richtung anerkennen. Ebenso brav handelte der erste Germane, welcher Rom eroberte: Alarich. Er verbot seinen Truppen, unter welchen sich viele Heiden und empörerische Sklaven befanden, rundweg, in eine katholische Kirche ein=zubrechen. Das wollte viel heißen! denn die Römer hatten ihre Schätze und Kostbarkeiten teilweise in den Schutz der Kirchen geflüchtet. Aber Alarich hielt strenge Manneszucht. Er war es auch, welcher sich ängstlich hütete, an einem dem Christengott geweihten Tag eine Schlacht zu schlagen, mochten auch die günstigsten Aussichten dazu locken. So hatte Ulfila mit seinem charaktervollen Ernst auch wieder Charaktere herangezogen. Daneben hatte er seinem Volk die Schätze des christlichen Wissens und der griechischen Bildung mit=geteilt. Diese verkümmerten freilich mit der Zeit. Die nach=folgenden Priester verstanden sich nicht darauf, sie sich an=zueignen, geschweige sie unter ihren Gemeinden zu verbreiten. Sie beschränkten sich großenteils darauf, einen religiösen Haß groß zu ziehen, welcher sich gegen die römisch=katholische Christenheit in der traurigsten Weise Luft machte. So ver=hängten die Vandalen in Afrika eine Verfolgung um die andere über die katholischen Christen und überboten sich in Grausamkeiten. Doch spielte hierbei noch ein anderer Beweg=grund mit. Die Vandalen haßten Rom mit glühendem Haß. Rom und der Papst aber standen auf seiten des katholischen Bekenntnisses. Römisch und katholisch war daher den Van=dalen gleichbedeutend, und in jedem Katholiken sahen sie nicht nur den Andersgläubigen, sondern auch den Todfeind, der es mit Rom hält. Damit haben wir den tieferen Grund entdeckt, warum diese germanischen Stämme fast ohne Aus=nahme das arianische Bekenntnis annahmen. Sie gaben da=durch nochmals ihrem Haß gegen die Römer Ausdruck. Sie waren zwar Christen geworden: aber sie wollten Arianer sein. Und wie einst der germanische Heide den römischen Heiden leidenschaftlich bekämpft hatte, so jetzt der germanische Arianer den römischen Katholiken. Der nationale Gegensatz und die Verschiedenheit des Bekenntnisses bedingten einander gegenseitig.

5. Severin.

Was Ulfila für das arianische Christentum, wurde Severin für das katholische: ein Schutz und Hort. Seit der Mitte des fünften Jahrhunderts missionierte er.

Severin war kein Römer. Er wirkte in der Landschaft zwischen Inn und Donau und dem Wiener Wald. „Ohne Ahnen und ohne Heimat" — so kannten ihn seine nächsten Schüler und Freunde. Wenn eine Frage der Neugier sich an ihn drängte, erwiderte er einfach: „Gott hat mich ge= heißen, in dieses Land zu kommen." Er war Mönch und hielt sein Gelübde äußerst streng. Jene düstere Frömmig= keit des Einsiedlerlebens und der Selbstabtötung, wie sie die in der Einöde lebenden Heiligen des Morgenlandes betrieben, sagte ihm so recht zu. Mitten in den Weinbergen hatte er sich eine Zelle zugerichtet, welche ihm über alles lieb und wert war. Wußte er sich hier nicht ungestört, so flüchtete er in die Trümmer einer alten Römerburg. Seine Zelle war eine einfache Gebetsstätte: ohne Schrank, ohne Bett. Mochte das steinerne Pflaster in der Winterszeit noch so kalt sein: Severin warf einen härenen Fußteppich darauf und schlief. Nie nahm er vor Sonnenuntergang Speise zu sich, außer an Festtagen. Im kältesten Wintersturm ging er barfuß seines Weges — alles in allem ein Leben voll freiwilliger Entbehrungen.

Aber dieser Mönch trat auch in die Welt hinaus und griff mit fester Hand in die Geschicke des Volkes und Landes ein. Ueberall hörte man seinen Ruf zur Buße. Seine Predigt schmetterte nicht nieder; er wies allein auf den Gott, der die Sünde haßt, aber den Sünder durch Liebe gewinnen will. Dringend empfahl er das Gebet. Er wollte, daß man „aus Glauben lebe". Daneben trieb er „praktisches Christen= tum", wie nicht leicht ein anderer. Diese Landesteile an der Donau, in welchen er predigte, hatten den Schutz des römischen Staates verloren. Man hatte die Donauflotte gegen die Goten nötig; sie war von Lorch weggefahren. Sogar der Sold für die Truppen, welche noch in den Grenz= festungen lagen, wurde nicht mehr ausbezahlt. Lorch an der Enns und die ganze Umgegend war den anstürmenden

Germanen gänzlich preisgegeben. Da faßte Severin einen
großen Gedanken. Er wollte alle Armen des Landes ver=
sorgen, und dies in jener schreckensvollen Zeit. Rasch setzte
er den Gedanken in die That um und entwarf einen be=
stimmten Plan. Die Reichen bewog er, ihr erübrigtes Gut
herzugeben. Dies reichte zunächst zur Deckung der Armen=
kosten. Als diese Mittel versagten, griff er den Zehnten an.
Dieser sollte nicht mehr für das Kirchengut verwendet, sondern
für die Armenfürsorge verbraucht werden. Alles strömte
nach und nach in Lorch zusammen aus Furcht vor den feind=
lichen Scharen. Die umliegenden Fluren waren fruchtbarer
Boden, aber eine verzehnfachte Bevölkerung konnte auch er
nicht ernähren. Die Städte des anderen Landesteils mit
der Hauptstadt Tiburnia stifteten auf Severins Betreiben
Kleider für das notleidende Lorch. Kurz: Severin brachte
es dahin, dem Elend in der That zu steuern. Wo er er=
schien, wurde er wie ein Engel vom Himmel begrüßt. Er
war die beste Bürgschaft für Hülfe. Selbst die fremden
germanischen Eroberer, welche unwiderstehlich das Land mit
ihren Truppen überschwemmten, scheuten sich vor seiner Größe.
Kein Staatsmann, kein Feldherr, keine Verträge, keine Waffen
vermochten es, ein friedliches Verhältnis zwischen Römern
und Germanen herzustellen: allein Severins Macht über die
Gemüter war dasselbe zu verdanken. Er war Mittler zwischen
beiden Völkern; er war der Herrscher in der Landschaft.
Der Kanzler des sinkenden Römerreichs blickte voll Verehrung
zu dem Mönch auf. Odoaker, welcher das Weltreich zer=
trümmerte, trat in die Zelle des berühmten Mannes und
soll von ihm die Weissagung seiner künftigen Größe erhalten
haben. Gibold, der Alamannenfürst, erkannte seine Ober=
hoheit an, die Rugierfürsten gehorchten dem Mann ohne
Heer und ohne Geld. War dies nicht auch ein Sieg des
Christentums?

Severin krönte sein Werk dadurch, daß er die Aus=
wanderung der römischen Einwohner nach dem Süden hin
einleitete. Sein scharfer Blick lehrte ihn, daß die Lage der
Römer in diesen Donaugegenden unhaltbar geworden war.
Sirmium war zerstört (442), Salzburg verloren (477),
überall die trotzigen Germanen. Es mußte alles zusammen=
stürzen, wenn seine Hand vom Tod getroffen wurde, welche

bisher mit Anstrengung aller Kraft das Aeußerste verhütet hatte. Deshalb befahl er, seinen Leichnam einstens über die Alpen zu tragen. Nach heißem, aber wohlvollbrachten Tagewerk schloß der müde Greis die Augen (8. Januar 482). Den Armen war ein Vater, den Betrübten ein Tröster, dem Land ein Beschützer, dem Reich ein Retter gestorben. Der Rest der Donau= und Innstädte sammelte sich in Passau und wanderte mit den Lorchern nach Mautern. Von hier setzte sich der Zug der Auswanderer in Bewegung. Sie trugen ihren geliebten Meister über die Alpen und bestatteten ihn in der Nähe von Neapel (488). Noch heute erinnert der Name des Städtchens San Severino (fünf Meilen südlich von Neapel) an den großen Mann.

6. Die katholischen Burgundionen.

Von ihren ursprünglichen Sitzen an der Ostsee waren die Burgunder um die Mitte des dritten Jahrhunderts gegen Südwesten gewandert und erschienen in den Gegenden des oberen Main. Mit den benachbarten Alamannen lebten sie meist in Feindschaft. Hundert Jahre waren sie hier ansässig, als sie der Sturm der Vandalen (406) über den Rhein mit fortriß. Von da an haben sie offenbar den gallischen Boden größtenteils nie mehr verlassen. Wer schon im Nibelungen= lied gelesen hat, erinnert sich der Burgunder, welche in der Umgegend von Mainz und Worms ihr Wesen trieben, und die Namen „Guntersblum", wie der „Rosengarten" bei Worms weisen noch heute auf jene Zeit zurück. Der römische Kaiser hatte dem Stamme diese Wohnplätze angewiesen. Die Burgunder hatten die Rolle eines römischen Hülfsvolks übernommen; sie sollten die feindlichen Alamannen im Schach halten.

Das Land hatte zum Teil christliche Bevölkerung. Missionäre aus Gallien und den christlichen Rheinstädten begannen ihr Werk unter den benachbarten Heiden. Erst drei Jahre seit ihrer Ansiedlung waren vergangen, als die Burgunder durch einen Volksbeschluß den christlichen Glauben annahmen (416). Das Denkwürdige ist, daß dieser germa= nische Stamm sich zu der katholischen Form des Christen= tums bekannte. Waren doch die Burgunder ganz in den

römischen Reichsverband eingegliedert. Aehnlich, wie einst
die Ubier bei Köln durch ihre Ueberführung in römisches
Gebiet die damalige römische Staatsreligion, die Verehrung
des kaiserlichen Genius, angenommen hatten, so nahmen jetzt
die Burgunder die nunmehrige römische Staatsreligion, d. h.
das katholische Christentum, an. Auch diejenigen Burgunder,
welche auf dem rechten Rheinufer im Odenwald zurückgeblieben
waren, bekehrten sich zu demselben. Sie hatten Furcht vor
den Hunnen. In ihrer Angst suchten sie die Götter zu ver-
söhnen. Sie beriefen einen gallischen Bischof, welcher ihnen
von dem unbekannten Gott der Christen predigte. Eine
Woche lang bereitete dieser das Volk durch Fasten und
Unterricht vor. Dann erfolgte die Taufe (430). Da herrschte
große Freude bei der katholisch-rechtgläubigen Kirche. Sie
vergaß gern die Leiden, welche ihr die Burgunder, da sie
noch Heiden waren, bei ihrem Einfall in Gallien durch ihre
rücksichtslose Verwüstung zugefügt hatten. Ein mächtiges,
zahlreiches Volk — schätzte man doch die Burgunder auf
80 000 Mann — hatte sich in den Schutz ihrer Kirche gestellt. Die Hoffnung war berechtigt, daß die Burgunder der
Hort des katholischen Christentums unter den Germanen
werden und bleiben würden.

Allein die Hoffnung trog; die rasch erschlossene Blüte fiel
bald ab. Das katholische Fürstenhaus und mit ihm ein großer
Teil des Volkes verblutete sich im Kampfe mit den Hunnen.
Der ganze Stamm wurde vollends von den Römern in die
Gegend des heutigen Savoyens versetzt und hier mit Land
ausgestattet (443). Da war die Berührung mit den arianischen Westgoten unvermeidlich. Ja die Könige des Volkes
kamen jetzt von den benachbarten Goten. Die ersten Fürsten
im neuen Lande hielten noch fest an dem alten Glauben;
bald aber nahmen die Nachfolger das arianische Glaubensbekenntnis an. Gundobad that diesen Schritt († 516). Er
verfolgte die Katholiken nicht. Allein rasch war der Arianismus eingebürgert. Doch sollte gerade aus dem burgundischen
Königshaus die Frau kommen, welche für die Befestigung des
katholischen Christentums das Größte thun sollte: Chrotechild,
die spätere Gattin des Frankenkönigs Chlodovech. Die Franken
waren es, welche die Hoffnungen glänzend erfüllten, die von der
katholischen Kirche ursprünglich auf die Burgunder gesetzt waren.

III. Die Bekehrung der Franken zum katholischen Christentum.

1. Die Franken.

Unter dem Namen der „Freien" hatten sich um die Mitte des dritten Jahrhunderts germanische Stämme am untern und Nieder=Rhein zum Angriff gegen das römische Reich verbunden. Es waren markige Gestalten mit blitzendem Auge und lang herabwallendem Haar. Eng schlossen sich die Gewänder an die kraftvollen Glieder, von breiten Gürteln zusammengehalten. Das Knie blieb nackt. Alles in allem Männer voll Kraft. Mit diesem Frankenbund kämpften die Römer die erbittertsten Kämpfe, aber vergebens, denn lang= sam, aber unaufhaltsam rückten die Gefürchteten in die Grenzen des römischen Reiches ein. Zunächst handelte es sich noch um Holland. Bald mußten die Römer die Land= schaft zwischen Maas und Rhein räumen. Von da geht es mit bedächtigem Schritt auf das Herz von Gallien zu. Während die „salischen" Franken Seeland und Brabant er= obern, besetzen die „ripuarischen" die Gegenden zwischen Rhein, Mosel und Maas. Da werben die Römer um die Bundesgenossenschaft der unangenehmen Sieger. Die Franken gehen darauf ein, bewegen sich aber fortwährend auf Kosten ihrer Freunde erobernd weiter. Es ist ein eigentümliches Verhältnis. Fränkische Scharen kämpfen unter Roms Adlern. Fränkische Beamte haben die höchsten Stellen inne. Jener Magnentius, welcher den römischen Kaiser Konstans stürzte und mit Konstantius um die Kaiserkrone rang, war wahr= scheinlich ein Franke. Als römischer Feldherr fiel der Franke Charietto im Kampf mit den Alamannen. Der Franke Merobaudes bekleidete zweimal die römische Konsularwürde (383), des gewaltigen Arbogast nicht zu vergessen, welcher am Hof zu Mailand unumschränkt über die ganze Westhälfte des römischen Reiches herrschte. Und doch verdrängten die Franken die Römer aus einer festen Stellung nach der andern. Sie wollten die alleinigen Erben Roms in Gallien sein, deshalb vernichteten sie gemeinsam mit den Römern manchen germanischen Bruderstamm, scheinbar Rom zu nutze, thatsächlich ihrer eigenen Macht zum Vorteil.

Die Römer verloren immer mehr den Boden in ihren alten Landschaften. Chlodio überschritt mit seinen fränkischen Scharen den Wald von Soignies und dehnte sein Gebiet bis zur Somme aus. Childerich († 481) arbeitete daran, seinem Volke endgültig das Uebergewicht in Gallien zu verschaffen. Zusammen mit den Römern besiegte er die Westgoten (463) und wies den Angriff der Sachsen glänzend zurück. Er stützte die römische Herrschaft nördlich der Loire. Aber eben dies war nur ein feiner Schachzug. Dadurch wurde sein Volk den Römern unentbehrlich. Schon Chlodovech (465—511) erntete die Früchte dieser bedachtsamen Staatskunst. Erst fünfzehnjährig, wurde er von seinem Gau auf den Schild erhoben; neben ihm standen zwei Verwandte in derselben Würde von Gaufürsten. Sein Krongebiet war das kleine Reich von Tournay. Noch besaßen die Römer ein ansehn= liches Gebiet mitten in Gallien. Da wagte es der junge Häuptling und eroberte das Land bis zur Loire. Der Zwanzig= jährige schlug die Römer bei Soissons. Paris wurde seine Hauptstadt. Die Schritte des siegreichen Heeres waren nicht mehr zum Aufhalten. Die Thüringer (491) und Alamannen (496) wurden niedergeworfen, die Burgunder gedemütigt (500), der Westgotenkönig aufs Haupt geschlagen (507). Damit hatte sich die gesamte Lage geändert. Chlodovech ward jetzt Herrscher in Gallien. Nur noch einen kleinen Küstenstrich besaßen die Westgoten, und die Ostgoten eroberten die Gegenden um die Durance. Alles andere Land gehorchte Chlodovech. Die beiden verwandten Gaukönige fielen ihm lästig; rasch besonnen machte er dem ripuarischen Königs= hause ein Ende und ließ sich von dort zum König wählen. Von der Schelde bis zur Garonne, bis zum Land der Friesen und Sachsen im Norden und dem der Alamannen, herrschten jetzt unbestritten die Franken.

Sie haben das Römerreich thatsächlich zerstört. Denn Chlodovech setzte einen neuen Staat an Stelle des alten, nahm aber zugleich die Ueberlieferungen des römischen Reiches auf. Er hat ein neues Reich aufgerichtet, in welchem fränkisches und römisches Wesen ineinanderschmolz, und so den Grund gelegt zu dem Staatswesen, auf welchem das ganze Mittelalter ruht.

2. Chlodovechs Uebertritt zum katholischen Christentum.

Das Christentum machte auf die Franken, welche im römischen Dienste standen, keinen großen Eindruck. Arbogast blieb ein echter Heide und konnte den Priestern in Mailand drohen, daß er sie zu Soldaten, ihre Kirchen zu Pferde= ställen machen werde. Ein anderer Franke, Magnentius, war zwar Christ, vor der Entscheidungsschlacht ließ er jedoch ohne Gewissensbedenken den heidnischen Göttern eine Jung= frau opfern, ihr Blut mit Wein vermischen und diesen Trank bei den Kriegern herumgehen, um sie zur Todesbrüderschaft zu weihen. Die Franken machten zunächst keinen Unterschied zwischen Römertum und Christentum; beides verdrängten sie. Arras, Lombray, Tournay waren einst christliche Städte. Nach ihrer Eroberung durch die Franken wurden sie so heid= nisch, daß sich noch am Anfang des siebenten Jahrhunderts in der Umgegend von Arras rein heidnisches Wesen breit machte. Je weiter aber die Franken vordrangen, desto behut= samer verhielten sie sich gegen das Christentum. Christliche Bischöfe verhandelten manchesmal mit ihnen. Die Römer wurden mehr und mehr geschont; das kam auch dem Christen= tum zu gute. Man befreundete sich mit Anhängern dieses Glaubens. Childerich machte der Kirche Schenkungen, stellte sich freundlich zu den Bischöfen und ließ sich öfters von ihnen zur Milde stimmen. Aber sein Grab in Tournay bezeugt, daß er bis an sein Ende dem Heidentum treu ge= blieben ist. Mit seinem Streitroß und seinen Waffen wurde er beerdigt. Goldene Bienen schmückten sein königliches Toten= gewand und goldene Stierhäupter bildeten den Stirnschmuck seines Rosses. Daneben lag eine Schreibtafel mit dem Zeichen des Kreuzes — ein Hinweis darauf, daß die Fürsten doch freundlich mit den Christen verkehrten.

Da kamen die Zeiten Chlodovechs. Er behandelte die christliche Kirche und ihre Vertreter respektvoll, wie sein Vater. In ein näheres Verhältnis zu ihr kam er aber erst infolge seiner Vermählung. Die Brautwerber des mächtigen Königs waren ins Burgunderland gezogen. Dort hatte Chilperich II. von der Hand seines Bruders Gundobald den

Tod empfangen: der Arianer hatte den Katholiken getötet.
Dieser hinterließ zwei Töchter, welche ins Kloster gesperrt
wurden. Chlodovech bekam Nachricht von der schönen und
klugen Königsjungfrau, die hinter den Mauern ein armseliges
Leben führe. Er schickte Abgesandte, welche in seinem Namen
um sie werben sollten. Diese treffen Chrotechild im Kloster.
Beim Gang in die Messe bekommt einer der Gesandten Ge=
legenheit, sich der Jungfrau bemerklich zu machen. Sie
empfängt aus seiner Hand Ring und Antrag Chlodovechs.
Zuerst weigert sie sich, als Christin einem heidnischen Fürsten
die Hand zu reichen. Chlodovech ruht aber nicht und sendet
eine zweite Gesandtschaft. Diese hat Erfolg, und auf die
Nachricht davon eilt der König seiner Braut entgegen. Und
fast das erste, was diese nun unternimmt, ist ein Versuch,
ihren heidnischen Ehegatten zum Uebertritt zu bewegen. Der
König aber entgegnet: durch den Befehl der Götter wird
alles geschaffen; die Ohnmacht des Christengottes zeige sich
darin, daß er nicht einmal von göttlichem Geschlecht sei.
Chrotechild mußte sich zufrieden geben, umsomehr, als der
König der Kirche fortwährend freundlich entgegenkam. Ja
er gab den Bitten seines Weibes nach, ihren Erstgeborenen
taufen zu lassen. Da stirbt das Kind, noch ehe es die
weißen Taufgewänder abgelegt hat. Trauer und Mißstimmung
legen sich um des Königs Herz. Aber dem Flehen der
heißgeliebten Frau vermag er nicht zu widerstehen, und so
wird auch der zweite Sohn christlich getauft. Da erkrankt
dieser ebenfalls. Inbrünstig betet die Mutter; sie weiß, was
auf dem Spiele steht. Der Vater weist grollend auf die
Heidengötter, deren Macht größer sei, als die des Christus.
Wider Erwarten tritt Besserung ein. Erleichtert steht die
Mutter am Bett des Kleinen, und der Vater geht hinweg,
nicht ohne einen tiefen Eindruck mitzunehmen. Die Königin
bekommt von da ab immer reichlicher Gelegenheit, dem
zweifelnden Gemahl von ihren christlichen Glaubenswahr=
heiten mitzuteilen. Da ruft der Alamannenkrieg ihn hinweg.
Sieggekrönt kehrt er heim und rastet einige Tage in Reims.
Heimlich ließ Chrotechild hier den Bischof Remigius rufen,
welchen der König schon vorher kannte. Dieser redete
Chlodovech zu, sich zum Christentum zu bekehren. „Gern“,
erwidert der König, „will ich dich hören. Doch will mein

Volk seine Götter nicht verlassen. Aber ich will zu ihm reden nach deinem Wort." Allein noch ehe Chlodovech zu der Versammlung gesprochen, rief das Volk begeistert aus: „Die sterblichen Götter werfen wir weg. Wir sind bereit, dem unsterblichen Gott zu folgen, den Remigius predigt." Damit war die Taufe beschlossene Sache. Mit großem Pomp sollte sie ausgeführt werden. Das Weihnachtsfest wurde zum Tauftag gewählt. Sämtliche Bischöfe des Reichs wurden eingeladen; auch die von Burgund sollten erscheinen. Am Tage der Weihnacht waren die Straßen von Reims festlich geschmückt. Weihrauchduft und wohlriechende Kerzen überall. Der König schritt dem stattlichen Zug voran. Der Bischof taufte ihn und rief ihm die berühmten Worte zu: „Beuge dein Haupt, Sigambrer; bete an, was du verbrannt! verbrenne, was du angebetet hast!" 3000 vom Volk erhielten gleichfalls die Taufe. Der erste große germanische König hatte sich zum katholisch christlichen Glauben bekannt (496).

3. Bedeutung dieses Uebertritts.

Schon darin kommt die freundliche Stellung Chlodovechs zum Christentum zum Ausdruck, daß er eine Christin freite. Dies that er freilich auch aus Rücksicht auf die vielen Christen, welche in seinen Landesteilen wohnten. Ja, er hatte bei dieser Werbung sogar einen recht schlimmen Hintergedanken. Chrotechilds Vater war ja von dem regierenden Burgunderfürsten getötet worden. Nahm er sie zum Weib, so überkam er damit das Recht der Blutrache. Und Chrotechild war das gerade recht. Schon auf der Brautfahrt ließ sie die burgundischen Grenzgebiete verheeren, und beständig war sie es, die ihren Gemahl an die übernommene Rachepflicht erinnerte. Die Heirat hatte Chlodovech einen Vorwand zum Krieg gegen Burgundien verschafft.

Immerhin wäre es falsch, würde man diesen Uebertritt einfach als That eines schlauen Staatsmannes auffassen. Chlodovech ist trotz allem aus Ueberzeugung Christ geworden. Er erkannte in dem Christengott den mächtigsten Schutzherrn seines Reiches an. Deshalb beugte er sich ihm. Ein anderer Mensch freilich ist er dadurch nicht geworden. Der Christ Chlodovech erschlug seine Verwandten Ragnachar und Richar

mit eigener Hand. Der Christ Chlodovech stachelte den
Sohn gegen den Vater auf, bestach die Truppen des ver=
wandten Gaukönigs und unterstützte sie im Treubruch). Den=
noch war die Annahme des christlichen Glaubens keine bloße
Heuchelei von ihm. Er ersetzte eben die vielen Götter,
welchen er bisher gedient, durch den Einen Gott, in dessen
Schutz er von nun an stehen wollte. Daß dieser Gott von
ihm eine Aenderung seines Sinnes und seines ganzen Wesens
verlange, war ihm ein fremder Gedanke. Er war überzeugt:
der Christengott ist der mächtigste und anbetungswürdigste
Gott. Damit war es ihm ernst, damit hatte er aber auch
genug. Die Macht des Gottes war der einzige Beweis für
die Tauglichkeit oder Untauglichkeit einer Religion. Diese
Stimmung drückt sich am besten in den letzten Worten des
Königs Chlotachar I. aus, wenn er sterbend sagte: „Ha!
wie gewaltig muß der himmlische König sein, welcher so
mächtige Könige tötet!"

Von den wichtigsten Folgen war es, daß Chlodovech
gerade zum katholischen Christentum übertrat. Es wurden
auch Versuche gemacht, ihn zum Arianismus zu bekehren.
Seine beiden Schwestern waren Anhängerinnen desselben.
Wäre nun Chlodovech auch arianischer Christ geworden, so
hätte diese Lehre das Lebenskräftigste der germanischen Völker
gewonnen und ihre Fortdauer wäre damit gesichert gewesen.
Nun hatte das katholische Christentum das Uebergewicht:
die Franken haben es gerettet. Dadurch wurde die Kluft
noch weiter, welche sie schon vorher von den übrigen germa=
nischen Stämmen trennte. Sie standen allein und wurden
mit Mißtrauen, ja mit Feindschaft beobachtet. Dieses enge
Zusammengehen mit den Römern, die Aufnahme ihrer
Bildung, die Schleichwege der fränkischen Staatskunst —
das alles mochten die andern nicht leiden. Sie ahnten, daß
hier ein fremdartiges Reich gegründet werde insofern, als es
Römer und Franken in sich zu verschmelzen suchte. Dies
ging desto leichter, als beide denselben katholisch=christlichen
Glauben hatten. Dieser wurde der Kitt zwischen beiden
Völkern, das Band zwischen Paris und Rom. Ein frän=
tischer Bischof ist es gewesen, welcher in Rom die Haupt=
stadt der Welt sah: Gregor von Tours († 595). Ja die
Gefahr war jetzt beseitigt, daß das Römertum ganz aus=

sterben würde. Die Franken hatten es hinübergerettet in ihr Reich: sie hatten von Rom den Glauben empfangen; sie gaben Rom hinwiederum das Recht der geistigen Fortdauer. Und es ist merkwürdig, daß schon in jenen Tagen der Bischof von Vienne den Gang der Geschichte voraussah. Er triumphierte über den Sieg, welchen das katholische Christentum allerorten erringen werde. Das alte Rom werde im Frankenreich von neuem erstehen: die fränkischen Könige werden seine Herrschaft erben — ein Blick hinein in die Tage Karls des Großen.

Chlodovech selbst erhielt sichtbare Beweise für die Vortrefflichkeit des neuen Glaubens. Die Bischöfe sicherten ihm als Lohn für seine Taufe die Vernichtung aller Ketzer und Heiden zu. Siegreich führte er den Feldzug gegen Burgund zu Ende, siegreich war er gegenüber den Westgoten, siegreich mußte er sein; denn: „mit Chlodovech ist Gott". Dies war die Ueberzeugung seiner Unterthanen, dies sein eigener, fester Glaube, in welchem er von seiten der Geistlichkeit stets bestärkt wurde.

4. Clodovechs Volk.

Die Bekehrung des Königs wirkte als Beispiel. Seine Unterthanen ließen sich taufen. Im sechsten Jahrhundert gilt das fränkische Volk als christlich. Doch fehlt es keineswegs an Heiden unter ihnen. In Trier beteten die einen zu den alten Göttern, die andern gingen in die christliche Kirche. Köln hatte seine alten Priester neben den Dienern des Evangeliums. Doch dehnte sich das Christentum so aus, daß in Köln, Mainz, Mastricht Bischöfe eingesetzt waren. Die rechtsrheinischen Gebiete freilich blieben von dieser christlichen Bewegung unberührt.

Werfen wir einen flüchtigen Blick auf die sittlichen Zustände im Frankenreich nach der Annahme des Christentums. Am Hofe ging es schaurig zu. Offen herrschte Vielweiberei. Chilperich, ein Nachfolger Chlodovechs, ließ seine Gemahlin ermorden, um ihre Magd, Fredegunde, auf den Thron erheben zu können. Gewaltthat, Meineid, Treubruch waren bei Hof zu Haus. Fredegunde machte einen Mordanschlag auf die eigene Tochter. Chlodovechs Witwe — er

starb 511, sie 548 — galt als Ideal einer christlichen Frau.
Sie sorgte für die Armen, unterstützte die Klöster, baute
Kirchen, besuchte fleißig den Gottesdienst. Und doch dürstete
sie ihr Leben lang nach Rache und wurde nie müde, ihre
Söhne zum Krieg gegen Burgund anzustacheln. Kurz: die
Hofgeschichten der damaligen Zeit sind ein recht trauriges
Blatt in der Geschichte. Im ganzen Volk erreichte die Ge-
meinheit und Roheit keinen solchen Grad. Viel besser ging
es jedoch dort auch nicht zu. In den Kirchen kam es oft zu
wilden Kämpfen. Der Bischof von Rouen wurde während
des Gottesdienstes ermordet. Auf dem Brautzuge, welchen
die Tochter Chilperichs nach Spanien unternahm, wurde
nichts als geraubt und geplündert im eigenen Lande. Die
Rechtszustände ließen außerordentlich viel zu wünschen übrig.
Meistens beschritt man den Weg der Selbsthülfe. Herren
und Knechte, Priester und Mönche fröhnten dem Laster der
Trunkenheit. Goten und Vandalen hielten allezeit die Ehe
hoch und heilig: die Franken ließen ihrer Lust den Zügel
schießen. Auch viele unter den Geistlichen waren nicht besser.
Es ist unglaublich, daß der Bischof von Clermont einen
Aeltesten lebendig begraben ließ, um sich dessen Gut anzueignen.
Fredegunde hatte es leicht, Werkzeuge ihrer Schandthaten zu
finden: die Geistlichen gaben sich oft bereitwillig dazu her.

Trotz dieser Versunkenheit drang allmählich christliche
Sitte ein. Wenn die Glocken zur Frühmette riefen, stand
man auf. Alles strömte in die Gottesdienste. Das Abend=
mahl wurde von versammelter Gemeinde gehalten, und es
wird von einer Frau als auffallende Thatsache erzählt, daß
sie bei ihrem täglichen Besuch der Messe sich nicht jedesmal
das Sakrament reichen ließ: so oft war man gewöhnt, zum
Tisch des Herrn zu gehen. Ehe man sich zu Tisch setzte,
wurde gebetet. Man trank keinen Becher Wassers, ohne
darüber das Zeichen des Kreuzes zu machen. Verlobung
und Trauung wurden kirchlich gefeiert. Auch Laien zeigten
Verständnis und Eifer für die Fragen der Lehre. Am be=
zeichnendsten ist der Eingang zum salischen Gesetz, welcher
mit den begeisterten Worten schließt: „Es lebe Christus,
welcher die Franken liebt; er bewahre ihr Reich . . . er
beschirme das Heer und verleihe dem Glauben Schutzwehr . . .
denn dies ist das Volk, das tapfer und stark das harte Joch

der Römer von Nacken geschüttelt." Christus wird mit Vorliebe als himmlischer König gedacht. Er ist der fränkische Volksgott. Deshalb haben die Franken ein ungebändigtes Selbstbewußtsein: sie dienen ja dem mächtigsten Gott und sind darum des Sieges sicher. Und doch beschleicht sie manchmal ein Gefühl der Ohnmacht, wenn sie sich diesem gewaltigen Gott gegenüber stellen. Das scheußliche Weib Fredegunde sieht in dem Tod ihrer Kinder die Hand des Allmächtigen, der Leben giebt und Leben zerstört. Schmerzlich seufzt sie auf, weil die Thränen der Armen und die Jammerrufe der Waisen ihre Kinder getötet haben.

So treffen wir ein eigentümliches Gemisch von rohestem Heidentum und christlicher Sitte. Die sittliche Kraft des christlichen Glaubens wird mehr nur geahnt als erprobt. Seine Kraft sieht der Franke zunächst allein im Sieg der Waffen. Sein Gott ist der unsagbar Mächtige; an dessen Dienst freut er sich, weil er ihm seine Feinde in die Hand giebt.

5. Fränkische Mission unter den Friesen.

Im siebenten Jahrhundert missionierten die Franken — ein Beweis, daß das Christentum mehr in Fleisch und Blut des Volkes übergegangen war, als dies noch im sechsten Jahrhundert der Fall war. Dem Mönchtum hatte die fränkische Kirche diesen Aufschwung zu verdanken.

Es war auch ein Mönch, welcher zuerst unter den Friesen das Evangelium verkündete, Amandus mit Namen. Aeußerst schwärmerisch angelegt, verbrachte er fünfzehn Jahre in einer Zelle auf der Stadtmauer zu Bourges, wallfahrte dann nach Rom, besuchte bei Tage eine Kirche um die andere und lag des Nachts auf den Stufen von St. Peter und betete. Hier meinte er eine Offenbarung zu erhalten: Petrus erschien ihm in einem Gesicht und forderte ihn zur Predigt im Frankenreich auf. Nun verließ Amandus Rom und predigte mit großem Eifer in Gent. Der Erfolg schien ihm aber zu gering. Er wandte sich deshalb an den Frankenkönig Dagobert. Der Fürst befahl sofort, daß die in jener Gegend befindlichen Heiden getauft werden müßten. Dieser Befehl erbitterte das Volk: von einer Zwangstaufe wollten

sie nichts wissen. Amandus mußte dies erfahren. Er wurde
vielfach beschimpft und mißhandelt, mehrmals in die Schelde
geworfen. Mißmutig kehrte er dem Lande den Rücken. Doch
beseelte ihn ein rastloser Drang, alle Seelen zu Christo zu
führen; es fehlte ihm nur die nötige Ruhe und Sicherheit
in der Ausführung. Zunächst ging er nach Kärnten, wirkte
unter den dortigen Slaven, kehrte jedoch bald wieder nach
Gent zurück, überwarf sich mit Dagobert und wurde auf
kurze Zeit verbannt. Südlich von Tournay gründete er das
Kloster Elno und erhielt von dem wiederbesänftigten König
das Bistum Mastricht (647). Mit ungemeiner Lebhaftigkeit
warf er sich auf dieses neue Arbeitsfeld. Die einzelnen
Ortschaften seines Sprengels besuchte er persönlich, überall
verkündete er das Wort Gottes. Weil er auch die Sünden
der Geistlichen nicht ungerügt ließ, setzten ihm diese kräftigen
Widerstand entgegen. Nach zwei Jahren hatte er das
Bischofsamt wieder satt, er besuchte die heidnischen Friesen
und kam zuletzt zu den Basken in den Pyrenäen: überall
am Erfolg verzweifelnd, suchte er endlich Ruhe in seinem
Kloster Elno. Möge er sie hier gefunden haben!

Diese angefangene Arbeit des ruhelosen, wenn auch be=
gabten Mannes führte der Kölner Bischof Kunibert weiter.
In Utrecht erhob sich eine Kirche. Das ganze Land wurde
dem Bischofstuhl in Köln unterstellt. Es hatte den Anschein,
als würde sich das gesamte Volk bekehren. Zur selben Zeit
arbeitete ein früherer Goldschmied unter den Friesen. Man
erzählt darüber: Der König Chlotar wünschte eines Tags
einen goldenen, mit Edelsteinen verzierten Sessel. Aber
niemand konnte einen solchen verfertigen. Da wurde er auf
den frommen und kunstgeübten Eligius von Chatelot (geb. 588)
aufmerksam gemacht. Flugs machte sich dieser an die Arbeit,
unterschlug nichts von den Rohstoffen, so daß er es fertig
brachte, statt eines, zwei Sessel herzustellen. Durch diesen
Vorfall stieg Eligius zu hohem Ansehen. Einheimische und
Fremde besuchten ihn und fanden bei ihm Rat und Unter=
stützung. Seine Freude war, Sklaven loszukaufen, Arme
zu unterstützen; Kranke zu pflegen, Bettlern aufzuhelfen. Er
gewann Achtung bei klein und groß. Da wurde der Bischof=
stuhl in Noyon frei. Der König forderte den geschätzten
Mann auf, denselben einzunehmen. Seine bescheidenen

Weigerungen halfen nichts. Eligius wurde Bischof und
waltete seines Amtes vortrefflich. Er machte zahllose Reisen
in dem heidnischen Flandern. Mehreremal brachte ihn seine
Predigt in Todesgefahr. Der Herr segnete seine Arbeit.
Der größere Teil des trotzigen Friesenstammes verließ die
Götzenbilder und wurde Christo unterthan.

6. Königlich fränkische Mission in Alamannien.

Die Alamannen hatten im Zehntland die Spuren des
Christentums vertilgt. Im Laufe des fünften Jahrhunderts
machten sie zwei Rückwanderungen. Zuerst mußten sie das
Land zwischen Neckar und Main räumen; dazu wurden sie
von den Burgundern gedrängt, welche in dieser Gegend erschienen. Sie entschädigten sich dafür durch Einfälle in die
Vogesen und besaßen vorübergehend alles Land bis zur
Saar. Nachdem die Burgunder abgezogen waren, machten
die Alamannen einen Vorstoß gegen Norden und drangen
bis Köln, Luxemburg, Verdun vor. Da wurde Chlodovech
auf sie aufmerksam. Er brachte ihnen bei Straßburg eine
Niederlage bei (496 oder 506) und verfolgte sie bis über
den Main (Frankfurt = Furt, welche die Franken benützten?).
Jetzt teilten sich die Alamannen. Ein großer Teil erhielt
von den Ostgoten das heutige bayerische Schwaben, die
Nord- und Ostschweiz, von wo sie sich nach Tirol und den
Vorarlbergen hin ausdehnten. In der alten Heimat blieben
nur wenige Alamannen zurück. Hier rückten vorzugsweise
Chatten und Hessen ein. Das Land, welches man den
Alamannen abgenommen hatte, wurde fränkisches Krongut.
Damit beginnt der Einzug des Christentums in dieses
Land. Der König sorgte dafür, daß auf dem ihm gehörigen
Grund und Boden Kirchen gebaut wurden. Mit den königlichen Soldaten und Beamten kamen auch christliche Priester.
Zuerst wurden die nördlichen Teile des heutigen Württemberg
in Angriff genommen. Die meisten Kirchen wurden dem
heil. Martin, dem Volksheiligen der Franken, geweiht. Aus
jener Zeit tragen die Martinskirchen in Kirchheim, Lauffen
am Neckar, Osterburfen, Königshofen ihren Namen. Sie
dienten zunächst den Franken zu ihren gottesdienstlichen Versammlungen. Die zurückgebliebenen Alamannen sollten jedoch

auch nicht leer ausgehen. Diese waren die „Mannen des Ziu" und verehrten ihn als ihren schützenden Kriegsgott. Jetzt boten ihnen die christlichen Priester einen Ersatz in dem heil. Michael, an dessen Siegen über den Teufel sich ihr kriegslustiges Herz weiden mochte. Neben den Martinskirchen wurden Michaelskirchen gebaut. Neben der Martinskirche in Roth am See steht eine Michaelskirche in Musdorf, neben der Martinskirche in Kornwestheim eine Michaelskirche in Neckarrems, ebenso in Canstatt und Wangen. Dies verrät einen ganz durchdachten Plan, nach welchem die fränkischen Missionare im Schwabenland arbeiteten. Es bildeten sich mit der Zeit Pfarrbezirke, deren Mittelpunkt eine Martins= kirche bildete; diese stand auf fränkischem Krongut. Von hier aus wurden für die ansässigen Alamannen weitere Kirchen erbaut. Dabei mußten die christlichen Heiligen als Ersatz für die alten Götter dienen und den Heiden den Uebertritt erleichtern. Neben Michael erscheint noch der heil. Stephanus. Seine Verehrung sollte die des Gottes Frô verdrängen. In Abstatt, Hollenbach, Lendsiedel finden wir Stephanuskirchen. Martin, Michael, Stephanus traten an Stelle der alten heidnischen Götter=Dreiheit und ihre Kirchen umschlossen jedesmal einen weiteren Bezirk. So drang das Christentum ganz allmählich im heidnischen Alamannien ein.

Rascher noch war sein Siegeszug einige Jahrzehnte später im Süden. Dort ließen die Alamannen zunächst ihrem Haß gegen den Christengott frei die Zügel schießen. Die uralte Aureliakirche in Bregenz mußte es sich gefallen lassen, in einen Götzentempel verwandelt zu werden. Die christlichen Priester wurden vertrieben. Man flehte zu den alten Göttern in den Hainen oder an den Kreuzwegen. Da trat der Ostgotenkönig Vitiges Alamannien an den Franken= könig Theudebert ab, um diesen für sich zu gewinnen (536). Das war ein Schlag für ihre Freiheit. Trotzig beugten sie sich unter ihren neuen Oberherrn. Dieser erleichterte ihnen die Unterwerfung, so viel er konnte. Es war ihm darum zu thun, den Stamm, dessen Lücken sich seit der Schlacht von Straßburg wieder gefüllt hatten, nicht unnötig zu er= bittern. Demnach ließ er ihnen ihre bisherige Verfassung, ihre angestammten Herzoge, ihr volkstümliches Recht, ihren Glauben und ihr Gebiet. Nur beanspruchte er innerhalb des letzteren die alten Römerorte als sein Krongut. Hier konnte nun der König Kirchen gründen nach Belieben und er sorgte auch dafür. Neben alten Marienkirchen, welche sich aus der Römerzeit erhalten haben mögen, erstanden auch hier Martins-, Stephans-, Michaelskirchen. In denselben predigten die Missionare, größtenteils Franken von Geburt. Ihre Arbeit blieb nicht erfolglos. Um die Wende des sechsten Jahrhunderts erscheint der Alamannenherzog mit seiner Familie bereits als Christ und die alamannische Fürstentochter Framehild wird späterhin ihrer Heiligkeit wegen berühmt.

Allein der Erfolg war doch mehr nur ein äußerlicher. Eine Staatskirche war gegründet, und zwar gegründet von den Franken, welche die Alamannen immer mißtrauisch und scheel betrachteten. Es war eben ein Wechsel der Götter eingetreten. Statt des Wuotan verehrte man den heil. Martin, statt des Donnar den heil. Peter und so fort. Um was es sich eigentlich beim Christentum handelte, blieb den meisten verborgen. Heiden und Christen konnten friedlich an ein und derselben Göttermahlzeit teilnehmen. Die alten heidnischen Bräuche waren keineswegs verbannt. Selbst der alte Haß gegen den Christengott lebte noch fort und kam in der Mitte des sechsten Jahrhunderts zu gewaltigem Ausbruch. Begeistert jubeln die Alamannen ihrem herzoglichen Brüderpaar Leutharis und Butilin entgegen. Mit 75 000 Kriegern ziehen diese nach Italien, raubend und plündernd. Ihre ganze Wut kehrt sich gegen die christlichen Gotteshäuser. Die Kostbarkeiten werden herausgerissen, die heil. Gefäße geraubt, die nackten Wände und leeren Mauern eingeäschert. Noch einmal schafft sich der wildeste Haß gegen alles, was christlich heißt, Bahn; es ist ein Verzweiflungskampf gegen den Gott, der schon den Sieg errungen, und dem sie sich doch um keinen Preis beugen wollten. Er nahm ein jähes Ende. An den lieblichen Ufern des Gardasees rafft die Seuche den Leutharis weg und bald darauf fällt Butilin im Kampfe mit dem Feinde (553). Diese herzoglichen Brüder waren echte alte deutsche Helden; auf sie waren alle Hoffnungen des sinkenden Heidentums gestellt. Mit ihnen wurden auch diese begraben. Eine neue Zeit war angebrochen. Der Stolz der Alamannen hatte einen heftigen Stoß erlitten. Sie fingen an, an der Macht ihrer Götter zu zweifeln.

IV. Die Iroschotten.

1. Columba.

Die Bewohner der irischen Insel waren weithin durch ihre Frömmigkeit ausgezeichnet. Es waren düstere Christen, welche dort wohnten. Sie hatten alle einen herben Zug in ihrem Wesen und kannten kein höheres Ziel, als sich selbst durch alle möglichen Mittel abzutöten. Eine unverhältnis= mäßig große Zahl von Klöstern bedeckte das Land.

In diesem Lande wurde Columba geboren (um das Jahr 540). Er dachte zuerst nicht daran, Mönch zu werden. Da begegnete ihm eines Tages eines jener Weiber, welche in der strengsten Abgeschlossenheit von der Welt ihrem Gott dienen wollten. Sie forderte den jungen Mann auf, den harten Kriegsdienst auf sich zu nehmen, welchen sie schon zwölf Jahre in der Einöde trage. Es brauchte nicht viel Ueberredung bei Columba. Feurig, wie er war, entschloß er sich sofort, dem Rufe zu folgen. Seine Mutter weinte, als sie davon hörte. Ihr ganzes Herz hing an ihrem Sohn. Sie vermochte sich nicht zu denken, wie sie einsam weiter leben sollte. Alles stellt sie ihrem Kinde vor. Der Sohn erwidert: „Wer Vater oder Mutter mehr liebt, als mich, der ist mein nicht wert." Aber sie will und kann sich nicht von ihm trennen. Sie wirft sich auf die Schwelle des Hauses, um ihm den Ausgang zu verwehren. Doch Columba springt über die Mutter weg mit dem herben Worte: „Im Leben werde ich dich nicht wiedersehen; ich gehe den Weg zum Heil." Und er hat sie nie wieder gesehen. Zuerst nahm er Unterricht in der Schrift und trat dann in das Kloster Banchor ein, dessen Abt ihm bald sein ganzes Zu= trauen schenkte. Doch er wollte übers Meer. Seine nächste Absicht war dabei nicht einmal der Dienst in der Mission. Er wollte nur die Trennung vom Heimatlande vollständig machen, um als ganzer Fremdling dem Herrn zu leben. In einer Betrachtung über 1. Mos. 12 werden verschiedene Arten aufgeführt, wie man das Vaterland verlassen könne und als die vollkommenste Art der Trennung eben dies bezeichnet, daß man selbst den Boden desselben verlassen müsse. So wurde auch der Ausspruch Jesu Matth. 19, 29*) ausgelegt.

Nach der Sitte der irischen Glaubensboten zog Columba mit zwölf Reisegefährten vom heimatlichen Boden weg, den er nie wieder betreten sollte. Mit langen Stöcken, ledernen Quersäcken und Flaschen für die Reisebedürfnisse versehen, landete der Trupp zunächst in der Bretagne (um 585). Mit beredten Worten eiferte Columba gegen die eingerissene Sittenverderbnis jener Zeit. Rasch verbreitete sich sein Ruhm; auch an den Hof drang die Kunde von dem strengen Sitten= prediger, der von Irland gekommen sei. Der König Childe= bert II. (576—596) begünstigte sein Unternehmen, und machte Versuche, ihn am Hofe festzuhalten. Columba schlug das Anerbieten aus; er zog sich in die Wildnis der Vogesen zurück und gründete dort sein erstes Kloster Anagrey**). Da die Zahl der Mönche bedeutend wuchs, errichtete er in der Nähe ein zweites Kloster Luxeuil (590) — auch auf burgundischem Boden —, welchem später noch die Gründung eines dritten, Fontaines, folgte. Columba war der Leiter dieser drei Häuser, in welchen sich insgesamt ungefähr 220 Mönche aufhielten. Den religiösen Unterricht erteilte er selbst. In feurigen Ansprachen ermunterte er seine Mönche, die rechtgläubige Lehre festzuhalten und einen gottgefälligen Wandel zu führen. „Der tritt die Welt mit Füßen, der sich selbst überwindet, dem eigenen Geist früher als dem Leib abstirbt. — O armseliger Mensch! Du sollst hassen, was du siehst, und was du lieben sollst, siehst du nicht.“ Mit ähnlichen Worten schärfte er seinen Zuhörern das Gewissen. Auch entwarf er eine Regel***), nach welcher seine Mönche leben mußten. Darin war der strengste Gehorsam gegen den Abt verlangt. Wer ihm irgend widersprach, beging ein Verbrechen. Ja, „wer das vom Abt Gebotene thut, ist der Verantwortung ledig, auch wenn er unrecht gehandelt hat.“

---

*) „Und wer verläßt Häuser, oder Brüder oder Schwestern, oder Vater oder Mutter, oder Weib oder Kind, oder Äcker um meines Namens willen, der wird es hundertfältig nehmen und das ewige Leben ererben.“

**) Im Gebiet der heutigen Gemeinde Faucogney.

***) Die Vorschriften, welche die Klosterstifter ihren Mönchen für die Einrichtung ihres Lebens gaben, heißen sämtlich: Regeln. Es giebt be= rühmte Regeln, so die Benediktinerregel u. a.

Der Ausspruch Christi gilt als vorbildlich: „nicht wie ich will, sondern wie du willst." Alle Lust am Besitz sollten die Klosterzöglinge verlernen. Eigentum galt als Aussatz, Verderben, Tod. Wer den Löffel ergriff, ohne das Kreuz darüber zu schlagen, wer die Lampe anzündete, ohne sie segnen zu lassen, wer mit dem Messer in den Tisch schnitt, oder beim Beginn des Psalmensingens hustete, ja, wer sich bei einem Vorwurf auch nur zu entschuldigen suchte — verfiel der Strafe und erhielt — Prügel. Die harten Bestimmungen der Mönchsregel kennen Prügelstrafen von 6—100 Streichen. Nun vergleiche man! hier in abgelegener Wildnis Mönche mit der äußersten Strenge erzogen, draußen das Volk in seinen bösen Gewohnheiten — da mußte Columbas Wirksamkeit Aufsehen erregen.

Alles blickte denn auch auf den Fremdling. Selbst am burgundischen Hofe machte er Eindruck, und das war ein sittenloser Hof. Dort regierte Theodorich II. (596—617), ein junger, leichtsinniger Mann; doch war sein Herz noch empfänglich für die Mahnungen des irischen Mönchs. Mißlich für ihn war, daß er völlig unter dem Einfluß seiner Großmutter Brunchild stand. Sie hat sich den Namen der „fränkischen Isebel" erworben. Ihr einziges Streben war, die Regierung ganz in die Hände zu bekommen, und deshalb bestärkte sie den jungen König in seinen Ausschweifungen, wo sie konnte. Columbas Ansehen war es zu danken, daß der junge König heiratete und damit Zucht am Hofe einzukehren schien. Allein nur ein einziges Jahr brauchte Brunchild, um die Verstoßung des jungen Weibes durchzusetzen. Da hielt Columba nicht mehr an sich. Offen rügte er das unsittliche Treiben. Er weigerte sich, den unehelichen Kindern des Fürsten die segnende Hand aufs Haupt zu legen; er zerschlug den Becher, in welchem ihm der Hofschenk den Wein zum Trunke reichte. Ein Bruch war unvermeidlich. 610 verwies der Fürst den unangenehmen Abt des Landes, wenn auch widerstrebend. Man brachte ihn nach Nantes. Seinen verlassenen Mönchen schrieb er ein mannhaftes Trostschreiben, worin er ruft: „Der Krieger weint nicht in der Schlacht. Was wir erfahren haben, kam uns nicht unerwartet." Man wollte ihn gewaltsam nach Irland zurückbringen. Er entfloh jedoch zu König Chlotachar II., ging

unter beständigem Zulauf einer andächtigen Volksmenge nach
Metz und wurde hier von königlichen Beamten freundlichst
aufgenommen. Der König Theudebert selbst empfing ihn
und legte ihm den Gedanken nahe, zu missionieren. Er wies
ihn nach Bregenz; dort könnte er seine Arbeit beginnen.
Columba ging auf diesen Wunsch ein, zog mit einigen Be=
gleitern das Rheinthal hinauf, überschritt die Limmat und
gelangte endlich über Zürich nach Tuggen (610). Hier findet
er die heidnischen Alamannen bei einem Festschmaus ver=
sammelt; ein großes Bieropfer zu Ehren Wuotans wird
eben abgehalten. Auch Christen nehmen daran teil. Columba
tritt in den Kreis und zornig stößt er die Bierkufe um, daß
das schäumende Bier zischend auf den Boden strömt. Dann
hält er eine eindringliche Predigt, welche die Christen an
ihren Abfall mahnt, die Heiden zu Christo einlädt. Un=
behindert setzte er seinen Weg fort; er war ein königlicher
Sendbote und ein ungewöhnlicher Mann, welcher sicher in
manchem heidnischen Herzen einen Stachel zurückließ. Bald
hatte er Bregenz erreicht. Die Götzenbilder, welche die
Aureliakirche verunstalteten, wurden in die See gestürzt,
die einstigen heil. Gebeine wieder zurückgebracht. Allsonn=
täglich lud der Schall einer Glocke *) zum Besuch des christ=
lichen Gottesdienstes ein. Drei Jahre wirkte der feurige Ire
unter den Alamannen. Sie kannten den Mann wohl, welcher
in seiner armseligen Zelle eifrig der Andacht oblag. Die
christlichen Priester der Umgegend waren erfreut, in ihm
einen wackern Bundesgenossen gefunden zu haben. Der
Konstanzer Bischof sandte ihm hie und da Lebensmittel, da
er und die Seinigen niemals vor Diebstahl sicher waren.
Mancher Arm hätte sich gegen ihn erhoben, wäre er nicht
von der königlichen Macht geschützt gewesen. Man wußte
wohl, daß der Frankenkönig selbst einmal eine Zusammen=
kunft mit ihm hatte, und fürchtete sich so, ihn zu verletzen.

Da erlitt Theudebert eine Niederlage. Sofort änderte
sich das Verhalten der Alamannen gegenüber Columba. Sie
verklagten ihn beim Herzog. Doch wagten sie es nicht, ihn

---

*) Diese Glocken wurden aus freier Hand geschmiedet. Es waren
Blechglocken, bienenkorbartig geformt. Eine kleine Blechglocke irischer
Form wurde seit alten Tagen in der Pfarrkirche zu Bregenz aufbewahrt
und befindet sich jetzt in der Custorei der Domkirche zu St. Gallen.

geradezu wegen seiner Mission zu verdächtigen. Sie nahmen einen Vorwand. Die irischen Mönche zeigten viel Geschick in Wälderroden, Anblümung vom Boden, Bienenzucht u. dergl. Deshalb gaben die Alamannen vor, durch die Arbeit Columbas und seiner Mönche würden die Jagdgründe geschmälert und das Wild verscheucht. Der Herzog war zwar Christ, aber er konnte oder wollte den Frenmönch nicht schützen. Nochmals mußte Columba zum Wanderstab greifen. Er verließ Bregenz und meinte traurig: „Wir haben hier eine goldene Schale gefunden; aber sie war voll Schlangen." Was nun beginnen? Er hatte die Absicht, den slavischen Volksstamm der Veneter aufzusuchen und dort das Evangelium zu verkündigen. Von diesem Plane kam er wieder ab und begab sich an den mailändischen Hof (613), wo der Langobardenkönig Agilolf regierte. Hier blieb er kurze Zeit und benutzte den Aufenthalt, um die arianische Lehre mit aller Macht zu bekämpfen. Aber die Hofluft war einem Mann wie Columba nicht sonderlich erquickend. Er zog sich wieder in die Einsamkeit zurück und beschloß, an dem Waldbach Bobium (zwischen Tortona und Parma) eine verfallene Kapelle des Petrus wieder aufzurichten. So erhob sich das Kloster Bobbio. In Italien gedachte er mit Wehmut seiner verlassenen Stiftungen; er fühlte sein Ende herannahen. In einem letzten Schreiben legte er seine fränkischen Klöster dem König ans Herz. Dann befiel der Todesschlaf den 75jährigen Greis (21. November 615).

Columba war ein strenger, heftiger, oft sogar rücksichtsloser Mann, ein schroffer Charakter, aber ein Charakter, wie er in der damaligen verfahrenen Zeit fast einzig dastand. Deshalb mußte er Eindruck machen und hat weithin Aufsehen erregt. In seinen Reden lag etwas von dem alttestamentlichen Prophetengeist. Er war überhaupt ein echter Prophet, welcher mit glühendem Eifer zur Buße rief. Er glich dem Johannes, der streng gegen sich und streng gegen andere überall die Geister aufrüttelte, wo er hinkam. Sein Andenken soll bei uns in Ehren sein.

2. Gall.

Als Columba Bregenz verließ, wurde sein treuester Schüler Gall vom Fieber befallen. Wie herb und streng

handelte nun der Meister! Er hielt diese Krankheit für
Verstellung und argwöhnte, daß Gall sich bloß weiterer
mühevollen Reisen entschlagen wollte. Im Unfrieden schied
er von ihm; ja, er ächtete ihn gleichsam, indem er ihm verbot,
solange er noch am Leben sei, selbständig die Messe zu lesen.
Schmerzlich bewegt ging Gall zu dem Aeltesten Willimar in
Arbon, bei welchem auch sein Lehrer manchmal verkehrt
hatte. Dieser ließ dem kranken Mann alle Hülfe angedeihen.
Gall wurde wieder hergestellt und machte sich sofort mit
seinem Diakonen auf, um in der Wildnis eine Stätte zum
Gebet zu suchen. Sie kamen miteinander an die Steinach
im „Mühletobel". Da fiel Gall über einen Dornenstrauch zu
Boden. Als ihm sein Begleiter aufhelfen wollte, erwiderte
er: „Laß mich! Das ist meine Ruhe ewiglich. Hier will
ich wohnen, denn es gefällt mir wohl." Zwischen der Ira
und Steinach bauten sie nun aus Flechtwerk der Baumäste
und Waldruten eine Hütte. Baumrinde, Waldkräuter und
wilde Aepfel waren ihre Nahrung. Dazu fingen sie Fische.
So lebte Gall zunächst in tiefer Waldeinsamkeit und lag mit
großem Eifer seinen Bußübungen ob.

Ein derartiges Leben war den Alamannen etwas durch=
aus Neues. Der fremde Mann, dessen Sprache sie kaum
verstanden, wurde ihnen ein Gegenstand scheuer Ehrfurcht.
Sie kannten wohl ihre Priester; aber deren Frömmigkeit
war anderer Art. Kurz: Gall erregte die Neugierde der
Leute. Am Hofe in Ueberlingen wurde man auf den merk=
würdigen Einsiedler aufmerksam. Die christliche Herzogs=
familie erfuhr, wie weithin sich sein Einfluß erstreckte und
beschäftigte sich näher mit ihm. Des Herzogs Tochter
Friedeburga interessierte sich für diese neue Art der Frömmig=
keit, welche dieser irische Mönch in seinem Leben darstellte.
Sie fand daran mehr Gefallen, als an dem Treiben der
fränkischen Weltgeistlichen. Nicht lange stand es an, so hatte
sie auch den Herzog für sich gewonnen und Cunzo — so
hieß derselbe — gab seinem Wohlwollen für Gall dadurch
Ausdruck, daß er ihm den Bischofstuhl in Konstanz anbot.
Dieser fühlte, daß er sich für diese Würde nicht recht eigne.
War und blieb er doch Ausländer, und sein Herz neigte
ganz zu stiller Andachtsübung und weihevoller Betrachtung.
Deshalb schlug er die angebotene Stelle aus. Gall nahm

nun den Diakonen Johannes in seine Zelle, um ihn zu unterrichten und in seinem Geiste zu erziehen. Drei Jahre verweilte dieser in der einsamen Klause. Der Mönch trat mit ihm „an die Quelle der Philosophie und belehrte ihn über die Kenntnis des göttlichen Gesetzes". Auch die Fertigkeit in Handarbeiten übertrug er auf seinen Schüler. Darin folgten diese Iren dem altapostolischen Brauch nach, neben dem Evangelium noch ein Handwerk zu treiben. „So" — schreibt eine alte Chronik — „nahm Johannes zu an Sanftmut und Demut in dem Herrn." Plötzlich starb der Konstanzer Bischof. Cunzo berief eine Versammlung der Geistlichen Alamanniens zusammen. Von Basel und Speier kamen die Bischöfe; die schwäbischen Großen des Landes mit ihrem Gefolge erschienen; eine Menge Leute strömte in Konstanz zusammen. Da erschien auch Gall mit seinem Schüler; er glaubte wohl, der richtige Augenblick zur Ausführung seines Planes sei gekommen. Und er täuschte sich nicht. Die Stimmung der Anwesenden war dem Johannes äußerst günstig. Er flüchtete sich zwar in die außerhalb der Stadt gelegene Stephanuskirche, um die Wahl abzulehnen. Allein die Menge holte ihn zurück und wählte ihn mit einstimmigem Ruf zum Bischof. Gall war der Mann des Tages, sein bester Schüler mächtiger Bischof in Alamannien. Das Volk wollte den alten Einsiedler reden hören. Wider Willen fügte er sich und Johannes dolmetschte seine Worte der lauschenden Menge (um das Jahr 616).

Nach diesem glänzenden Tage zog sich Gall wieder in seine Zelle zurück. Er hatte erreicht, was er gewollt: sein Einfluß war der herrschende im Bistum Konstanz, und doch konnte er selbst seiner bisherigen Lebensart treu bleiben. Sein bischöflicher Freund schickte ihm sofort Güterverwalter zu. Unter ihrer Hand erstanden Zellen für zwölf Brüder und eine Kirche von Holz, freilich nur so hoch, daß ein großer Mann nicht ohne sich zu bücken die Thür derselben durchschreiten konnte. So lebten nun die Dreizehn in heiliger Andacht und nahmen häufig Bußübungen vor. Der Heidenpredigt widmeten sie sich nicht: sie blieben Einsiedler, und nicht Missionare. Gall verließ kaum noch seine Zelle. Eines Tages wurde er in seiner Ruhe aufgestört: Abgesandte aus dem Kloster Luxeuil baten den alten Mann, die Stelle eines

Abtes bei ihnen zu übernehmen. Sie wurden abschlägig beschieden. In strengem Fasten und steter Buße wollte der Schüler Columbas sein Leben beschließen. Mit vieler Mühe gelang es dem befreundeten Priester in Arbon, den alten Mann zu einem Besuch zu bewegen. Gall kam, hielt hie und da Ansprachen an das Volk, widmete aber auch hier die Hauptzeit seinen gewohnten Uebungen. Das konnte sein matter Leib nicht mehr aushalten: er brach zusammen. Wahrscheinlich im Jahre 627 schloß Columbas treuester Schüler die Augen. Johannes von Konstanz eilte an die Totenbahre des geliebten Lehrers. Mit allen Ehren wurde der Leichnam unter großer Beteiligung des Volkes nach St. Gallen abgeführt und dort bestattet.

Wenige Jahre später brauste ein Sturm über das Grab. Die alte Abneigung der Alamannen gegen die düstere Weise der irischen Frömmigkeit brach sich Bahn. Graf Otwin verheerte einen Teil des Thurgaus, verwüstete Konstanz und Arbon mit Feuer und Schwert, führte Weib und Kinder weg und raubte die Herden. Viele Bewohner flüchteten zur Gallenzelle. Der Spürsinn der rachgierigen Feinde entdeckte die abgelegene Klause. Was an Geld vorhanden war, wurde geraubt, der Sarg des Toten erbrochen. Nachdem der Sturm vorüber war, sorgte der Konstanzer Bischof für eine würdige Wiederbestattung. Theodor und Maginoald, die besten Schüler des Verstorbenen, teilten sich in die Klosterleitung. Von einem weiteren Bruder Sigisbert wird erzählt, daß er im Uri die Kirche zu Schadorf gründete, dann die Reuß entlang zog, endlich ins Vorderrheinthal kam und hier einen vornehmen Römer, Placidus, angetroffen habe. Sigisbert gelang es, den neuen Freund zu bekehren. Dieser wollte sofort von seinem Gut einen Teil abtreten, damit darauf eine Zelle hätte errichtet werden können. Der Landvogt war ein Verwandter von ihm, machte aber viele Schwierigkeiten. Entrüstet reiste Placidus nach Chur und hielt dem Landvogt freimütig sein Unrecht und seine Säumigkeit vor. Dieser machte kurzen Prozeß, ließ ihn greifen und enthaupten. Kurz darauf stürzte der Landvogt mit seinem Pferd über eine Brücke hinab und fand den Tod in den Wellen. Sigisberts Zelle blühte; sie bildete, im Dissentis gelegen, die Mittel= station zwischen Bobio und St. Gallen.

3. Kilian.

Dieser Name ist mit dem thüringischen Volke verwachsen. Die Thüringer waren zuerst arianische Christen. Der große Westgotenkönig Theodorich ging darauf aus, alle Fürstenhäuser mit dem seinigen in verwandtschaftliche Beziehung zu bringen, damit sie den Ruhm seines Volkes sichern und vergrößern. Auch das kleine Thüringerland hat er nicht übersehen; er vermählte seine Tochter mit dem thüringischen König Hermanafrid. Mit dieser Königin kam natürlich der arianische Glauben an den Hof und gewann an Einfluß. Immerhin hielt ihm das katholische Bekenntnis das Gleichgewicht. Die berühmte Radegunde war eine Nichte des Königs, welche zu Poitiers ein Kloster baute und durch ihren christkatholischen Lebenswandel einen großen Ruf der Heiligkeit unter dem fränkischen Volke erlangte († 587). Das Land wurde in Krieg verwickelt; die Schlacht an der Unstrut entschied über sein Schicksal. Es wurde größtenteils eine fränkische Landschaft und die Franken setzten sich in den Gegenden des Main fest. Zwar hatten die Thüringer noch ihr angestammtes Herzogshaus. Aber die Namen des heutigen Unterfranken und Oberfranken in Bayern zeugen dafür, daß jene Landstriche fränkisches Eigentum geworden waren und auch bleiben. Die neuen fränkischen Einwanderer waren meistenteils Christen. Sie gründeten oder befestigten das katholische Christentum in den Maingegenden. Die thüringischen Herzöge nahmen dasselbe an und die Landbewohner kehrten sich allmählich von den heidnischen Göttern zu dem Einen Gott der Christen. Die Kirche bei Nölkheim unweit Aschaffenburg soll das älteste Denkmal dieses Umschwungs sein.

Hatten die Franken dem Evangelium den Weg gebahnt, so war es das Verdienst der Iren, dasselbe vollends bei den Thüringern einzubürgern. Sie haben in größerer Anzahl hier gewirkt. Bekannt ist von ihnen nur ein einziger geworden: Kyllena oder Kilian. Eine große Zahl von Kirchen erinnert noch heute durch ihren Namen an den fremden Mönch. Wie Columba ist er aus der irischen Heimat ausgezogen, um sich ganz von der Heimat zu trennen und allein dem Herrn zu leben. Der Trieb, von Jesus Christus zu predigen, war

bei ihm stärker, als bei Columba und Gall, welche nur not=
gedrungen in die Oeffentlichkeit hervortraten. Ueberall ver=
kündete er am Main den aufmerksamen Scharen von dem
erschienenen Heil. Bis auf die Höhen des Rhöngebirges
drang die Kunde von dem Weltheiland. Der Landesherzog
ließ sich taufen. Auf dem Schloß zu Würzburg mußte die
germanische Göttin Hulda der Verehrung des neuen Christen=
gottes weichen. Alles schien auf einen herrlichen Fortschritt
der neuen Religion hinzudeuten. Da heiratete der Herzog
die Witwe seines älteren Bruders. Kilian nahm Anstoß
daran und teilte ihm freimütig seine Zweifel an der Zu=
lässigkeit einer solchen Ehe mit. Der Herzog, heißt es,
schenkte den Ausführungen seines geschätzten Predigers Gehör.
Desto mehr lud er den Haß des gereizten Weibes auf sich.
Sie sann auf Wege, wie sie den unangenehmen Mönch los
werden könnte. Eine geschäftliche Reise ihres Mannes ver=
schaffte ihr günstige Gelegenheit. Eines Nachts drangen
gedungene Mörder in Kilians Gemach und stachen ihn und
zwei seiner Genossen nieder. Die Leichname wurden an Ort
und Stelle verscharrt. Durch den raschen Tod des thätigen
Missionars war das Christentum in seiner Ausbreitung sehr
geschädigt. Aber der mit Blut gedüngte Boden mußte doch
bald eine Ernte erwarten lassen.

4. Weitere Boten des Evangeliums.

Unter den Zeugen, welche durch einen fast unbemerkten
Wandel vor Gott und einen blutigen Tod um seinetwillen
sich hervorthaten, ist auch Trudpert zu nennen. Im Münster=
thal (Breisgau) führte er ein Einsiedlerleben, bis er nach
dreijährigem Aufenthalt ermordet wurde. Noch viele Ge=
nossen seiner Heimat haben in den deutschen Landen gewirkt.
Sie drangen zu den abgelegensten Stätten vor und manche
Erinnerung an ihre Arbeit mag sich an den oder jenen Ort
knüpfen*). Es ist nicht gerade leicht, ihre Thätigkeit in

---

*) So ist das Kloster Granval im Baseler Sprengel eine Gründung
Columbas, und eine Reihe von alamannischen und elsässischen Klöstern
wurde in jenen Tagen erbaut.

Deutschland zu beurteilen und zu schätzen. Columba betrieb seine Mission in fränkischem Auftrag und als fränkischen Bevollmächtigten sahen ihn auch die Alamannen an. Gall war ein frommer Einsiedler, dessen Grundsätze und Anschauungen erst durch seinen Schüler auf dem Konstanzer Bischofstuhl weitere Verbreitung fanden. Kilian war ein Reiseprediger, Trudpert lebte gänzlich in der Zurückgezogenheit. So wirkten diese Iren weniger als Missionare. Sie stellten vielmehr in ihrem Leben eine neue Art von Frömmigkeit dar. Selbstentsagung und Weltentsagung lehrten sie ihre Mönche auf herbe, oft schroffe Weise. Eben dieses Herbe war das Ungewohnte und Fremde, welches die Leute anzog, im tiefsten Innern aber das deutsche Gemüt wieder abstieß. Damit soll jenen fremden Boten des Evangeliums keineswegs jedes Verdienst abgesprochen werden. Im Gegenteil! Sie kamen herüber in einer Zeit, da in der fränkischen Geistlichkeit und im gesamten Volk die Sittenlosigkeit um sich griff. Sie haben nun den Geist der Zucht wieder geübt; sie legten Widerspruch gegen dieses „Weltchristentum" ein, und wenn sie auch ihrerseits zu weit gingen: eben durch den markigen Gegensatz brachten sie den Leuten zum Bewußtsein, wo es ihnen fehlte. Ihr Verdienst ist, daß sie das Christentum vertieften. Aber mißlich war, daß ihre Wirkungskreise so klein und bescheiden blieben. Als fremde Heilige sind sie im Gedächtnis des Volkes geblieben. Fälschlich hat man ihnen den Namen der „Apostel" zuerkannt, wenn man anders unter Apostel denjenigen versteht, welcher den Namen Jesu Christi zuerst in ein Volk trägt. Dieses Verdienst darf den Franken nicht geschmälert werden. Sie haben fast überall zuerst dafür Sorge getragen, daß die Völker, zu welchen sie kamen, auch von ihrem Glauben Kunde bekommen möchten. Die Iren hingegen haben das Vorgefundene wesentlich gestärkt und tiefer begründet. Die Iren waren und blieben Mönche. Sie gründeten wohl Klöster; aber sie waren untauglich, Landeskirchen zu gründen. Als leuchtende Vorbilder strengster Enthaltsamkeit und Frömmigkeit waren sie überall geachtet; aber der Bann war gebrochen, sobald sie vom Platze gingen. Eine nachhaltige Wirkung vermochten sie nicht auszuüben. Ihre Predigten schärften die Gewissen und drangen mit aller Macht auf ernste Buße;

und doch verstanden sie es nicht recht, für Christus zu werben:
der Sünderheiland trat mehr in den Hintergrund. Vor allen
Dingen war es ihnen nicht gegeben, sich in die Eigenart
dieses fremden Volkes einzuleben, zu welchem sie kamen.
Ihre Arbeit blieb Stückarbeit trotz allem Feuer, mit welchem
sie wirkten, trotz aller Hingabe an ihr Ziel. Dabei bleibt
der Segen unangetastet, welcher sie für manche einzelne
Seelen geworden sind.

Anhang: Das siebente Jahrhundert.

Zuerst sei einer lieblichen Frauengestalt im Elsässer
Land gedacht. Auf einem Felsenvorsprung des Wasgaues,
einem noch heute vielbesuchten Wallfahrtsort, steht das
Odilienkloster. Dort schaute im siebenten Jahrhundert eine
herrliche Burg ins Land hinaus. Der Burgherr — Attich
hieß er — war ein derber, jähzorniger Herr. Mit stolzer
Hoffnung wartete der Burgherr auf den Tag, da ihm sein
Weib einen kräftigen Sproß schenken würde, welcher seinen
Namen weiter tragen würde. Der ersehnte Tag kam —
das erstgeborene Kind war ein Mädchen, und dazu noch
blind. In hell aufloderndem Zorn verstieß es der Vater
von seinem Angesicht. Eine treue Amme sorgte für Odilia
— so hieß das Kind —, und später wurde sie zu ihrer
Ausbildung in das Kloster bei Besançon gebracht. Hier er=
hielt sie merkwürdigerweise ihr Gesicht wieder. Der Bruder
faßte Mitleid mit der verstoßenen Schwester; er wollte die
herangewachsene Jungfrau dem Vater wieder zuführen. Als
aber dieser davon erfuhr, mißhandelte er ihn, daß er starb.
Damit war seine Wildheit gebrochen. Reue und Schmerz
übermannten ihn. Er räumte sein Schloß der Tochter ein,
daß sie dort ein Kloster einrichten konnte (680). Odilia
entwickelte nun einen segensreichen Eifer. Wie sie bei adeligen
Klosterfrauen Besuche machte, so setzte sie ihren Fuß in die
Hütten der Armen und Verlassenen. Nirgends kehrte sie
ein, ohne Trost und Hülfe zu bringen. Ueberall freute man
sich, bis sie wieder kam. Ihr ganzes Leben hat sie dem
Dienst der Liebe gewidmet und mit verständigem Sinn und
warmem Herzen Christi Wort mit der That befolgt. Oben
auf dem Felsen erstand ein Kloster für Frauen, unten am

Fuße des Berges erbaute sie ein Hospital mit einer kleinen Kirche (700), das, in einem freundlichen Wiesenthal gelegen, vielen Elenden Trost und Labung brachte. Nach vierzigjähriger Liebesarbeit rief sie ihr Herr von ihrem Arbeitsfeld.

Wenden wir unsere Blicke vom Elsaß hinüber nach Bayern! Auch hier herrschte zuerst das arianische Bekenntnis, und auch hier waren es die Franken, welche dem katholischen das Uebergewicht verschafften. Im sechsten Jahrhundert kam Bayern unter fränkische Oberhoheit. Eine katholische Herzogsfamilie erhielt die Herzogswürde. Aus diesem Haus stammte jene schöne und liebenswürdige Prinzessin, welche jenseits der Alpen dem Longobardenvolk eine vielgeliebte Herrscherin wurde und im Bündnis mit dem Papst Gregor dem Großen (590—604) unermüdlich an der Bekehrung desselben zum katholischen Christentum arbeitete: Theodelinde. Unterdessen wurde in ihrer bayerischen Heimat mit regem Eifer missioniert. Unweit von dem irisch-fränkischen Kloster Luxeuil hatte nämlich der heidnische Stamm der Warisker seine Sitze. Abt und Mönche des Klosters suchten dieselben zu bekehren. Dadurch erfuhren sie auch von ihren Stammesbrüdern in der Ostpfalz, und so wurde ihr Augenmerk auf das bayerische Volk und Land gelenkt. Der Abt des Klosters begab sich nach Bayern und wirkte daselbst erfolgreich; Heiden bewog er zum Uebertritt und Arianer zur Annahme des katholischen Bekenntnisses. Ein außerordentlicher Umschwung machte sich geltend. Noch ums Jahr 620 war Bayern großenteils heidnisch und 80 Jahre später schon christlich-katholisch. An diesem Erfolge hatten auch irische Mönche Anteil, welche gerade in diesen Landesteilen in großer Anzahl müssen gepredigt haben.

Die Christianisierung des Landes machte noch weitere Fortschritte unter dem Regiment des Herzogs Theodo II. Dieser war ein eifriger Christ und bezeigte sich äußerst freigebig gegen die Kirche. Er besuchte den Papst (716) — der erste deutsche Fürst, welcher in den Vatikan ging! — und besprach sich mit demselben über die Ordnung der kirchlichen Zustände in seinem Lande. Der Papst war hocherfreut. Er befahl, drei Bistümer zu errichten, welche dann einem italienischen Bischof unterstellt werden sollten. Ja, er wollte eine eigene Gesandtschaft nach Bayern schicken, um die Geistlichkeit auf ihre Rechtgläubigkeit hin prüfen zu lassen. Wenn eine solche überhaupt abgeschickt wurde, so hat sie jedenfalls nichts ausgerichtet. Denn Theodo berief auf eigene Faust einen Mann, den fränkischen Bischof Rupert in Worms. Dieser stammte aus fürstlichem Geblüt, war ein frommer und kluger Mann, vorsichtig im Rat und energisch in der That. Er hat versucht, der bayerischen Kirche eine feste Gliederung zu geben. Dies war freilich bei der dortigen Bevölkerung keine ganz leichte Sache. Denn die Bayern waren größtenteils Bauern, lebten in kleineren und größeren Höfen und hatten eine Abneigung gegen größere Städte. Doch gelang es Rupert, in Regensburg ein Bistum zu er= richten. Ein zweites wollte er im Süden gründen auf dem Boden der alten Römerstadt Salzburg. Er gab sich unend= lich Mühe, den Ort heraufzubringen: baute ein Kloster, ließ Mönche und Priester aus Worms kommen, rief seine Ver= wandte Erendrud herbei, welche eine Anzahl Nonnen mit sich brachte. Doch alles vergebens! Salzburg wurde keine Bischofsstadt; es blieb eben ein Kloster und „Ruperts Stiftung verkrüppelte rasch". Noch von zwei Männern weiß die Missionsgeschichte Bayerns zu erzählen. Das Regensburger Kloster wurde von einem Franken Namens Emmeran ge= gründet; ebendort starb er eines blutigen Todes. Gleichfalls Franke war Corbinian, welcher nach Art der irischen Mönche vor allem ein enthaltsames Leben predigte. Er verfeindete sich mit der Herzogin, von welcher sich ihr Mann eben auf seinen Rat hin geschieden hatte, und sie hat es dem Mönch nie verziehen und quälte ihn, wo sie konnte. Er ist in Meran gestorben und wenige Jahre nachher endete die Herzogin in Italien im tiefsten Elend.

So rasch und schön sich das Christentum in Bayern entfaltet hatte, so geriet das Missionswerk doch mit dem Tode Theodos ins Stocken. Der eifrige Mann war nicht so leicht zu ersetzen. Dazu kam, daß Bayern seine Selb= ständigkeit verlor. Dies alles verwirrte die kirchlichen Ver= hältnisse im hohen Grade. Priester ohne Bildung, Bischöfe ohne Bistum, das Volk ohne sittliche Kraft — dies ist das wenig erfreuliche Bild, welches Bayern Anfang des achten Jahrhunderts bot.

Besser lagen die Verhältnisse in Alamannien. Politische

Umstände waren es, welche, wenn auch nicht unmittelbar das religiöse Leben, so doch die Macht und den Einfluß der Kirche steigerten. Die Herzöge ertrugen nämlich die Gewalt der im Frankenlande immer mächtiger werdenden Staats= minister außerordentlich ungern. So suchten sie nach einem Bundesgenossen, der ihnen zur Selbständigkeit helfen könnte. Diesen fanden sie in der Kirche. Das alamannische Volk wurde kirchlicher, zunächst bloß aus Ehrgeiz. Es wollte hinter den Franken nicht zurückstehen. Das Ansehen der Kirche wuchs bedeutend. Die Ermordung eines Bischofs wurde genau so bestraft, wie diejenige des Herzogs; der Tod war darauf gesetzt. Das Wergeld für den getöteten Pfarrer betrug dreimal mehr, als dasjenige für den freien Alamannen. Die Knechte der Kirche stunden denen des Fürsten gleich. Schenkungen an die Kirche durfte weder der Herzog, noch die Grafen hindern. Das Volk gilt als christliches vor dem Gesetz. Feldarbeit am Sonntag wird hart bestraft. Der Eid war nicht mehr über dem Schwert, sondern am Altar zu leisten. Keine Magd durfte außerhalb der Marken ver= kauft werden. „Die Grabesruhe auch des besitzlosen Sklaven ist geheiligt und selbst das ungeborene Kind wird beschützt." Freilich darf man sich das alamannische Volk nicht in zu rosigem Lichte vorstellen. Das Gesetz beweist, welch un= bändiger Sinn im Volke noch herrschte und was alles man noch zu strafen hatte. Es ist ein Graus, die weitläufigen Listen von Körperverstümmelungen durchzulesen, für welche gesetzliche Strafen angesetzt sind. Mord und Raub war nichts Ungewöhnliches; in den Gotteshäusern floß Blut. Bei Entführung des Eheweibs wurde die Ehe gelöst, wenn nur 200 Schillinge erlegt wurden (u. dergl. m.). Was er= starkte, war demnach mehr die Hochhaltung kirchlicher Ord= nungen, als ein wirklich frommer, sittenreiner Sinn. War es doch zunächst nur darauf abgesehen, die Franken in ihrer Gottesverehrung zu überbieten. Der Beweggrund des Auf= schwungs war die Liebe zum Vaterland, war ein Zug nach Freiheit, weniger das Interesse am Christentum selbst. Des= halb war trotz treuer Arbeit der Bischöfe in Konstanz, Augsburg, Augst und Basel das Volk in seinen Tiefen noch nicht ergriffen.

Da kam ein fränkischer Sendbote. Bei den Franken

hatte man die neue kirchliche Strömung im Alamannenlande wohl bemerkt. Man mußte ihr etwas ähnliches zur Seite stellen. Deshalb wurde Pirmin abgeschickt. Er sollte der fränkischen Kirche in Alamannien wieder neue Lebenskraft mitteilen. Es galt einen Wettbewerb zwischen der fränkischen und der volkstümlich-alamannischen Kirchlichkeit. Pirmin kam auf die Insel Reichenau. Hier gründete er ein Kloster (724) und begann seine Thätigkeit. Er besaß mit Recht den Ruhm eines gelehrten, frommen und außerordentlich eifrigen Mannes. Allein die Zeit seiner Wirksamkeit in der Au war äußerst kurz: schon nach drei Jahren wurde er von des Herzogs Bruder vertrieben, und auch sein tüchtiger Nachfolger Eddo konnte sich nicht lange halten. Dennoch hatte Pirmin Bedeutendes geleistet. Er war ein gewandter Prediger, eben als solcher hat er sehr viel dazu beigetragen, die Kirchlichkeit der Alamannen zu wirklicher Frömmigkeit zu vertiefen. Immer lehrte und handelte er nach dem Grundsatz, daß die christliche Lehre sich im Leben auswirken und darstellen müsse. Die Christen sollten das Salz der Erde sein; damit machte er Ernst; das war sein Ziel, zu welchem er seine Zuhörer zu führen suchte. Er verwies sie zu dem Zwecke einzig auf den Erlöser Jesus Christus selbst. Während im Alamannengesetz Jesus nie namentlich genannt wurde, predigte Pirmin gerade von ihm und stellte ihn in den Mittelpunkt seiner Verkündigung. „Freiwillig, nicht gezwungen, ist er für unser Heil ins Leiden gegangen" und „die ganze Geschichte des Menschengeschlechts ist die einfache Geschichte der Sünde"; das sind die beiden Punkte, auf welche er das Hauptgewicht legte. Durch ihre Hervorhebung packte er seine Zuhörer. Er hatte nicht das Rauhe an sich, das die irischen Mönche auszeichnete; leutselig und doch ernst gewann er die Herzen des Volkes.

Nach seiner Vertreibung wirkte Pirmin hauptsächlich im Elsaß. Bald war Odiliens Kloster nicht mehr das einzige. Die Stiftung von Gengenbach, Schuttern (734), Schwarzach, Neuweiler wird Pirmin zugeschrieben. Seine letzte Gründung war Hornbach im Bistum Metz. Hier ist er gestorben 753. Er soll schon persönlich mit Bonifatius verkehrt haben.

———

Zweites Kapitel.

Das Christentum in England.

1. Bis zum sechsten Jahrhundert.

1. Altbritische Kirche.

Die Einführung des Christentums in Britannien ist in tiefes Dunkel gehüllt. Schon im sechsten Jahrhundert konnte der älteste englische Schriftsteller, Gildas, klagen, daß keine Urkunden darüber vorhanden seien. Die Sage freilich weiß von einem christlichen König Lucius, welcher eine Kirche in Dover gebaut haben soll (161).

Das heutige England trug den Namen Albion, d. h. Berginsel. Es war den Römern lange ein unbekanntes Land. Dagegen war es für die handeltreibenden Phönicier ein wertvoller Fundort; sie holten aus dem heutigen Cornwallis und Devonshire ihr Zinn. Die Eingeborenen bemalten sich zum Schrecken ihrer Feinde mit blauer und grüner Farbe. Auch die Weiber zogen ähnlich gefärbt und bei festlichen Opfern unbekleidet umher. Gleich den Galliern schmückten sie den Mittelfinger mit einem Ring. Ihre Kleidung hüllte den ganzen Körper ein; ein Gürtel umschloß den Leib, die Brust war mit Metallketten geschmückt. Das ungedroschene Korn wurde in Höhlen aufbewahrt und demselben der tägliche Bedarf entnommen und geröstet; Brot wurde nicht gebacken. Eine große Geschicklichkeit bewiesen die Eingeborenen im Kampf auf Streitwagen, an deren Achsen Sicheln befestigt waren. Die Bewohner waren einfach, rechtlich und mäßig.

Bald streckte das ländergierige Rom seine Arme auch nach diesem Eiland aus. Der große Feldherr Cäsar war zweimal auf Albion gelandet und hatte als Zeichen von dem Reichtum des Landes einen Harnisch von Perlen nach Rom geschickt, damit er dort als Weihgeschenk der Göttin Venus aufgehängt werde (54 vor Christi Geburt). Allein diese Besitznahme des Landes war nicht von Bestand. Beinahe ein Jahrhundert verging, ehe die Briten wieder Römer auf ihrem Boden sahen, ausgenommen friedliche Handelsleute. Erst unter des Kaisers Claudius Regierung (41—54) faßten die römischen Truppen festen Fuß auf der Insel. Von da ab ward Albion zur römischen Landschaft: „Britannien". Bald wagte der römische Statthalter einen kühnen Streich: er griff die Insel Mona (Anglesey) an, welche der Hauptsitz der heidnischen Priester war, und zerstörte dort die heiligen Haine (61). Wie in deutschen Landen, machte sich auch hier allmählich eine erbärmlich habsüchtige Verwaltung breit, welche die Eingeborenen aufs heftigste erbitterte. Sie griffen zu den Waffen. Unter der Führung ihrer hochherzigen Königin Bundicea fielen sie, 230000 Mann stark, über die Feinde her, zerstörten London und Verulam und metzelten 70000 Römer nieder. Dadurch war der Boden Albions immer noch nicht frei geworden von den fremden Eindring= lingen. Die Römer erholten sich rasch von dem harten Schlag, und, durch den Schaden klug geworden, sorgten sie für eine milde Verwaltung durch maßvolle Beamte. Be= sonders verdient hier der Name des Agrikola genannt zu werden, welcher es sich zum Grundsatz machte, auch den be= siegten Völkern Achtung und Anerkennung nicht zu versagen. Nun erhoben sich allerorten Städte. Der Wohlstand des Volkes nahm zu. Als die Römer später den Boden ver= lassen mußten, zählte man nicht weniger als 28 Städte, Hafen und Festungen nicht mit eingerechnet. Die britischen Eigentümlichkeiten in Sitte und Sprache verschwanden: die Römer gaben den Ton an. Römische Ausschweifung machte sich breit. Nach römischem Recht wurde gerichtet. Nur in dem heutigen Wales bewahrte sich das alte Britentum reiner und unabhängiger. Selbst ein römischer Kaiser brachte den größten Teil seines Lebens in Britannien zu: Constantius Chlorus, dessen Frau mit einem britischen Fürstenhaus

verwandt war. Er starb in York und ebenda wurde Con=
stantin zum Kaiser ausgerufen (306).

Mit der Eingliederung in das römische Reich war dem
Christentum der Weg auch in diese Landschaft geebnet. Die
Briten hatten von jeher mit den südfranzösischen Städten
lebhaften Verkehr. Von hier aus wird die erste Kunde von
Christus nach dem nordischen Reich gedrungen sein. Zur
Zeit der diokletianischen Verfolgung (303—311) gab es
bereits christliche Gemeinden daselbst. Das Eiland blieb im
ganzen von derselben unberührt. Doch erfahren wir von
dem Märtyrertod zweier Bürger in Caerleon. Die katholische
Kirche verehrt als Blutzeugen jener Tage den heil. Alban.
Jedenfalls hat die Verfolgung die Fortschritte des neuen
Glaubens nicht zu hindern vermocht. Auf den Kirchen=
versammlungen, welche im vierten Jahrhundert stattfanden,
erscheinen britische Bischöfe. Die Städte York, London und
Lincoln waren vertreten (314). Von der arianischen Lehre
wollte man hier nichts wissen. Die Bischöfe bekannten sich
zu dem nicänischen Glaubensbekenntnis (343). So zeigt sich
uns das britische Christentum in der Mitte des vierten Jahr=
hunderts in ziemlicher Ausdehnung und in gesicherten Ver=
hältnissen. Wahrscheinlich hatte es zuerst in den Stationen
an den römischen Heerstraßen festen Fuß gefaßt und sich
von hier aus weiter verbreitet. Jedenfalls zählte es seine
meisten Anhänger unter den Städtern. Auf dem Lande
hielt man noch fester an dem alten Glauben der Väter.

Die Blütezeit der ältesten britischen Kirche waren eben
die ersten Jahrzehnte des vierten Jahrhunderts. Ueberall
wurden Kirchen gebaut, Klöster errichtet. Die Boten des
Evangeliums drangen in alle Gegenden; auch Wales wurde
missioniert; bis zum Firth of Clyde im südlichen Schottland
drang Christi Namen. Da fielen die Peghten von Norden
und die Skoten von der benachbarten Insel Jerne (Irland)
in Britannien ein (360). Zwar wurden die Eindringlinge
zurückgeschlagen, aber die Lage war eine unsichere geworden
und wurde von Tag zu Tag gefährlicher. Dies schädigte
die Ausbreitung der christlichen Gedanken. Unglücklicherweise
trat in der christlichen Lehre selbst eine Verwirrung ein.
Ein gelehrter britischer Mönch, von tiefem, sittlichen Ernst
getragen, leugnete jene große Störung in der menschlichen

Natur, welche der „Sündenfall" mit sich brachte (413). Er legte allen Wert auf mönchisches Heiligkeitsstreben und meinte, dieses werde durch den Gedanken der Erbsünde beeinträchtigt. Dadurch kam es in der ganzen Kirche des Westens zu einem gewaltigen Kampf; es handelte sich dabei um die Begriffe: Sünde, Gnade und Freiheit. Die Briten standen zu einem großen Teil auf der Seite ihres Landsmanns Morgan, bekannter unter dem Namen Pelagius. Was thun? Man bat die Bischöfe in Gallien um Rat; diese sandten zwei Amtsgenossen, welche eine öffentliche Besprechung anberaumten und die um sich greifenden Lehren siegreich widerlegten.

Doch die britische Kirche sollte nicht so leicht zur Ruhe kommen. Germanische Völker fielen ins Land (449). Jüten siedelten sich in Kent an. Sachsen besetzten die Striche südwärts von der Themse und gründeten dort drei Reiche, welchen sie die Namen gaben: Essex-, Sussex-, Wessex- (d. h. Ost-, Süd-, West-)Sachsen. Nach dem Norden wandten sich die Angeln und errichteten (südlich vom Humber) das Reich Ostanglien. Daneben erstanden noch die Reiche Mercia und (nördlich vom Humber) Northumbrien. Dieses Reich wurde bald das angesehenste; sein Fürst nahm den ersten Rang unter den übrigen ein. Warum aber waren diese fremden Stämme gekommen? Die Peghten und Skoten waren lästig und aufsässig geworden. Der britische König wußte sich nicht anders zu helfen, als daß er jene kriegstüchtigen Scharen vom Festland her zu Hülfe rief. Unter ihren Führern Hengist und Horsa waren sie auch freudig dem Rufe gefolgt, vertauschten aber bald die Rolle des Beschützers mit der des Unterdrückers. Den Briten blieb nichts übrig, als sich in die Gebirge von Wales zurückzuziehen. Viele von ihnen wanderten nach Gallien aus und ließen sich als Bretonen in Armorica, der späteren „Bretagne", nieder. Dies war natürlich für die christliche Kirche ein schwerer Schlag. Sie mußte weichen und fristete nur in den Bergen noch kümmerlich ihr Dasein. Die Heiden hausten schrecklich; alle Spuren des Christentums aus jenen Tagen sind vernichtet*). Die Kirche war eine Kirche des Kreuzes geworden.

*) Nur in Brixworth, Richborough haben sich noch einige Spuren erhalten.

2. Altirische Kirche. Patric.

Merkwürdigerweise haben die Römer niemals einen Versuch gemacht, von Britannien aus das benachbarte Jerne zu erobern. Der tapfere Agrikola war bis in das südwestliche Schottland vorgedrungen; aber nie hat er es gewagt, seinen Fuß auf „die heilige Insel" zu setzen. Der Verkehr zwischen Albion und Jerne war ein äußerst reger. Beide Länder trieben lebhaften Handel. Wahrscheinlich ist auf diesem Wege die erste Kunde von dem Christennamen zu den Iren gedrungen. Um die Mitte des dritten Jahrhunderts machten die Iren einen feindlichen Einfall im Britenland und schleppten unter ihren Kriegsgefangenen wohl auch solche mit, die sich zu dem Namen Christi bekannten. Bereits im Jahre 350 sitzt auf einem gallischen Bischofstuhl in der großen Stadt Toul ein Ire. Wenn demnach hier und dort auf Jerne ein Mann oder eine Familie die Knie vor dem Christengott beugte, so wurden doch keine Gemeinden gegründet. Das Heidentum hatte durchaus die Herrschaft. Von heidnischen Helden sangen die sangeskundigen Eingeborenen und begleiteten ihren Gesang mit dem Spiel der Harfe. Jedes Haus in diesem Volke hatte zwei Harfen für Durchreisende, und Heinrich VIII. ließ darum die Harfe in das englische Wappen aufnehmen. Heidnische Künstler verfertigten goldene Kronen und feine Halsketten. Heidnische Sänger und Seher genossen die Achtung des Volkes und waren die Hüter der alten einheimischen Schrift. Vor Götzenbildern kniete Mann und Weib und Kind. Der Cromn Cruaich war der höchste Gott: ein goldenes Götzenbild inmitten von zwölf andern. Daneben diente man den Göttern, die in Erde und Meer, in Schluchten und auf Hügeln wohnten. Ueberall trieb man diesen Dienst der Naturgeister.

In späteren Zeiten erinnerten sich die Iren, daß im Jahre 431 der Papst einen kirchlich geweihten Bischof, namens Palladius, nach Irland geschickt habe, um dort die christliche Mission in die Hand zu nehmen. Die Wahrheit dieser Nachricht lassen wir dahingestellt und richten unser ganzes Augenmerk auf den Mann, welcher als Apostel Irlands gilt: Patric.

An den Ufern des wasserreichen Clyde ragt ein Basaltfelsen hoch in die Lüfte. Früher krönte seine Spitze ein mächtiges Schloß. Hier im Thal des Clyde war die Heimat Patrics, und noch erinnert eine uralte Kirche jener Gegend an den großen Mann, dessen Namen sie trägt. Es war um die Zeit, da das römische Reich in allen Fugen krachte; sein morscher Bau war dem Einsturz nahe. Diese Verhältnisse machten sich auch in den Grenzlandschaften des Reiches bemerklich. Patrics Eltern waren Ansiedler der römischen Landschaft Britannien. Seine Mutter Conchessa war aus Gallien in die Gefangenschaft geschleppt worden und an einen christlichen Aeltesten verkauft. Diesem Herrn mußte sie Sklavendienst thun. Allein sie gewann das Herz seines Sohnes, Calphurnius, und dieses Ehebundes Sproß war Patric (373). Die Familie war adelig und hoch angesehen. Bekleidete doch der Vater mehrere Aemter: er war Rittmeister und Ratsherr und versah daneben die Obliegenheiten eines christlichen Diakonen. In diesen angenehmen Verhältnissen wuchs der Knabe auf. Die katholische Geschichtschreibung hat sein ganzes Leben mit einem Kranz von Sagen umflochten; hier stehe nur eine Kindheitslegende von der Taufe Patrics:

„Weh! wie kann doch das Kindlein die Taufe erhalten, wo Wasser
Nirgends ja sprudelt, kein Laufstein mir rinnt mit feuchtendem Tropfen.“
Kniend weinte die Wärtrin und schwenkte das Kindchen angstvoll
Hin und her in den Strahlen der glitzernden, goldenen Sonne.
Da fasset der blinde Priester die Hand des heiligen Kindes,
Macht mit des Händchens Finger am Boden das Zeichen des Kreuzes:
Sieh! da entsprang auf Gottes Befehl ein Brunnen so eilend,
Quellend gar reichlich . . .

Der Vater erzog den Sohn äußerst sorgfältig zu einem Geistlichen. Derselbe scheint in seinem fünfzehnten Jahre in eine Sünde gefallen zu sein, welche ihm später viel zu schaffen machte. Da drangen irische Freibeuter ins Land. Vater und Mutter wurden erschlagen; Patric samt einer Schwester in harte Gefangenschaft geschleppt, ein Los, das viele Tausende mit ihm teilten. In Irland trennte man ihn von seiner Schwester und er wurde an den Fürsten der nördlichen Landschaft Antrim als Sklave verschachert. Dieser machte ihn zum Hirtenjungen. Patric erzählt selbst: „Ich war sechzehn Jahre alt und kannte den wahren Gott noch nicht. Aber in dem fremden Lande öffnete der Herr den verschlossenen Sinn meines Unglaubens, so daß ich, wenngleich spät, nun meiner

Sünde gedachte und mich von ganzem Herzen zu dem Gott, meinem Herrn, bekehrte, der auf meine Niedrigkeit herabblickte und meiner Jugend und meiner Unwissenheit sich erbarmte." Sechs Jahre dauerte die Gefangenschaft. Da hatte er, wie er berichtet, ein Traumgesicht. Er glaubte, die Worte zu hören: „Sieh! dein Schiff liegt bereit!" und fand einen Nachen und floh zum nächsten Hafenplatz, wo ein Schiff segelfertig nach Britannien lag. Er bat um die Erlaubnis, mitfahren zu dürfen. Der Kapitän wies ihn mit seiner Bitte ab. Traurigen Sinnes und betend kehrte Patric in die Hafenstadt zurück, als ihm einer der Schiffsgefährten nachging und ihn zurückrief. Die Leute auf dem Schiffe hatten ihn als Christen erkannt und wollten etwas von ihm hören. So durfte Patric wieder seiner Heimat Boden betreten. Nicht lange war ihm ein ruhiger Aufenthalt beschieden. Im 32. Jahre geriet er nochmals in die Gefangenschaft, welche jedoch nur zwei Monate währte, worauf er glücklich seine Flucht nach Gallien bewerkstelligte. Wahrscheinlich machte er weite Reisen durch Frankreich und Italien, besuchte noch einmal seine Verwandten und folgte dann seinem inneren Triebe, in dem Lande seiner früheren Gefangenschaft das Wort des Evangeliums zu verkündigen. Dem 45jährigen träumte, wie er erzählt: er empfange einen Brief aus Irland und lese darin die Worte: „Die Stimme der Iren", zugleich höre er eine Menge von Stimmen rufen: wir bitten dich, heiliger Jüngling, komm und wandle noch einmal unter uns! Voll Trost und Gewißheit schiffte er sich nach Irland ein: allein auf Gottes Ruf.

432 landete er daselbst. Damit begannen seine Kämpfe mit der heidnischen Priesterschaft, den Druiden, und den Fürsten, welche in ihren Banden waren. Patric war eine zähe Natur, welche sich von einem augenblicklichen Mißerfolg nicht ohne weiteres einschüchtern ließ. Es gelang ihm rasch, festen Fuß zu fassen. Die Häuptlinge kamen ihm freundlich entgegen und schenkten ihm Grundstücke zum Klosterbau. Diese Klöster bildeten wiederum die Stützpunkte für die Mission unter den umwohnenden Heiden. Keine Bitte vermochte Patric zu bewegen, das gefahrenreiche Land zu verlassen und in seine Heimat zurückzukehren. Hier erkannte er seinen Beruf; hier wollte er bleiben. Eiserne Festigkeit und freundliche Milde paarten sich in seinem Charakter. Ist es nicht ergreifend,

wenn dieser Mann mitten unter den zahlreichen Erfolgen
seines Lebens von sich redet „als dem rohesten und geringsten
aller Gläubigen, dem Verächtlichsten unter allen Menschen?"
So hatte einst auch der erste große Heidenmissionar Paulus
geredet. Wie er, so bekennt auch der Irenapostel, all sein
Wirken und Dulden allein Gottes Gnade zu verdanken. Eben
dieser Gedanke: „Gott hat Großes an mir gethan!" ist der
Grundton seiner ganzen, mit eigener Hand geschriebenen
Lebensbeschreibung. Hochbetagt schloß er die Augen auf der
ihm lieb gewordenen Insel. Das Andenken seiner Thaten
lebte fort. Von ihm entlehnte das Volk als Sinnbild das
Kleeblatt, dessen drei Blätter ihr Meister zur Erklärung der
Dreieinigkeit verwendet hatte. Manche Dichter feierten sein
Andenken in Liedern. Das schönste Denkmal, das ihm gesetzt
ist, sehen wir nicht· in der Verehrung, welche spätere Jahrhunderte seinem Stab, seinem Körper und seinem Mantel
zollten, sondern in dem Werke seiner selbstlosen Mission.

Und doch zerfiel die patricianische Kirche auffallend rasch.
Mit Patric war ihr die Hauptstütze weggenommen. Eine
Frau, Namens Brigida, galt später den Iren als ihre Maria.
Sie wurde vielleicht von Patric noch getauft, gründete dann
das Kloster Kildare und soll dort (523) in hohem Alter entschlafen sein. Dies ist aber auch die einzige deutlichere Spur
des Christentums in den Zeiten nach Patrics Tod. Seine
Gründung löste sich auf. Die Mehrzahl der Iren fielen
wieder ins Heidentum zurück. Und im sechsten Jahrhundert
mußte eine Neugründung erfolgen.

II. Vom sechsten Jahrhundert an.

1. Britische Kirche.

Die alte britische Kirche war gut katholisch. Im Jahre 455
hatte aber die letzte gemeinschaftliche Feier des Osterfestes mit
Rom stattgefunden. Von da an hörte jede Gemeinschaft der
beiden Kirchen auf. Trennten sie sich wegen verschiedener
Anschauungen in Glaubenssachen? Keineswegs. Auch die
Verfassung blieb dieselbe wie in der römischen Kirche. Die
Trennung war vielmehr einfach die Folge des Einfalls

der Jüten und Sachsen. Durch diese hereingekommenen Scharen wurden die Briten auf die westlichen Länder der Insel eingeschränkt. Sie ließen sich in Wales, Cornwall, Devonshyre, Dorset nieder und lebten hier in Abgeschlossenheit von dem Verkehr, welcher in die Hände der Eroberer über= ging. Desto fester hielten sie an ihrem christlichen Glauben. Wo früher der Christengott angebetet wurde, da rauchten jetzt die Opferfeuer für Odhin. Die Briten selbst aber bewahrten ihre Religion; diese war jetzt im eigentlichen Sinne Volkssache geworden. Zwar konnten sie nicht mehr, wie früher, die heiligen Stätten Palästinas besuchen, welche ihre Stammes= angehörige, die Kaiserin Helena und ihr kaiserlicher Sohn Constantin, ausgeschmückt hatten. Auch war ihnen die Wall= fahrt zu der sechsunddreißig Ellen hohen Säule bei Antiochien unmöglich gemacht, auf welcher der heilige Symeon († 459) dreißig Jahre lang stand und den zuströmenden Scharen Buße predigte. Aber ihr Christentum wurde ein reiferes; denn es galt jetzt, dasselbe gegen die germanischen Heiden zu verteidigen und seine Zugehörigkeit zu dem alten Glauben manchmal mit einem qualvollen Tode zu besiegeln.

War die Verbindung mit Rom unterbrochen, so knüpften sich desto engere Bande zwischen den Briten in der Heimat und denen, welche auf die gallische Küste hinübergezogen waren. Von der Bretagne aus kam das Mönchswesen nach Wales. Seit den Tagen des heil. Martin von Tours († um 400) waren in Gallien Klöster über Klöster gegründet worden. Auch in der Bretagne entstanden solche. Von hier aus wurden sie in die britische Heimatkirche verpflanzt. Dort fanden sie einen günstigen Boden. Viele berühmte Gründungen stammten aus jenen Tagen. Da sind zu nennen: das altehrwürdige Kloster zu Banchor bei Chester. Hier herrschte als Abt der tüchtige Dinoot. Je 300 Mönche bildeten eine Sippe. Alle lebten von ihrer Hände Arbeit. Die Zahl der Insassen kann man ermessen, wenn man bedenkt, daß bei einem Einfall der Sachsen (613) nicht weniger als 1200 Mönche hingeschlachtet wurden. Treffliche Kirchenhäupter verdankten dem Kloster ihre ausgezeichnete Bildung. Der Bischof Daniel († 584) hat den Ruhm seines früheren Bildungsortes durch seine Frömmigkeit und Gelehrsamkeit weithin verbreitet. Neben Banchor steht Glastonbury in Somerset. Dieses Kloster galt im Altertum als das älteste. Ursprünglich eine kleinere Abtei, wurde sie durch den heil. David zu einem bedeutenden Kloster umgestaltet. Hier schrieb der oben genannte Gildas seine Schriften. Unter diesen ist seine „Klage über die Verwüstung Britanniens" das interessanteste Werk. In schwülstigem Stil, aber wahrheitsbeflissen, schildert er die damaligen Zustände der Kirche. Schonungslos deckt er die Schwächen und Sünden derselben auf und entrollt ein düsteres Gemälde jener Tage. Habgier und Prunksucht geißelt er mit scharfem Wort; die Wanderlust seiner Zeitgenossen wird heftig getadelt; weniges Gute erkennt er an. Mag er auch hier und da in zu trüber Stimmung die Lichtseiten nicht bemerkt haben, jedenfalls war vieles faul, und der ernste Geist, welcher mit den Mönchen in die Kirche einzog, hat derselben außerordentlich genützt. Noch müssen wir ein Kloster in der südwestlichen Spitze von Wales nennen: dasjenige St. Davids. Denn gerade dieses Kloster wurde von den Iren am liebsten besucht. In den Adern seines Stifters rollte irisches Blut und er selbst hat sicherlich seine Landsleute zum Besuch seiner Stiftung bewogen.

All diese Klöster waren Heimstätten ernsten, christlichen Lebens. Dem Verfolgten boten sie einen Zufluchtsort, dem Reuigen Trost, dem Wissensdurstigen die Schätze der Wissenschaft. Auch Frauenklöster waren vorhanden. Gewöhnlich beaufsichtigte ein und derselbe Abt ein Männer- und ein Frauenkloster. Beide Teile mußten auf das eheliche Leben verzichten. Selbst die Geistlichen hatten wahrscheinlich getrennt von ihren Frauen zu leben, sobald sie den bischöflichen Rang erhielten. Jedenfalls war denselben eheliche Gemeinschaft untersagt. Damit war der mönchische Geist auch bei der Weltgeistlichkeit zur Herrschaft gelangt.

Diese britische Kirche bestand manchen Sturm. Fromme Männer zählte sie zu ihren Gliedern. Viele Geistliche waren bei ihr angestellt. Reiche und angesehene Bischöfe leiteten ihre Angelegenheiten. Kirchenversammlungen wurden gehalten. Und doch war es kein frisches Leben, das in ihr pulsierte. Diese britische Kirche alterte. Der Stand der Geistlichen litt an großen Gebrechen. Der Ernst des christlichen Lebens war kein Gemeingut mehr. Das kirchliche Leben war erstarkt, nicht so das religiöse.

2. Angelsächsische Kirchengründung.

Ums Jahr 585 ging ein einfacher Mönch zufällig über den öffentlichen Marktplatz in Rom. Da standen auf erhöhtem Gerüst die Sklaven, welche zum Verkauf ausgestellt waren. Einigen darunter waren die Füße geweißt, zum Zeichen, daß dies frisch übers Wasser gekommene Ware sei. Jeder trug sein Täfelchen auf der Brust, darauf sein Alter, sein Geburtsland, seine Befähigung, seine Krankheiten und Verfehlungen aufgezeichnet waren. Die Kauflustigen umstanden das Gerüste oder begaben sich in eine Nebenbude, wo besonders feine Ware angeboten wurde. Heute ging es lebhaft zu. Standen doch auf den Brettern einige Knaben von glänzender Gestalt, mit schönem Antlitz und wallendem Haupthaar. Auch der Mönch trat herzu und fragte, was für Landsleute diese schönen Knaben seien. Es wurde ihm geantwortet, sie kommen aus Britannien. Als er weiter erfuhr, daß sie noch Heiden seien, wurde er traurig, ging zum Papst und bat um die Erlaubnis, als Heilsbote nach Britannien gehen zu dürfen.

Dieser einfache Mönch hieß Gregor (geb. um 540), aus einem altrömischen, vornehmen Geschlecht stammend. Zuerst hatte er das angesehene Amt eines Stadtvorstehers in Rom bekleidet und sich dann nach seines Vaters Tod in ein Kloster zurückgezogen. Der Papst erkannte ihn bald als fähigen Kopf und betraute ihn mit manchem wichtigen Geschäft. Damals saß Pelagius II. (578—590) auf dem apostolischen Stuhl. Zögernd gab er den Bitten Gregors nach und entließ ihn nach Britannien. Allein das römische Volk wollte den klugen Mann nicht missen; zu seinem großen Leidwesen mußte er wieder umkehren. Bald darauf stand man vor einer neuen Papstwahl. Gregor wurde gezwungen den Stuhl Petri zu besteigen. Seinen Plan, die heidnischen Angelsachsen in Britannien zu bekehren, gab er doch nicht auf. Auf seinen Befehl wurden im fränkischen Reiche kriegsgefangene Angeln im Alter von 16—18 Jahren aufgekauft und nach Rom geschickt. Hier ließ sie Gregor in einem Missionshause im Christentum unterrichten, um sie später zu ihren Landsleuten schicken zu können. Allein die Zöglinge machten langsame Fortschritte. Da entschloß sich Gregor, den Mut seiner Mönche, mit welchen er früher zusammengelebt hatte, auf die Probe zu stellen. Er wählte die besten aus und schickte sie unter Führung des Priesters Augustinus ab. Der Papst hielt eine zündende Ansprache an die neuen Sendboten und begeistert durcheilten die Missionare das nördliche Italien und langten bald am Fuße der Alpen an. Je weiter sie aber kamen, desto schrecklicher wurde ihnen die Roheit und Wildheit der angelsächsischen Völker ausgemalt. Da verzagten sie und schickten ihren Führer an den Papst zurück mit der Bitte, sie von ihrer Aufgabe zu entbinden. Gregor jedoch war nicht der Mann, nachzugeben; hatte er sich etwas vorgesetzt, so mußte es durchgeführt werden. Augustin kehrte mit dem bestimmten päpstlichen Auftrag zu seiner Truppe zurück, den Weg fortzusetzen. Da gehorchten sie und landeten 597 unweit Dover auf der Insel Thanet. Ebenda, wo ungefähr 1½ Jahrhundert früher die Angeln zuerst landeten, um den Briten zunächst Hülfe, dann aber Verderben zu bringen, kamen jetzt die Boten Christi an, um das Heil zu verkünden, freilich nicht ohne menschliche Zuthat. Und sie fanden freundliche Aufnahme.

Unter den sächsischen Königreichen war Kent, das älteste, am meisten dem Christentum geneigt. Hier trieb man vorzüglich Künste des Friedens. Die Bildung war weit mehr fortgeschritten, als in den übrigen Reichen. Vor allen Dingen saß dazumal ein weitblickender Fürst auf dem Thron: Ethelbert mit Namen. Dieser bemühte sich um die Freundschaft des Auslandes. Er trat in Beziehungen mit dem König von Paris und erhielt dessen Tochter Bertha zur Gemahlin, nachdem er der christlichen Prinzessin freie Ausübung ihres Glaubens versprochen hatte. Sie brachte einen eigenen Bischof in ihre neue Heimat mit; dieser baute ihr ein Kirchlein, das den Namen des fränkischen Volksheiligen Martin trug. So stand es, als Augustin mit seinen Genossen landete.

Sofort sandte er Boten an den König, um diesen über seine Absichten zu unterrichten. Wahrscheinlich war der König von seiner Gemahlin darauf vorbereitet worden, kurz, er willigte ein, die fremden Priester zu hören. Nur bedingte er sich aus, daß die Zusammenkunft im Freien stattfinden sollte, damit er vor allen Zaubermitteln gesichert sei, welche er den Fremdlingen zutraute. Der bestimmte Tag kam. Die Mönche schritten heran, statt des Banners ein silbernes Kreuz tragend und daneben ein gemaltes Bild des Erlösers. Weithin hörte man die Litaneien, in welchen sie für die Bekehrung der Heiden baten. Die Unterredung begann. Der König fand die neue Lehre schön, aber noch zu ungewiß, als daß er ihr zu Gunsten seinem alten Volksglauben hätte entsagen wollen. Doch bewilligte er den Mönchen Wohnung in der Stadt und störte ihre Predigt in keiner Weise. Inzwischen ließ Bertha nicht ab, ihren Mann für ihren Glauben zu gewinnen; sie wies auf den großen Umschwung hin, welcher in Gallien infolge der Annahme des Christentums eingetreten sei. Endlich ließ sich Ethelbert überreden und bekannte sich zu dem Christengott (597). Doch war er weit entfernt, auf seine Untergebenen einen Druck auszuüben; jeder sollte frei seines Glaubens leben. Viele aber folgten dem Beispiele des Fürsten. In der Königsstadt erhob sich eine Kirche und auf die zuströmenden Heiden machte besonders die Feierlichkeit des Gottesdienstes lebhaften Eindruck. Die Zahl der Uebertritte nahm zu. Derselbe wurde ihnen auch erleichtert. Bisher nämlich waren die Hauptbestandteile der heidnischen Feste die Schlachtopfer, welche sie ihren Göttern darbrachten, und die Lieder, welche man zu Ehren der mannhaften Sieger wie der siegverleihenden Götter sang. Dafür sollten die übergetretenen Christen einen Ersatz bekommen. Der Papst traf die Anordnung, daß an christlichen Festtagen der Märtyrer in der Nähe der Kirchen Zelte errichtet werden sollten. Nach dem feierlichen Gottesdienste sollte man die Festteilnehmer ermahnen, ihren gewohnten Vergnügungen nachzugehen, dieselben aber mit Maß zu genießen. Diese Anordnung bewies ungemeine Klugheit; denn nun handelte es sich nicht um ein Abthun liebgewordener Gebräuche. Man hatte nur die Personen gewechselt, denen man diente, wenn man Christ wurde. Ob freilich diese Maßregel aus echt christlichem Geist stammte, ist zweifelhaft.

Von Kent aus verbreitete sich das Christentum in die Nachbarlande. Eine Schwester Ethelberts war die Mutter des Königs von Essex. Saberet — so hieß dieser — nahm den Mönch Mellitus freundlich auf und bekannte sich bald zu dessen Glauben. Seine Unterthanen waren durch den großen Themsemarkt schon einige Zeit mit christlichen Händlern in Berührung gekommen. Das Christentum war ihnen nichts

Neues mehr und sie nahmen jetzt dasselbe doppelt leichter an (604). In London stand ein alter Dianentempel, und hatte einst Diana den Paulus und seine Genossen aus Ephesus vertrieben, so mußte sie hier den Boten des Evangeliums weichen; ihr Tempel wurde in eine Kirche umgewandelt. So ließ sich alles aufs schönste an und der Papst bestimmte bereits zwei erzbischöfliche Sprengel, von welchen jeder zwölf Bistümer unter sich haben sollte. Die Städte York und London sollten einen Erzbischof beherbergen. Freilich war dieser Plan zu früh entworfen. Saberets Söhne vertrieben den eingedrungenen Mönch und haßten seine Lehre. Auch in Kent war manches anders geworden. Unter Ethelberts Sohn und Nachfolger Eadbald mußten sich die christlichen Lehrer wegen ihrer Freimütigkeit zurückziehen und gingen entmutigt nach Gallien (um 616). Plötzlich änderte der Fürst seinen Entschluß, entließ sein Weib, welches den Bischöfen Anstoß gegeben hatte, und rief die Verbannten zurück. Er war von da an ein aufrichtiger Christ und sorgte energisch für die Verbreitung des Glaubens, in welchem er den Frieden gefunden hatte.

Die Sendung des Augustin und seiner Genossen war mithin von schönen Erfolgen begleitet. Nur Eines glückte ihm nicht. Er versuchte, die alte britische Kirche mit dieser neuen angelsächsischen zu verbinden. Augustin war Erzbischof geworden. Damit waren ihm die Rechte der Oberaufsicht auch über die altbritischen Gemeinden eingeräumt. Es war ihm schon längst ein Dorn im Auge, daß die Briten sich um die Bekehrung der Angelsachsen rein nichts kümmerten. Deshalb forderte er sie auf, an dem Werke der Mission mit Hand anzulegen. Die Briten wiesen diese Forderung gänzlich ab. Das war nicht zum Erstaunen. Die steten Kämpfe zwischen beiden Völkern hatten eine so hochgradige Erbitterung hervorgerufen, daß die Briten an eine Bekehrung dieser rohen Feinde gar nicht denken mochten. Sie konnten nicht vergessen, welche Greuel diese wilden Scharen sich hatten zu Schulden kommen lassen. Die Sachsen hatten eine Freude daran, ihre Kriegsgefangenen zu quälen; sie erschlugen die christlichen Priester und ließen ihre Leichname auf der Straße verwesen. Zu Pevensey mußten alle Briten über die Klinge springen. Kurz: die Sachsen galten den Briten für so entmenscht, daß ihnen schon der Gedanke einer Mission ganz fern lag. Rein aus Volkshaß wiesen sie deshalb das Ansinnen des Augustin ab; ja sie gingen soweit, den christlichen Glauben der Angelsachsen gar nicht als ebenbürtig anzuerkennen.

Ganz untergeordnet waren die übrigen Punkte, in welchen Augustin Einmütigkeit mit der römischen Kirche verlangte. Die Briten hatten eine eigene „Tonsur". Schon früh hatten die Mönche das Abscheren der Haare, welches die Morgenländer für ein Zeichen der tiefsten Trauer hielten, nachgeahmt, um damit ihre völlige Abgeschlossenheit vor den Welt kundzuthun. Die römischen Missionare schoren den Scheitel und ließen einen Kranz von Haaren um denselben stehen (als Nachbildung des Dornenkranzes Christi); unter den Briten war es Sitte geworden, das Vorderhaupt in Form eines Halbmondes zu scheren und die Haare am Hinterkopf stehen zu lassen. Von diesem Brauch sollten sie abstehen. Außerdem hatten die Briten einen verschiedenen Osterchklus (vergl. unten); auch tauchten sie bei der Taufe das Kind nur einmal unter, statt dreimal, wie die Römer thaten. Endlich wichen sie bei der Abendmahlsfeier und der Priesterweihe von der allgemein geltenden Sitte in einigen Punkten ab. Darin sprach sich jedoch durchaus keine feindselige Stimmung gegen die römische Kirche aus. Man erkannte dieselbe vollkommen an, wenn auch Gildas das Herrenwort (Matth. 16, 18) auf das Recht aller Priester, nicht nur auf dasjenige des Papstes, bezog. Die Briten waren in Fragen der Lehre und Verfassung gut katholisch. Den Bruch führte einzig jene Zumutung herbei, gemeinschaftlich mit Rom an der Bekehrung der Angelsachsen zu arbeiten. Einige wenige Briten, welche im Norden ansässig waren, fügten sich selbst dieser Forderung. Die große Mehrheit blieb fest und wies noch anfangs des achten Jahrhunderts die Mahnung zu gemeinsamer Mission höhnend ab. Erst in den Jahren 813—825 unterwarf sie Ecbert seinem Reich und damit wurden sie der angelsächsisch-römischen Kirche einverleibt.

3. Irische Kirche.

Im sechsten Jahrhundert machte sich in der irischen Kirche ein bedeutender Aufschwung bemerklich. Hier war es nicht Rom, welches die Reformation der alten patricianischen

Kirche betreiben wollte. Die Neubelebung des dortigen Christentums ging vielmehr von Wales aus. Briten und Iren näherten sich einander; diese nahmen die britische Ordnung des Gottesdienstes auf ihre Insel hinüber. Besonders erwachte ihr Eifer für Klostergründung. Wir treffen hier auf einen Mann, dem wir später noch begegnen werden: Columcill mit Namen. Er entstammte einem fürstlichen Geschlechte (520 oder 523); in früher Jugend wurde der reich begabte Knabe einem Geistlichen übergeben, welcher ihm offenbar die Vorliebe für den Mönchsstand einzupflanzen wußte. In der Einöde von Clonard am Boynefluß war ein Kloster errichtet worden, dessen Abt sich durch gründliche wissenschaftliche Kenntnisse auszeichnete. Hier trat der junge Columcill ein und machte sich die treffliche Schule zu nutze. Noch nicht 22 Jahre alt, verließ er diese erste Bildungsstätte. Er fühlte sich von dem Abt Ciaran angezogen und zog in dessen Kloster am Shannonfluß. Bald verknüpfte Abt und Schüler ein enges Freundschaftsband. Leider wurde dasselbe durch den Tod des treuen Lehrers außerordentlich rasch zerrissen. Wieder griff Columcill zum Wanderstab. Im Geiste seines Lehrers errichtete er überall Klöster zur Pflege christlichen Lebens und sorgte für tüchtige Uebung in Wissenschaft. Derry (545), Durrow (555) verdanken ihm ihre Gründung. Die Abtei Kells widmete er der Gottesmutter (550). Damit war er ganz in die Fußtapfen der Männer getreten, welche, großenteils in britischen Klöstern erzogen, ihr Heimatland mit Klöstern bebauten. Selbst Könige erhielten in diesen ihre Ausbildung. Das große Clonfert zählte 3000 Mönche als Verbandsglieder: in kleineren oder größeren Ansiedelungen zerstreut, waren sie alle von dem Mutterkloster abhängig. Besonders beliebt als Anlage für derartige Bauten waren Binnenseen und Flüsse. Man begann, einzelne Zellen aus Holz oder Flechtwerk zu errichten. Dann ging man gewöhnlich an den Bau eines kleines Kirchleins, wozu geschickte Hände das Fichtenholz zu hieben; Epheuranken umkleideten den kleinen Bau (erst gegen Ende des achten Jahrhunderts wurde festeres Material zum Kirchenbau verwendet); das Christentum hatte einen neuen Stützpunkt gewonnen.

Was für einen Erfolg hatten nun diese verschiedenen Klostergründungen? Die Oberkönige blieben Heiden bis 513.

Noch lange nicht war das Christentum zur Volksreligion ge=
worden. Die Klöster waren sozusagen die Pioniere desselben;
immer wurde wieder ein weiterer Posten ins Land hinein=
gerückt; die Klöster bildeten Stützpunkte für die Missionieren=
den und Sammelpunkte für die Gewonnenen. Häufig waren
die Stifter selbst mit den Königen verwandt. So gab es sich,
daß Grund und Boden für neue Stiftungen leichter zu ge=
winnen war. Die Klöster selbst waren ein Segen für die
Gegend. Die Mönche lagen eifrig der Seelsorge ob. Sie
schlossen sich nicht in ihre Zellen ein, sondern durchzogen das
Land und predigten. Freilich machten es nicht alle so. Es
gab eigentliche Eremiten, welche ihr Christentum mit sich in
die Einsamkeit nahmen und sich um das Heil der benachbarten
Seelen zunächst nicht kümmerten. Eine Eigentümlichkeit dieser
irischen Klöster bildeten die Wandermönche. Viele Brüder
bauten sich Zellen auf entfernten Inseln mitten im Ocean;
andere trieb es in fremde Länder. Der angeborene Wander=
trieb der irischen Bevölkerung stellte sich in den Dienst des
Christentums. Freilich wollten sie auf ihren Wanderungen
nicht missionieren. Sie hatten Sühnung ihrer Sünden im
Auge und glaubten dieselbe durch gänzliche Lostrennung vom
heimischen Boden sich zu erleichtern. Diese Wandermönche
mußten sich jedoch zuvor der Genehmigung ihres Abtes ver=
sichern. Der Abt herrschte unumschränkt. Bisweilen durften
ihm seine Mönche nur mit gebeugtem Knie nahen. Sie waren
seiner Willkür gänzlich preisgegeben: er konnte sie um Mitter=
nacht durch die Glocke zusammenrufen lassen, um ihren Ge=
horsam zu prüfen. Die Arbeit in den Klöstern war eine
doppelte: erbaulicher und praktischer Natur. Es wurde fleißig
gebetet und viel in der Schrift gelesen; daneben wacker ge=
arbeitet, Wälder gerodet, Fischerei betrieben, der Pflug gezogen;
endlich legte man vielen Fleiß auf Gründung von Büchereien
und Abschriften wertvoller Bücher. Solcher Ernst christlichen
Lebens konnte nicht ohne Wirkung bleiben. Das Land wurde
allmählich durchweg dem christlichen Glauben gewonnen. Ja,
die Iren trugen die frohe Botschaft bald über die Grenzen
ihres Landes hinaus und wurden selbst Missionare. Das ist
doch nicht bloß ein Beweis für ihre Wanderlust, sondern vor
allem ein Erweis der Kraft, welche das Christentum auf
heimischem Boden entwickelte.

Ums Jahr 630 schrieb nun der Nachfolger des Augustin, Laurentius, an die Bischöfe und Aebte in Irland und forderte sie auf, sich an die römische Kirche anzuschließen. Trennte sie denn etwas von dieser? Jedenfalls keine Anschauung in der Lehre. Die Iren waren Anhänger der rechtgläubigen Lehre und hatten auch bereits allem möglichen kirchlichen Aberglauben, sowie einer starken Heiligenverehrung, Thür und Thor geöffnet. Römer und Iren standen somit hier auf gleichem Boden. Auch erkannten die Iren den Papst als ersten Bischof unter seinesgleichen rückhaltlos an. Sie beugten sich unter seine Obergewalt. Nannte ihn doch Columba als irischer Abt in seinen Briefen „den Hirten der Hirten", „das schönste Haupt aller Kirchen Europas". Gerade er bezeugte, daß die irische Kirche niemals vom allgemeinen katholischen Glauben abgewichen sei, auch dem Papst niemals eine andere Stellung zugewiesen habe, als sämtliche Katholiken. Warum konnte dennoch Laurentius jene Aufforderung an die Iren richten? Es bestand kein Streit zwischen beiden Kirchen, aber auch keine engere Verbindung. Die Iren hatten manchen eigentümlichen Brauch, wie die Briten. Die Mönche schoren ihr Haar anders, als es in Rom beliebt wurde. Die Osterfeier war auf verschiedene Tage angesetzt. Weltgeistliche gab es jedenfalls sehr wenige; die kirchlichen Aemter waren fast durchweg in den Händen von Mönchen. Selbst die Bischöfe waren Mönche und mancher, der die bischöflichen Weihen empfangen hatte, blieb ein einfacher Mönch, der zugleich unter dem Abte stand. Die irische Kirche war demnach eine Mönchskirche. Die Kirchen waren Klöster und die Kirchendiener Mönche. Das war der Unterschied von der römisch-katholischen Kirche, in welcher neben den mönchischen Geistlichen die Weltgeistlichkeit stand und nach deren Gesetzen jene auf die Klöster verwiesen war, diese die Kirche zu regieren hatte. Dies war aber auch der einzige Unterschied. Wie überall, waren auch die irischen Mönche unverheiratet und kein irischer Priester durfte mit Billigung seiner Kirche in der Ehe leben.

Die Osterfeier bildete bald den Zankapfel. Die Iren hielten fest an ihrer Festzeit, die Römer beharrten auf ihrer Forderung, sich der allgemeinen Feier anzubequemen. Es wurden endlich einige Vertrauensmänner von Irland abgesandt, welche sich über diese strittige Frage Auskunft holen sollten.

Diese überzeugten sich von dem Rechte der römischen Feier und wendeten in ihrer Heimat alles auf, die alte Sitte zu Fall zu bringen. Die Päpste ließen es nicht an ermahnenden Schreiben fehlen. Auf einer Kirchenversammlung in Lethglinn (634) kam es dahin, daß die Südiren die römische Feier annahmen. Die übrigen beharrten in ihrem Widerstand.

4. Die kaledonische Kirche.

Unter Kaledonien verstehen wir das heutige Schottland. Mit der Christianisierung dieses Landes ist der oben angeführte Name: Columcill aufs engste verbunden. Er hatte seine Vorarbeiter. Das Kloster Whitern und eine alte Kapelle Edinburgs erinnern an alte Boten des Evangeliums, welche früh die Saat desselben in jenen nordischen Gegenden ausstreuten. Aber all die Namen tüchtiger Arbeiter überstrahlt an Glanz der Columcills. Im Jahre 563 landete er mit zwölf Genossen im Reiche Dalriada, mit dessen Könige er verwandt war. Dieser wies dem Verkündiger eines neuen Glaubens eine kleine Insel an, welche die verschiedenen Namen Hy, Jova, Jona trug. Sie trug ein altes Volksheiligtum: außerdem barg ihr Boden die Gebeine der nordischen Könige: es war also ein wohlbekanntes, heiliges Eiland, auf welches die christlichen Genossen ihren Fuß setzten. Zwischen zwei Völkerschaften gelegen gab es eine vortreffliche Gelegenheit zur Missionsarbeit. Diese begann sofort. Nach gewohntem Brauch bauten sich die Missionare aus Weidengeflecht und einigen Holzstämmen ein paar Zellen. Sobald diese einen dürftigen Zufluchtsort boten, ging's ins Land hinein. Sie begannen Gespräche mit den Heiden und wußten im Verlaufe der Unterredung die Rede geschickt auf christliche Gedanken zu lenken. So sammelten sie überall Erfahrungen und kehrten dann zur Beratung in ihre Zellen zurück. Wo man günstigen Boden entdeckt zu haben glaubte, schritt man zur Anlage einer neuen Station. Allmählich wurden die Vorposten des Christentums bis in das Innerste Kaledoniens vorgeschoben; ein ganzes Netz von Mönchsansiedelungen bedeckte das Land. Eben die mönchische Strenge war es, welche manchem wüterischen Häuptling Achtung abgewann. Die räuberischen Eingeborenen bekamen allmählich einen Eindruck von der überlegenen Bildung

dieſer Prediger und wurden dem Chriſtentum immer freund=
licher geſinnt. Im größten Reiche Kaledoniens war der
Herrſcher Columcill perſönlich befreundet und allmählich neigte
ſich die Wage zu Gunſten des Chriſtentums. Der einfache
Mönch weihte den König von Dalriada, Aidan, und wurde
ein allſeits geachteter Mann.

Columcill verdiente dies auch. Er war ein Mann des
Gebets, welcher auf einſamen Hügel oder an ödem Meeres=
ufer ſeine Arme zu Gott dem Herrn emporhob und all die
Seinen auf fürbittendem Herzen trug. Eine ſcharfe Menſchen=
kenntnis erleichterte ihm den Umgang mit den verſchlagenen
Eingeborenen, und es gelang ihm, manchen Scheinheiligen zu
entlarven. Rückſichtslos ſtreng gegen mutwillige Bosheit, ſuchte
er doch ſtets zu gewinnen und zeigte immer eine wohlthuende
Teilnahme. Einſt raubte ein Heide in der Not auf einer
benachbarten Inſel Seehunde, welche den koſtbarſten Teil der
klöſterlichen Beſitzungen ausmachten. Der Abt hielt dem Dieb
ſein Vergehen vor, beſchenkte ihn dann mit einigen friſch ge=
ſchlachteten Hämmeln und entließ ihn. In den Häuſern
ſtiftete er Frieden; an den Krankenbetten machte er den Arzt;
Verfolgte und Ausgeplünderte fanden bei ihm Unterkunft.
Er ſelbſt ruhte auf nacktem Fels, aber gegen andere zeigte er
nie mürriſche Kleinlichkeit. Ein Zeugnis ſeines weiten Blickes
iſt, daß er, der Chriſt, für die Erhaltung der Lieder des
alten heidniſchen Sängerſtandes eintrat, welcher zugleich die
älteſten Geſchichtserzählungen des Volkes bewahrte. Auch
politiſch war er thätig und erklärte das ſchottiſche Dalriada
vom iriſchen Mutterlande unabhängig. Alles in allem war
er ein Charakter und ein Chriſt, den Freunden lieb und wert,
von den Feinden geachtet und anerkannt. Er arbeitete unter
ungebildeten Völkern, wohin noch nichts von Roms Bildung
gekommen war. Deſto ſtaunenswerter ſind die Erfolge des
Mannes, der nicht raſtete bis in ſein Greiſenalter. Viele
weinten dem Entſchlafenen nach (597).

Hy wurde nun der Mittelpunkt der ganzen kaledoniſchen
Kirche. Von dort waren die Mönche ausgegangen; mit dem
dortigen Kloſter verbanden ſie alle ſpäteren Stiftungen. Der
Abt in Hy war der oberſte Kirchenfürſt; thatſächlich nahm er
die Stellung eines Erzbiſchofs ein. Allein, wie Columcill,
ſo ſchlugen alle ſeine Nachfolger den biſchöflichen Rang aus.

Die Macht des Abtes wurde eine ausnehmend gewaltige, als
der gesamte Stamm der Peghten in die christliche Kirche auf
genommen wurde. Nichtsdestoweniger erhielt sich die Kirche
mehr als ein Jahrhundert lang als reine Mönchskirche. Hier
wurden die irischen Eigentümlichkeiten treu bewahrt; Hy war
deshalb auf die Südiren nicht gut zu sprechen, welche sich
Rom gefügt hatten. Es mußte über kurz oder lang zu einem
Bruch oder wenigstens zu einer Auseinandersetzung zwischen
Hy und Rom kommen.

5. Die Kirche Northumbriens.

Im Lande jenseits des Humber zeigt sich uns jenes
irische Kirchentum am klarsten. Hier hatten noch zu Anfang
des siebenten Jahrhunderts die heidnischen Druidenpriester die
Herrschaft vollständig in Händen. Der Mann, welcher zuerst
mit gewaltiger Faust dem Christentum Eingang verschaffte,
war der König Edwin. Eine harte Jugend lag hinter diesem
Fürsten. Seinen Vater hatten sie vom Throne gestoßen, ihn,
den Erben der Gewalt, in die Verbannung geschickt. Hier
stählte sich seine Kraft. Bald eroberte er sein rechtmäßiges
Erbe zurück (617) und ließ sich bis zu seinem Tode die Zügel
der Regierung nicht mehr aus der Hand nehmen. Seine
Verlobung wurde entscheidend für den Untergang des Heiden
tums. Er warb nämlich um eine Tochter jener Bertha, welche
als christliche Prinzessin an den Hof von Kent gekommen
war. Ethelberga sagte zu, stellte nur die eine Bedingung,
ihren christlichen Beichtvater mitnehmen zu dürfen. Edwin
willigte ein und die schöne Braut kam an den Hof des
mächtigen Fürsten in Begleitung des römischen Mönchs
Paulinus. So fand zum zweitenmal christlicher Glauben eine
unerwartete Heimstätte an einem heidnischen Hofe. Ethelberga
lag dem Gemahl mit inständigen Bitten an, doch die heid
nischen Götter zu verlassen. Der erste Schritt zum Christen
tum war, daß Edwin gestattete, das erstgeborene Kind taufen
zu lassen. Mutter und Kind dienten nun dem Christengott,
und es währte nicht lange mehr, bis der Vater gewonnen
war. Am Ostersonntag des Jahres 627 ließ sich der König
zu York taufen. Der Adel folgte dem Beispiel des Fürsten;
Tausende vom Volke drängten sich zur christlichen Taufe, selbst

die Priester gaben ihren Widerstand auf. Man berief eine Volksversammlung. Hier gelang es den christlichen Missionaren, die Massen günstig zu stimmen. Ein alter Priester erhob sich, trat vor und schleuderte seinen Speer in den nahegelegenen Götzentempel. Starr vor Schrecken stand die Menge und wartete auf den Tod des Frevlers. Aber die Götter sandten keinen Blitzstrahl aus ihren Höhen, der den Frechen niedergeschlagen hätte. Da war der Bann gebrochen. Das Volk steckte die Tempel in Brand, in welchen es voll heiliger Andacht zu seinen Helfern gefleht hatte. Ein Siegestag für den neuen Glauben.

Da kamen schlimme Zeiten. Der benachbarte Heidenkönig Penda betrachtete das starke Reich Edwins schon lange mit Aerger und Neid. Er suchte einen Genossen und fand ihn. Beide rückten mit gewaltigen Streitkräften in Northumbrien ein. Südlich von Yorkshire kam's zur Schlacht. Es war ein blutiges Ringen. Da ging die Kunde durch die Reihen: Edwin ist gefallen. Die Schlacht war verloren (633). Grimmig wälzten sich die feindlichen Scharen ins unbewehrte Land. In wenigen Wochen waren alle christlichen Kirchen niedergebrannt. Niemand wurde geschont; das Angelnvolk sollte ausgerottet werden. Paulinus floh. Die Kirche glich einem Erntefeld, über welches der Hagel gegangen ist. Doch war die Kraft des Volkes nicht gebrochen. Zuerst mußten sie sich zwar dem Regiment zweier heidnischen Fürsten fügen; aber die Rache ereilte sie: ein heidnischer Nachbar tötete die beiden und nahm ihre Stelle ein. Unwillig ertrug das Volk die neue Herrschaft. Sehnsüchtig blickte alles nach dem Kloster Hy, wo des alten Königs Neffe, Oswald, Zuflucht gefunden hatte. Er sollte der Retter des unterdrückten Volkes werden. Oswald hörte von dem geheimen Verlangen, landete in Northumbrien, pflanzte in Denisburn ein Kreuz auf und rief alle vaterländisch Gesinnten zusammen. Die Braven kamen und mit neuem Mut stürzten sie sich auf die fremden Eindringlinge. Sie wußten, was auf dem Spiel stand und kämpften mit Löwenmut. Da mußten die Feinde weichen. Oswald wurde König (635—642).

In ihm hatte das Christentum einen beredten Anwalt gewonnen. War er doch eigentlich ein Klosterschüler: auf Hy hatte er seine Bildung erhalten und den dortigen Mönchen

verdankte er seine christliche Ueberzeugung. Nun bemühte er
sich, dem Volke die christliche Lehre wieder lieb und wert zu
machen. Er wußte kein besseres Mittel, als von Hy herüber
tüchtige Männer zu rufen, welche seine Unterthanen unterrichten sollten. Der erste Abgesandte des Klosters war ein
äußerst streng gesinnter Mann von herber Art und abstoßenden
Formen. Corman — so hieß er — stieß die Angeln ab.
Es war recht mißlich, daß dieser erste Versuch mißglückt war.
Mißmutig kehrte der Missionar in sein Kloster zurück. Die
Mönche traten zur Beratung zusammen; da bemerkte einer
unter ihnen, Aidan, die begangenen Fehler. Er wurde nun
nach Northumbrien abgeschickt und in ihm hatten seine Genossen den rechten Mann gefunden. Aidan kam an den
königlichen Hof und wurde aufs freundlichste aufgenommen.
Sofort stellte ihm Oswald frei, wo er seinen Bischofssitz wählen
wollte. Aidan mochte nichts von der großen Stadt York
wissen, wo einstens Paulinus residiert hatte. Ihm gefiel es
in der Einsamkeit; er wollte es womöglich haben wie auf Hy.
Da fand sich auch ein Inselchen, unweit der Grenzstadt Berwick
gelegen, das man zur Zeit der Ebbe noch trockenen Fußes
erreichen konnte. Diesen Platz erwählte sich Aidan. Von
hier, von Lindisfarne aus, unternahm er seine Missionsreisen.
Still und bescheiden, wie dieser Ort, war der Mann selbst,
der hier wohnte; daneben war er von ausgezeichneter Gelehrsamkeit und sanftem Charakter. Zu Fuß ging er von Haus
zu Haus mit seinem Dolmetscher, dessen Rolle manchmal der
König selbst übernahm. Dieser räumte ihm zum Aufenthalt
bei seinen weiten Reisen seine Schlösser ein und Aidan streifte
in der Umgebung derselben umher, betend und predigend,
warnend und ermunternd. Ueberallhin drang der Ruf seiner
Frömmigkeit. Die Leute kamen in Scharen, um sich von ihm
taufen zu lassen. Einfache Taufkapellen wurden errichtet.
Aidan selbst gründete eine Schule und widmete sich dem
Unterricht von zwölf Knaben, welche später unter ihren eigenen
Landsleuten wirken sollten. Viele Klöster erstanden, fromme
Frauen stellten sich in den Dienst der Mission. Die Fürstinnen
selbst liebten es, nicht nur reiche Stiftungen zu machen, sondern
die Leitung von Klöstern in die eigene Hand zu nehmen.
Aidans rastloser Eifer erweckte gleiche Thätigkeit. Er teilte
sein Brot mit dem Armen und verschmähte es nicht, an der

königlichen Tafel zu speisen. Einst, so wird erzählt, trat ein Kämmerer des Königs ein, als dieser mit dem Bischof tafelte, und meldete, daß vor dem Palast Bettler versammelt seien und um königliche Almosen bäten. Oswald besann sich nicht lange. Er ergriff die silberne Schüssel, die vor ihm stand, und befahl, ihren Inhalt zu verteilen, sie selbst zu zerbrechen und die Stücke als Almosen zu reichen. So wetteiferten Fürst und Bischof in christlicher Liebesthätigkeit. Das Land wurde denn auch rasch dem Christentum gewonnen; in wenigen Jahren konnte man von Northumbrien als christlichem Land reden.

Wie gestaltete sich nun die Kirche? Ganz genau nach altirischem Muster. Die Bischöfe trugen die Kutte und blieben im Kloster unter ihrem Abt. Aidan selbst war Mönchsbischof; seine Begleiter alle waren Mönche. Alle Aeltesten, Sänger, biblischen Vorleser hielten sich an die mönchischen Regeln. Dies war ein äußerlicher Unterschied von der katholischen Kirche. Allein auch der große Kirchenvater Augustin hatte schon als vollkommenstes Ziel aufgestellt, daß die Bischöfe und Geistlichen mönchische Regeln beobachten sollten. Merkwürdig war in Northumbrien nur, daß Aebtissinnen zugleich einem Männer= und einem Frauenkloster vorstehen konnten. Freilich lebten Mönche und Nonnen stets getrennt, von einem Familien= leben war nirgends die Rede. Das Leben der Mönche war ein strenges; sie hatten eine besondere Regel. Pflegten sie auch die Wissenschaften, so waren sie doch dem Aberglauben der Kirche nicht verschlossen: man flehte zu den Heiligen und verehrte die Reliquien. Kurz: in allen Fragen der Lehre herrschte vollständige Einstimmigkeit mit Rom und dem katho= lischen Glaubensbekenntnis.

Ein schwerer Schlag für die northumbrische Kirche war der Tod des geliebten Fürsten. Oswald fiel in der Schlacht (642). Schon dadurch wurde die Lage unsicher. Da starb auch der Bischof (651). Doch breitete sich das Christentum noch weiter aus: die östlichen Sachsen nahmen dasselbe an. So kam es, daß der ganze Teil Englands von der Themse nördlich Hy unterstellt war: das kleine Kloster hatte ein großes Land erobert. Nur die östlichen Angeln hatten einen eigenen Bischof, der aus dem Burgunderland gekommen war (631), und sie bekannten sich zu der römischen Kirche. Bald sollten Iroschotten und Katholiken miteinander in Streit geraten.

Die Osterfeier bildete von jeher den Streitpunkt. Ihretwegen ging der Kampf los. Oswalds Nachfolger war sein Bruder Oswiu. Hatte es jener mit Hy gehalten, so neigte dieser auf die römisch=katholische Seite. Seine Gattin war nämlich eine kentische Prinzessin und feierte als solche Ostern nach römischer Berechnung. Die Königin hatte einen ungemein klugen und zähen Parteigänger in dem Abt Wilfrid gefunden. Wilfrid war ein geistreicher Jüngling gewesen von ausnehmender Schönheit und gewandt in den ritterlichen Uebungen. Unguter Familienverhältnisse wegen war er in seinem vierzehnten Lebensjahre an den Königshof gekommen und hatte sich dort der besonderen Gunst der Königin zu erfreuen. Diese nährte seine Vorliebe für das mönchische Leben und sorgte dafür, daß er nach Lindisfarne kam, wo er zu den Füßen des berühmten Aidan saß. Da ergriff ihn, wie so manchen seiner Landsleute, die Sehnsucht nach der ewigen Stadt, nach Rom. Auch diesen Schritt billigte die Königin, und reich ausgestattet bestieg Wilfrid das Schiff, das ihn zunächst nach Lyon brachte. Diese Reise machte einen andern aus ihn. Schon in Lyon hatte er eine Schwenkung gemacht. Einst hatte er die Psalmen in der Uebersetzung des heil. Hieronymus gelesen, welche ihm sein Meister Aidan gegeben hatte. Jetzt las er sie nur noch in der Uebertragung, welche in der römischen Kirche galt. 654 kam er nach Rom. Den schwärmerischen Geist des jungen Mannes fesselte die Pracht des römischen Gottesdienstes mit seinen ergreifenden Gesängen, seinem Pomp und Gepränge. Die einfachen, ehrwürdigen Gestalten des iroschottischen Klosters verschwanden aus seinem Gedächtnis. Mit Leib und Seele erfaßte er das römische Kirchenwesen. Als überzeugter Anhänger des päpstlichen Stuhls verließ er Rom. In Britannien angekommen, erhielt er sofort eine Einladung von dem ältesten Prinzen Alchfrid. Dieser versuchte gegen den Vater aufzukommen und wollte zu dem Zweck den Einfluß der Iroschotten in Nordengland brechen. Wilfrid sollte ihm dazu helfen. Dieser ging mit Eifer darauf ein; er wurde der erklärte Günstling des Prinzen, welcher überdies seine Mutter auf seine Seite gezogen hatte. Der Einfluß Wilfrids wurde immer mächtiger, seine Gedanken verbreiteten sich. Ein Zusammenstoß der alten und neuen Richtung war unvermeidlich. Zudem war der damalige Bischof in Lindisfarne, Colman (seit 661), ein Mann, welcher einen Streit mit der römischen Kirche eher herbeisehnte, als abzuwenden sich bemühte.

Oswiu wollte etwas Entscheidendes thun. Er schrieb eine Kirchenversammlung in das Frauenkloster nach Streaneshalch aus. Alle kirchlichen und staatlichen Würdenträger kamen dort zusammen (664). Man wußte, um was es sich handelte. Es fragte sich, ob die iroschottische Kirche sich in Northumbrien halten werde, oder ob die römisch-katholische den Sieg davon- tragen würde. Der entscheidende Tag war da. Man stritt über die Zeit der Osterfeier. Colman verteidigte die irische Sitte und berief sich auf die großen Männer Columcill und Columba. Da meinte Wilfrid wegwerfend: „Euer Columba mag ein großer Mann gewesen sein. Dürft ihr ihn aber deshalb dem seligsten Apostelfürsten vorziehen, zu welchem der Herr gesprochen hat: ‚du bist Petrus, und auf diesen Felsen will ich meine Gemeinde gründen!‘ und abermal: ‚dir werde ich des Himmelreichs Schlüssel geben.‘“ Diese Erwähnung des Petrus machte den König stutzig. Er fragte Colman: ob es wahr sei, daß der Herr diese Worte geredet habe. Colman bejahte. Da erklärte Oswiu: „So erkläre ich denn auch, daß ich dem Himmelspförtner nicht widersprechen will; er möchte mir sonst nicht verzeihen, wenn ich an die Himmelsthüre poche.“ Damit war, wie erzählt wird, die Sache abgemacht. Offenbar wußte Oswiu sofort zu Beginn der Versammlung, was er thun wollte. Hoch und niedrig rief ihm Beifall zu. Colman verließ mit einer kleinen Schar die Versammlung. In Lindisfarne hatte er nichts mehr zu thun. Er zog sich nach Hy zurück. Rasch wurden die Beschlüsse jener Ver- sammlung durchgeführt. Die römische Osterfeier fand überall Eingang, die römische Tonsur wurde befohlen.

Dreißig Jahre hatte die iroschottische Kirche im Segen gewirkt. Sie hatte den Boden für das Christentum geebnet, hatte die zarte Pflanze durch manches Ungewitter glücklich gerettet und endlich einen starken Baum heranwachsen sehen. Nun trat Rom auf den Plan und pfropfte seine Reiser auf. Sein großer Name wirkte. Der Glanz seines Gottesdienstes zog an. Die herausfordernde Haltung seines Boten Wilfrid er- schreckte. Die Königin und ihr Sohn arbeiteten hinter der Scene. Rom gewann! Der Hof sagte sich los von den irischen Evan- gelisten und ihm nach das ganze Volk. Ein wehmütiges Schauspiel!

Immer weiter drangen die siegreichen Katholiken. Der größte Teil der Schotten im nördlichen Irland unterwarf sich. Die Peghten folgten (710); selbst die Mehrzahl der Mönche auf Hy beugte sich. Wenige waren es, welche an der Sitte ihrer Väter festhielten. Erst 50 Jahre waren seit jenem Tage in Streaneshalch vergangen und England samt Irland und Schottland waren mit den Römern zu Einer katholischen Kirche zusammengewachsen. Die Altbriten allein hielten sich abseits. Hys Ansehen sank von Tag zu Tag. Was einstens den Fahnen der römischen Legionen nicht gelungen war, das erreichten die päpstlichen Sendlinge: die Eroberung Englands. Aber eine alte, reichverdiente Kirche hatten sie auf ihrem Siegeslauf niedergetreten: die Kirche jener einfachen, gottbegeisterten Mönche der Iroschotten.

6. Aldhelm.

„Im Anfang des achten Jahrhunderts entfaltete sich in Britannien eine Blüte angelsächsisch-römischer Gelehrsamkeit.“ Die katholische Kirche brachte in ihrem Geleit römische Bildung in die nördlichen Lande. War auch Rom gefallen: seine Bildung war doch den roheren Angelsachsen weit überlegen. In Beredsamkeit, Schrifttum und Dichtkunst überlieferte sie dem Volke der Angeln ihre Schätze. Katholiken lehrten das Volk die Kunst der Malerei, Katholiken übten ihre Stimmen in melodischem Gesang. Eine enge Verbindung mit Rom herrschte dazumal: die Angelsachsen kannten nichts Höheres, als zum Stuhle Petri zu wallfahren und überglücklich kehrten sie mit manchen neuen Kenntnissen in ihre Heimat zurück. Viele Bücher wanderten aus Italiens Büchereien nach England; manche Kunstschätze wurden dorthin entführt. Auch die alte iroschottische Bildung mußte sich vor der neuen Strömung zurückziehen. Es waren äußerst gelehrte Männer unter diesen Mönchen auf Hy und Lindisfarne. In kirchlichen Schriften wußten sie genau Bescheid, lateinisch und griechisch war ihnen geläufig. Am liebsten grübelten diese Einsiedler nach Art der alten Philosophen. Ihr Unterricht war außerordentlich gesucht. Fränkische Bischöfe schämten sich nicht, bei ihnen zu lernen. Haufenweis zogen junge Männer zu den irischen Klöstern. Es lag ein eigentümlicher Reiz in dieser dem Heimatboden

entstammten Bildung. Es war der Reiz, den jede selbständige
Bewegung hat, mag sie auch noch so klein sein. Und an
spruchslos war die Bildung jener einfachen Männer. Sie
führten mehr ein Innenleben. Aber — sie mußte verschwinden
vor dem Glanz der römischen Bildung, welche wie eine sieg-
gewohnte Herrscherin auftrat.

„Beide Elemente der Bildung fanden in Aldhelm ihren
Ausgleich und ihre Vereinigung." Er war Sachse von Geburt.
Seine erste Bildung erhielt er in einem schottischen Kloster.
Ein kleines Kirchlein in der Grafschaft Wiltshire diente seinem
Meister zum Wohnort. Lange Zeit ging dort der Jüngling
ein und aus. Als der Abt gestorben, trat er selbst an seine
Stelle. Unter seiner Leitung erhob sich an Stelle des alten
Baues eine gewaltige Kirche. In einem Einweihungsgedicht
empfahl sie der neue Abt dem Erlöser und seinen Aposteln
Petrus und Paulus. Er ruhte nicht, bis in der ganzen Umgegend Klöster, Kirchen und Kapellen standen. Da er viele
hohe Gönner hatte, konnte er seine Gründungen von den
meisten Staatsabgaben befreien. Er wäre nicht ein Kind
seiner Zeit gewesen, wäre er nicht nach Rom gewallfahrt.
Beim Papst erreichte er das Große, daß sein Kloster aller
weltlichen Gerichtsbarkeit vollständig entnommen, unmittelbar
unter dem päpstlichen Stuhl stehen sollte. Der König bestätigte dies — ein Zeugnis, wie hochgeachtet der Mann
gewesen sein muß. Der Umfang seines Wissens war staunens-
wert. Er wußte Bescheid in den Büchern römischer Rechts-
gelehrter und verfolgte mit Interesse die Entscheidungen, welche
sie in schwierigen Rechtsfällen trafen. Er verstand sich auf
die Gesetze der Verskunst und schätzte die Musik. Er liebte
die Rechenkunst und verwandte viel Sorgfalt auf das Bruch-
rechnen. Die Bahnen der Sterne waren ihm bekannt, ihre
Stellung verkündete ihm das Geschick der Menschen. Griechische,
lateinische, vielleicht auch hebräische Sprache waren ihm geläufig. In den Schriften der Kirchenväter war er ebenso
bewandert, wie in den Sagen und Dichtungen des griechischen
und römischen Volkes. Er schrieb eine Reihe von Werken in
gebundener und ungebundener Rede. Eine Abhandlung beschäftigte sich mit der Osterfeier. Ein Gedicht von 3000 Versen
besang die Tugenden der Nonnen, gegen 100 Rätsel über
Gegenstände aus Natur und Kunst sind uns erhalten. Bei

Kirchweihen und andern Festen zeigte er sich als gewandter Gelegenheitsdichter.

Was Wunder, daß ihn alle Welt ehrte. Bischöfe und Prinzen lernten bei ihm. Frauen und Männer wetteiferten, ihm ihre Anerkennung zu bezeugen. Für seine Zeit war er ein unerreichter Gelehrter. Daneben ein strenger Katholik. Seine Gelehrsamkeit verwendete er nicht dazu, in den kirchlichen Streitigkeiten ein versöhnendes Wort zu reden. Er erhielt vielmehr von einer Kirchenversammlung den Auftrag, die Irtümer der Briten zu widerlegen, und rechtfertigte das Vertrauen, das sie in ihn gesetzt hatten. Er kümmerte sich nichts darum, daß zwischen Briten und Angelsachsen Einmütigkeit in der ganzen Lehre herrscht, daß beide altes und neues Testament gleich hoch achteten, daß beide den Glauben an die Dreieinigkeit festhielten, daß beide die Fleischwerdung und Auferstehung Christi bekannten. Er legte alles Gewicht darauf, daß in der Feier von Ostern beide Teile getrennte Wege gingen. Darin sah er nichts anderes als einen Abfall von der Kirche. Bezeichnend ist für ihn, daß er schreiben konnte: „Vergeblich rühmt sich des katholischen Glaubens, wer der Lehre und dem Gesetz des heil. Petrus nicht folgt. Denn der Grundstein der Kirche und der Eckstein des Glaubens ruht in erster Reihe in Christus und weiterhin in Petrus." — Schon hier katholische Unduldsamkeit!

Aldhelm wurde Bischof; geehrt vom Papst, geachtet von Königen schloß er sein Leben (709). Wir erwähnten diesen Mann, weil sein Geist die angelsächsischen kirchlichen Kreise voll und ganz durchdrang und weil aus diesen Kreisen Bonifatius kam. Durch seine Schriftstellerei hatte Aldhelm der römischen Bildung in England zum Sieg verholfen. Er schuf den Zeitgeschmack, welcher sich noch lange darin gefiel, teilweis mit großem Schwulst die alten klassischen Schriftsteller nachzuahmen. Durch seine Haltung im Osterstreit machte er es jedem Geistlichen, der rechtgläubig sein wollte, unmöglich, an der alten britischen oder irischen Ordnung festzuhalten. Von diesem Geist waren Aldhelms Schüler erfüllt. Bonifatius gehörte zu dem weiteren Kreis derselben. Seinem Leben wenden wir uns jetzt zu.

Drittes Kapitel

Bonifatius.

I. Sein Leben.

1. Wynfriths Jugend.

Etwa hundert Jahre waren vergangen, seit das berühmte Kloster auf der Insel Hy gegründet worden war und überallhin seine Segnungen verbreitet hatte. Da wurde im südwestlichen Teil des Königreichs Wessex ein Knabe geboren (ums Jahr 675), dessen Namen denjenigen eines Columcill und Columba an Ruhm weit übertreffen sollte. Wynfrith hieß er, d. h. siegreicher Kämpfer, und er wurde, was sein Name versprach. Der Vater besaß ansehnliche Güter und galt unter den Sachsen als einer der Vermöglichen. Zeitlebens war Wynfrith dieser seiner sächsischen Abkunft eingedenk. Schon zum Mann erwachsen bat er, als er die Mission unter den Sachsen des Festlandes in Aussicht nahm, die Engländer um Fürbitte für die Bekehrung derselben und erinnerte sie daran, daß es sich hier um ihre Stammesgenossen handle. Der Vater sah in dem fähigen, jungen Knaben den künftigen Erben seiner Stellung und den tüchtigen Vertreter des angesehenen Geschlechts. Es sollte anders kommen! Der Knabe mochte kaum fünf Jahre alt sein, als seine Gedanken schon eine religiöse Richtung einschlugen und seine Neigungen sich geistlichen Dingen zuwandten. Es wird erzählt, daß nach der Sitte jener Zeit eines Tages wandernde Prediger auf den Hof des Vaters gekommen seien. Diese fanden in dem

aufgeweckten Knaben einen eifrigen Zuhörer, der begierig ihren
Reden lauschte. Der Vater war über diese Entdeckung nicht
sonderlich erfreut. Wynfrith war sein Liebling und er wollte
sich nicht in den Gedanken finden, daß derselbe Klosterkleid
tragen sollte. Nichts ließ er unversucht, um den kindlichen
Sinn von seiner gefaßten Neigung abzubringen: er liebkoste
und drohte. Umsonst! Vielleicht gegen den Willen des Vaters
wurde Wynfrith einem Kloster übergeben und in das heutige
Exeter gebracht.

Dies ist die erste sichere Erinnerung aus dem Leben des
berühmten Mannes. Wo seine Wiege stand, wo er in kind
licher Einfalt seine ersten Spiele gespielt und seine ersten
Träume geträumt, das wissen wir nicht. Der Name jenes
unbedeutenden Klosters aber ist uns aufbewahrt, in welches
Wynfrith zuerst trat. Adescancaster hieß es dazumal und
unbedeutend war es. Wenige Mönche lebten darin und die
Bildung derselben war keine vorzügliche. Was Wunder, wenn
es dem lernbegierigen Knaben dort nicht gefiel. Er ging in
ein anderes Kloster, Nhutscelle. Dies war in vortrefflichem
Zustande. Der Abt, ein gewandter Hofgeistlicher und geschickter
Kanzleibeamter, welcher dem König manchmal bei Abfassung
von Urkunden an die Hand ging; die Mönche in trefflicher
Zucht, voll Sinn und Geschmack für gelehrte Beschäftigungen,
für welche der Abt selbst das anregendste Vorbild gab. In
ihm hatte Wynfrith seinen Mann gefunden. Er hing denn
auch mit dankbarer Verehrung an ihm. Emsig forschte er in
der heiligen Schrift, und in jenen Tagen hat er den Grund
zu der ausgedehnten Bibelkenntnis gelegt, welche ihm späterhin
reiflich zu statten kam. Daneben sah man auf einen guten
Stil; man liebte es, Reime zu machen, und zur Bildung
gehörte eine gewisse Uebung in der Dichtkunst. Vers und
Sprachlehre wurde in den höheren Klöstern aufs eifrigste be
trieben. Noch in späten Jahren hat Bonifatius ein Lehrbuch
der Sprachlehre geschrieben; nie unterließ er es, in Gelegenheits
briefen durch dichterische Wendungen oder angehängte Rätsel
dem Zeitgeschmack zu huldigen. Tüchtiges leistete er in der
Predigt. „Gegen Reiche und Mächtige, gegen Freie und
Knechte wandte er ein gleiches Maß von Zucht in seinen
Ermahnungen an, so daß er infolgedessen weder die Reichen
durch Schmeicheleien gewinnen wollte, noch die Knechte durch

allzugroße Strenge drückte." Alles in allem wurde Wynfrith
ein wackerer Gottesgelehrter und ein Dichter dazu. Frühe
erhielt er die Priesterweihe. Dankte doch das Kloster seinem
Namen einen neuen Aufschwung. Lernbegierige Männer kamen,
um sich mit ihm zu besprechen. Frauen traten voll Bewunderung
in brieflichen Verkehr mit dem gelehrten Mönchspriester.
Weithin wurde man auf ihn aufmerksam und viele Mönche
suchten eben um Wynfriths willen das Kloster auf.

Eine Geschichte aus den dreißiger Jahren zeigt seine
große Geschicklichkeit. Der König Ini von Wessex (688—725)
hielt eine Kirchenversammlung ab. Nun fand man es für
notwendig, mit dem römischen Erzbischof, welcher seinen Sitz
in Canterbury hatte, in Unterhandlung zu treten. Es bedurfte eines tüchtigen Vermittlers. Wer konnte dies Geschäft
übernehmen? Drei Aebte schlugen ohne Bedenken den jungen
Wynfrith vor. Dieser wurde abgesandt und rechtfertigte denn
auch glänzend das in ihn gesetzte Vertrauen. Nach wenigen
Tagen brachte er günstigen Bescheid zurück. Damit hatte er
der Kirche einen Dienst erwiesen und sich selbst im Erzbischof
einen Freund gewonnen. Sein Ansehen bei weltlichen und
geistlichen Vorgesetzten stieg bedeutend. Man gewährte ihm
Zutritt zu allen Verhandlungen auf den Kirchentagen und
hörte seine Meinung gerne an. Kein Zweifel: dem jungen
Manne stand eine glänzende Laufbahn bevor.

2. Erster friesischer Aufenthalt.

Da begab sich Wynfrith nach Friesland. Verfolgen wir
einen Augenblick die Missionsgeschichte dieses Landes, in
welchem wir schon einen Amandus und Eligius wirken sahen.
Fast nirgends ist die Christianisierung einer Gegend so abhängig von politischen Strömungen gewesen, wie hier. Die
fränkischen Missionare hatten eifrig unter den Friesen gewirkt
und manchen schönen Erfolg erzielt. Da wurde das Frankenreich schwach; sein Einfluß nahm im siebenten Jahrhundert
reißend ab. Die friesischen Kirchen wurden zerstört, das
Heidentum nahm überhand. Der König der Friesen, Aldgild,
erwarb sich immer größere Unabhängigkeit. Alle Anzeichen
deuteten auf baldigen Untergang des Christentums. Da ver-
schlug der Sturm den Bischof Wilfrid von York an Fries-

lands Küste. Wilfrid war in England tief in Ungnade gefallen. Auch die fränkischen Herzöge waren ihm abhold und verlangten deshalb von Aldgild die Auslieferung desselben, jedenfalls seine Landesverweisung. Hier hatte nun Aldgild eine Gelegenheit bekommen, seine Unabhängigkeit und Macht zu zeigen. Er trotzte dem Befehl, behielt Wilfrid bei sich und unterstützte seine Mission. So stand es um das Jahr 680.

Wenige Jahre waren vergangen. Aldgild war tot. Ein echter Friese, Radbod, wurde Landesfürst. Er wollte vom Christentum durchaus nichts wissen. Es wird von ihm erzählt, er hätte schon einmal den Fuß ins Wasser gesetzt, um sich taufen zu lassen. Da habe er den christlichen Missionar noch gefragt, ob wohl seine königlichen Vorfahren jetzt im Himmel oder in der Hölle wohnten. Der Missionar versetzte: in der Hölle, wenigstens die meisten, da sie sich nicht taufen ließen. Darauf habe Radbod schleunigst den Fuß zurückgezogen und gerufen: so will ich lieber mit meinen königlichen Vorfahren in der Hölle, als mit einer kleinen Anzahl Bettler im Himmel sein. Diese Sage kennzeichnet die ablehnende Haltung dieses Fürsten gegen das Christentum. Doch hatte dies der Mission weniger geschadet. Die Hauptsache war, daß die Franken wieder mächtiger geworden waren und unter Führung Pippins die Selbständigkeit des friesischen Volkes bedrohten. Dadurch wurde der Franke immer verhaßter und mit ihm sein Glaube: das Christentum. Vergeblich arbeitete der Ire Wictberct; nach kurzer Wirksamkeit mußte er den unzugänglichen Boden verlassen. Es kam zum Krieg zwischen Franken und Friesen. Friesland südlich des Rheins ging an die Franken verloren und damit steigerte sich der Haß gegen diese.

In diesem Augenblick landete der tüchtige Willibrord mit seinen Genossen an der Rheinmündung (690). Zunächst missionierte er unter denjenigen Friesen, welche der fränkischen Herrschaft unterworfen waren. Willibrord wurde Erzbischof und wählte Utrecht zu seinem Sitz. Dort wurde eine Kirche gebaut; die zerstörten Gotteshäuser der Umgegend erhoben sich wieder aus ihren Trümmern. Alles ließ sich vortrefflich an. Willibrord, ein Mann von zäher Ausdauer und unbeugsamer Willenskraft, daneben von jedermann geachtet, arbeitete aufs rüstigste an dem Werke der Mission, weihte Eingeborene zum Dienst Christi, predigte allerorts und errichtete viele Klöster.

Unter solch günstigen Umständen lenkte er seinen Blick nach
Norden und versuchte in den alten friesischen Gebieten des
Herzogs Radbod selbst zu wirken. Der Friesenherzog schien
freundlich gesinnt; gegen die unter fränkischem Schutz betriebene
Mission benahm er sich scheinbar zuvorkommend. In seinem
Herzen aber brannte lichterloh der Haß, und diesen ver=
schlossenen Grimm teilte das ganze Volk mit seinem Herzog.
Willibrord richtete nichts aus. Er wandte sich zu den Dänen:
ebenso vergeblich. Auf der Rückfahrt wurde sein Schiff vom
Sturme erfaßt und an die Küste Helgolands getrieben. So=
fort predigte er hier von Jesus Christus, dem Heiland der
Welt. Mit dem Wasser, das er aus einer nahen heil. Quelle
schöpfte, taufte er etliche Eingeborene. Da fluchten die Um=
stehenden dieser freveln Hand und suchten Willibrord zu töten.
Helgoland stand unter Radbods Macht. Drei bange Tage
waren durchzuleben. Jeden Tag ließ der Herzog das Los
über das Leben Willibrords und seiner Genossen werfen:
jedesmal lautete es freisprechend. Der abergläubische Herzog
achtete die Stimme seiner Götter und ließ den kühnen Reise=
prediger mit seinem Gefolge frei ausziehen. Erleichtert kehrte
Willibrord nach Utrecht zurück.

Da kam das Jahr 714. Pippin, der Frankenherzog, lag
krank. Sein Sohn wollte ihn besuchen. Wie er in die
Kirche trat, senkte sich der Stahl eines friesischen Mörders in
sein Herz. Die Nachricht von dem Tode seines Sohnes konnte
der kranke Vater nicht verwinden: bald hauchte er sein Leben
aus. Jetzt benutzte Radbod die entstandenen Wirren und
stürmte gegen das Frankenreich vor. Noch war Karl Martell
zu schwach, um Widerstand zu leisten. Der stolze Friese über=
flutete das Land mit seinen Scharen. Willibrord wurde ver=
jagt, die Priester mußten fliehen, die Kirchen wurden zerstört.
Der ganze Bestand des Christentums war in Gefahr (716).

Da traf Wynfrith in Friesland ein. Was hatte ihn
hergezogen? Hatte er doch glänzende Aussichten in seinem
Heimatland. Wynfrith war zu einem echten Mönch heran=
gewachsen. Er verachtete nicht nur die sündlichen Freuden,
auch Vergnügungen der unschuldigsten Art hatten für ihn
keinen Reiz. Er schrieb eben in jenen Tagen an einen
fränkischen Jüngling: alles, was die Welt an Kostbarkeiten
besitze, sei zu verwerfen; er möge sich doch vor den trüglichen

7*

Schätzen dieser Welt behüten. Merkwürdigerweise fiel es ihm nie ein, daß Reime machen und Worte kunstvoll fügen auch etwas Wertloses sein könnte. Diese Freude an sprachlichen Beschäftigungen ließ er sich nie nehmen. Sonst war Weltflucht sein höchstes Ziel, sein dringendster Wunsch. Als Kind seiner Zeit teilte er die öffentliche Meinung, daß sich diese Weltflucht, wenn sie anders ernstlich gemeint sei, auch äußerlich zu zeigen habe. Der allgemeine Grundsatz mönchischer Frömmigkeit war in den angelsächsischen Klöstern der: „Wer alles verläßt, der ist vollkommen." Deshalb entsagte Wynfrith all den schönen Aussichten, die sich ihm eröffnet hatten, entschloß sich, sein liebgewonnenes Kloster zu verlassen, von dem Boden seines Heimatlandes zu weichen und in fremde Lande zu gehen. Als Wynfrith seinen Abt in sein Vorhaben einweihte, war dieser zuerst betroffen und keineswegs gewillt, dem Wunsche des jungen Freundes nachzugeben. Doch Wynfrith ließ nicht nach, bis ihm der Abt die Erlaubnis gab, wenn auch unter Thränen. Einige Brüder erklärten sich bereit, die Reise in die Ferne mitzumachen. Die Liebe der Genossen trat in der reichen Ausrüstung zu tage, welche sie dem Scheidenden mit gaben. Auch der Erzbischof versicherte Wynfrith seiner täglichen Fürbitte. Und so von dem Gebet und der Liebe der heimischen Genossen geleitet, zogen die Gefährten aus und kamen nach London. Dort bestiegen sie nach kurzer Rast ein Schiff, das sie bei günstigen Winden schnell aus Festland trug. Bei Wyk te Duerstede wurde gelandet.

Es war eine kühne That, daß Wynfrith ohne weitere Umschweife bei Radbod um eine Unterredung nachsuchte. Ohne Zweifel wußte er um dessen feindselige Haltung gegen den christlichen Glauben. Aber im Bewußtsein der guten Sache, die er vertrat, kannte er kein Bedenken, und Radbod scheint vor dieser Entschlossenheit Respekt bekommen zu haben. Er ließ Wynfrith ganz in Ruhe; dieser konnte predigen, wo es ihm beliebte. Freilich fühlte sich Radbod ganz als Herr der Lage; es schien ihm kleinlich, dem christlichen Missionar durch ausgesprochene Maßregelung Hindernisse zu bereiten. Der Herzog kannte seine Leute; er wußte um den Haß, welchen sie in ihrem Herzen gegen das Christentum bargen. Die Friesen ließen denn auch Wynfrith ruhig reden: von Erfolg seiner Predigt aber war keine Rede. Wynfrith war viel zu besonnen, als daß er sich diesen Thatbestand nicht offen eingestanden und nun ruhig überlegt hätte, was zu thun sei. Er sagte sich, daß es thöricht wäre, die eigene Kraft und die Kraft seiner Genossen unnütz zu vergeuden. Ohne Mißmut begnügte er sich damit, einen genauen Einblick in die friesischen Zustände gewonnen zu haben. Dann verließ er mit seinen Gefährten diesen unfruchtbaren Boden (Herbst 716) und kehrte nach England zurück, zur großen Freude seiner dortigen Freunde.

3. Erste Romreise.

Der Herbst war ins Land gezogen; schon deckte der Schnee Berg und Thal. Auch über des treuen Abtes Wynberchts Grab breitete er sein weißes Tuch. Der greise Mann war entschlafen, seinen Mönchen zum großen Leid, Wynfrith besonders zum tiefsten Schmerz. Er gerade hatte unendlich viel verloren; denn was er bisher geworden, hatte er dem zu verdanken, den sie nun zur ewigen Ruhe gebettet hatten.

Die Brüder sahen in der Zurückkunft Wynfriths eine gnädige Fügung Gottes. Sie wußten keinen besseren, welcher ihnen den abgeschiedenen Freund und Vorgesetzten hätte ersetzen können. Wynfrith wurde zum Abt gewählt. Dieser Antrag machte ihm viele Qual. Aengstlich, wie er war, wußte er nicht, was seine Pflicht sei. Auf der einen Seite lockte das ehrende Vertrauen der Mönche, die vorteilhafte Stellung als Klosterabt, die Freundschaft vieler tüchtiger Gesinnungsgenossen. Und doch fühlte er sich fest an seinen Vorsatz gebunden, sobald wie möglich auf das Festland zurückzukehren. Seine wissenschaftlichen Neigungen trieben ihn wieder zur Annahme der Wahl, und sein Ideal, als Fremder unter Fremden zu missionieren und auf diese Weise den vollkommensten Gottesdienst zu üben, hieß ihn die Wahl ablehnen. Schon neigte er sich zur Annahme der Wahl, weil er sich in seinem Gewissen gebunden fühlte, das Kloster seines geliebten Lehrers zu schützen, um so mehr, da unter den ansässigen Mönchen keiner recht zum Abt zu taugen schien. Jetzt griff ein Mann ein, mit welchem Wynfrith Zeit seines Lebens in freundschaftlichem Verkehr geblieben ist. Es war der Bischof Daniel von Winchester, ein Mann, erfahren im Amt, von tüchtiger

Gelehrsamkeit, ausgerüstet mit maßvollem Urteil und wohl wollender Milde. Mit seinem scharfen Blick erkannte er sofort, welcher Weg für Wynfrith der gewiesene war. Treulich half er ihm aus der Verlegenheit. Das Kloster gehörte zu seinem Sprengel, und rasch besonnen, besetzte er die erledigte Abtstelle mit einem fremden Abt. Damit war die Frage für Wynfrith aufs willkommenste gelöst: die Mönche hatten einen trefflichen Mann als Vorgesetzten bekommen; er selbst war frei. Jetzt band ihn nichts mehr an das Vaterland.

Daniel versah seinen Schützling mit mehreren Empfehlungs briefen. Da er den Papst — damals Gregor II. — persönlich kannte, empfahl er ihm in einem Handschreiben seinen jungen, tüchtigen Amtsbruder. Besonders wichtig war es, daß er in einem ähnlichen Briefe sich an alle christlichen Behörden wendete und sie darin für den Besitzer um Schutz bat. Dieses Schreiben leistete Wynfrith ungemein Vorschub auf seiner Reise. Wo wollte er denn hin? Natürlich nach Rom. Dorthin zu kommen war der höchste Wunsch aller Gläubigen in Eng land. Von Rom hatten die Angelsachsen das Evangelium überkommen; Rom bewahrten sie eine kindliche Anhänglichkeit. Freilich arteten diese Wallfahrten bald aus. Es lag etwas Krankhaftes in der Schwärmerei, welche besonders die Frauen zu den Schwellen Petri trieb. Wynfrith selbst führte später bittere Klage darüber, daß sich so viele seiner Landsmänninnen unterwegs verführen ließen, und es betrübte ihn ungemein, daß gerade die anglischen Mädchen die Mehrzahl der Ge fallenen in den lombardischen Städten ausmachten. Doch nützte alles nichts; selbst ein kirchliches Verbot vermochte dem Zuge nach Rom kaum merklichen Einhalt zu thun.

Wie einstens Willibrord zur heil. Stadt gezogen war, so blieb auch Wynfrith bei seinem Entschluß, zuerst dorthin zu reisen. Er scheute die gefahrvolle Winterreise nicht. Ueber London zog man zur Küste, machte dort Halt, bis sich die verschiedenen Reisegenossen von fern und nah zusammengefunden hatten. Dann nahm Wynfrith Abschied vom heimatlichen Boden, den er nie wieder betreten sollte. Die Ueberfahrt war glücklich bewerkstelligt. Ebenso gut verlief die weitere Reise, trotz der vorgerückten Jahreszeit. Betend zogen die Pilger dahin; Höfe und Schlösser ließen sie unbeachtet am Wege, nur in Kirchen und Kapellen setzten sie ihren Fuß. Hinüber

über die Alpen mit ihren schneeigen Gipfeln, hinunter in das Reich der gefürchteten Langobarden ging der Weg. Auch von den griechischen Truppen, von welchen man sich manche übermütige und freche That erzählte, hatte die Gesellschaft nichts zu leiden. Näher und näher rückte das ersehnte Ziel. Mitten im Winter war die Stadt erreicht und alle „dankten in der Kirche des heil. Petrus für ihre Erhaltung".

Seit Mai des Jahres 715 saß Gregor II. auf dem päpstlichen Stuhl, zäh und umsichtig, emsig bedacht auf Vergrößerung der päpstlichen Machtstellung. Wynfrith bekam Gelegenheit, mit ihm über seine Pläne Rücksprache zu nehmen, die auf nichts anderes gerichtet waren, als auf die Missionierung des inneren Deutschland. Der Papst wollte zunächst zuwarten; es war ihm darum zu thun, diesen angelsächsischen Mönch auf seine Ausdauer zu prüfen. Darum ließ er ihn geraume Zeit auf eine Entscheidung harren. Von Tag zu Tag aber wurde das Verhältnis beider Männer ein vertrauteres und das Interesse, welches Gregor an den Entwürfen Wynfriths nahm, immer lebhafter. Schon war es Mai geworden (719) und noch dauerten die Beratungen. Endlich am 15. dieses Monats erteilte der Papst „dem frommen Presbyter Bonifatius" die Ermächtigung zur Predigt unter den deutschen Heiden. „Das Reich Gottes sollte er allerorts ausbreiten und den Wahn der irrenden Heiden zerstören." Die Gläubigen sollten getauft werden, und zwar nach der Art und Weise, welche in Rom gehandhabt wurde. Wir erinnern uns, daß einstens der römische Missionar Augustin an die altbritischen Gemeinden dasselbe Ansinnen stellte, die römischen Taufgebräuche einzuführen. Wenn nun Bonifatius ausdrücklich darauf verpflichtet wurde, diese römische Taufsitte in deutschen Landen einheimisch zu machen, so ist die Absicht erkenntlich, in welcher der Papst den Bonifatius ausschickte. Hatten doch hin und her bei den germanischen Stämmen iroschottische Missionare gewirkt und natürlich ihre kirchlichen Gebräuche in den betreffenden Gegenden eingebürgert. Ihnen sollte Bonifatius entgegentreten. Sein Unternehmen sollte nach päpstlicher Berechnung einen Wettbewerb mit jenen älteren Missionen aufnehmen. Bonifatius wurde römischer Sendling, und das blieb fortan sein Beruf: die römisch=katholische Kirche in Deutschland zu gründen, und — wo sie schon gegründet war —

zu festigen. Persönlich wollte Bonifatius nichts anderes als
einfacher Missionar sein, der, getrieben von der Liebe zu
Christus, den Heiden zur Seligkeit verhelfen wollte. Diese
Liebe aber war bei ihm unlösbar verknüpft mit unbedingter
Unterordnung unter den päpstlichen Stuhl. Uebertrug ihm
der Papst eine Vollmacht, so mußte das seinen Mut aufs
kräftigste steigern. Aber seine Verehrung gegen den heil. Vater
war frei von allen berechnenden Hintergedanken. Sie war
für ihn der einfache Ausdruck seines gläubigen und dankbaren
Gemüts. Rom dagegen — d. h. der Papst — wollte bei
der Sendung dieses ergebenen Mannes in erster Linie nichts
anderes als seine eigenen Interessen verfolgen.

Jedenfalls ist für diesen Lebensabschnitt der Namenwechsel
bemerkenswert. Wynfrith führt von jetzt an den Namen
Bonifatius (Wohlthäter). Diesen Namen hat ihm offenbar
der Papst verliehen. War auch der Namensträger kein anderer
geworden: sachlich betrachtet wirkte seine Mission von jetzt ab
anders. Es war eine Mission für Rom und den Papst.

4. Politische Uebersicht.

Um die Wege zu verstehen, welche Bonifatius nun in
deutschen Landen einschlug, ist es unumgänglich notwendig,
sich ein Bild von der politischen Lage der damaligen Zeit zu
machen. Das mächtigste Reich im Abendland war das Reich
der Franken. Mit ihm mußte Bonifatius über kurz oder
lang in Berührung kommen.

Chlodovech war gestorben und das Merovingerhaus trieb
unaufhaltsam dem Untergange zu. Vergiftet durch Sittenlosig=
keit, hervorragend in Frevelthaten, wie nicht leicht eine andere
Herrscherfamilie, erwiesen sich die Merovinger zu starkem, ein=
heitlichen Regiment immer unfähiger. Dazu waren die Kräfte
des Reiches durch verschiedene Teilungen zersplittert. Zwar
vereinigte Chlotar I. seit 558 das ganze Frankenreich wieder
unter seinem Scepter und herrschte vom Atlantischen Meer bis
zur Unstrut und fast bis an das Adriatische Meer. Allein
nach seinem Tode brachen schreckliche Bruderkriege aus (561).
Allmählich gestalteten sich die Verhältnisse so, daß das Reich
in drei große Teile zerfiel, welche sich im großen ganzen nach
dem Blute der in ihnen vorhandenen Völkerschaften von=

einander absonderten. Das eine Reich war das Ostland und
hieß daher Auster oder Austrasien, zu welchem die über=
rheinischen Länder Thüringen, Alamannien, Bayern gehörten.
Hier herrschte der germanische Stamm vor. Die Residenz des
Fürsten Sigbert war Metz. Das zweite Reich umfaßte den
Westen und Südwesten Frankreichs und trug den Namen
Neustrien. Hier waren die beiden Völker der Germanen
und Römer vollständig ineinander übergegangen. Der Herrscher
dieses Landesteiles, Chilperich, wählte sich Soissons als Aufent=
haltsort. Uebrig blieben noch die Gebiete um die Rhône
und Saone samt den Alpenthälern und den schönen Ufern
des Genfer Sees. Hier hatten die Römer ihre blühendsten
Landschaften besessen. Von Châlons aus regierte Guntramn
dieses dritte Reich Burgundien. Die Könige dieser Reiche
waren teilweise recht traurige Gestalten. Die Geschichte hat
sie als „die faulen Könige" gebrandmarkt.

Das folgenschwerste Ereignis war, daß der König das
Amt des Hausältesten oder Hausmeier einrichtete. Diesem
stand die Oberaufsicht über das gesamte Hofwesen und über
alle königlichen Besitzungen zu. Meistens waren es tüchtige
Männer, welche diese Stellung bekleideten. Kein Wunder,
daß dieselbe rasch Ansehen und Einfluß gewann. Dazu kam,
daß die Großen des Landes dem König das Recht abstritten,
den Hausmeier frei zu wählen, und beanspruchten, dieses Amt
nach eigenem Belieben einem Genossen ihres Standes zu über=
geben. So wurden die Hausmeier die thatsächlichen Lenker
der fränkischen Reiche. Immerhin hatte zunächst noch jedes
einzelne der drei Reiche seinen eigenen Hausmeier, so daß die
Macht geteilt war und je in dem Nachbarreiche ein Genosse
eifersüchtig über den andern wachte.

Allein Chlotar II. ließ sich während seiner Regierung
vollständig von Weibern beherrschen (613—628). Unter
seinem ältesten Sohne, Dagobert, wurde es noch schlimmer
(628—638). Unter solchen Verhältnissen sehnte man sich
nach einem Mann, welcher die Zügel der Regierung kraftvoll
in die Hand nehmen könnte. Dieser Mann kam; es war der
austrasische Hausmeier, der neue Verhältnisse schuf.

Der Hausmeier Pippin von Landen gewann überwiegende
Gewalt in allen drei Reichen. Sein Sohn verwaltete bereits
das gesamte Reichswesen bis zu seinem Tode (656). Doch

war von einer rechtlichen Abhängigkeit der übrigen Hausmeier noch keine Rede. Die Macht, die Pippin sich errungen hatte, war eine rein persönliche. Dies wurde anders im Jahre 687. Ein tapferer und kluger Mann war Hausmeier in Austrasien geworden: Pippin von Heristal (bei Lüttich). Durch blutigen Kampf sicherte er sich und seinen Nachkommen die Großmeister- würde und machte sie in seinem Haus erblich. Er regierte als Herzog und Fürst der Franken und seine Gewalt kam der königlichen gleich. Doch kam es noch immer nicht zum Frieden. Der Herzog starb aus Schmerz über die Ermordung seines Sohnes in Friesland (714). Seine kluge Mutter suchte nun ihrem Enkel die Großmeisterwürde zu sichern. Wohl war ein Sohn ihres Mannes von einem andern Weibe vorhanden. Er hieß Karl und schien durch seine herrlichen Gaben wie bestimmt zum Nachfolger seines Vaters. Allein die Stiefmutter hielt ihn in Haft. Doch er entkam noch zu rechter Zeit und verteidigte nun das Erbe seines Vaters mit großem Erfolg (716). Seine Tapferkeit trug ihm den Namen „Martell" oder Hammer ein. Von da an ist Karl Martell der alleinige Hausmeier und Herzog der Franken (720). „Neben ihm sank die königliche Macht zum bloßen Titel herab. Der König mußte mit seinem Namen zufrieden sein. Mit herab- hängendem Haar und ungeschorenem Bart durfte er auf dem Throne sitzen und die Gesandten empfangen, welche von fremden Ländern kamen. Ihnen durfte er die Antworten erteilen, welche ihm vorher eingegeben waren. Auf seinem Wagen, der mit Rindern bespannt war und von einem Rinderknecht auf ländliche Weise gelenkt wurde, fuhr er in die Volksversammlungen. Auf demselben Wege ging's wieder nach Hause. Zu sagen hatte er in Wirklichkeit nichts."

5. Bonifatius in Thüringen. Zweiter friesischer Aufenthalt (719—722).

Thüringen war das Land, welches dem Bonifatius vom Papst als erstes Arbeitsfeld zugewiesen war. Das Christen- tum war hier schon überall eingezogen. Iroschottische Missio- nare hatten daselbst mit Erfolg gewirkt. Nun sollte Bonifatius gerade hier seine Arbeit beginnen. Natürlich! denn der Papst hielt es für weit nötiger, schon vorhandene christliche Ge-

meinden nach römischem Muster umzugestalten, als den Heiden,
die überhaupt noch nichts vom Evangelium vernommen hatten,
die frohe Kunde übermitteln zu lassen. Ihm war die Mission
jener einfachen und doch so willenstüchtigen Männer nachgerade
lästig geworden. Man brauchte einen Mann, um ihre Erfolge
in Schatten zu stellen, und das sollte Bonifatius thun.

Seine Aufgabe war eine vielseitige. An manchen Orten
bestand neben dem Christentum noch Heidentum. Dies mußte
zuvörderst ausgerottet werden. Und das war keine Kleinigkeit,
denn der Widerstand der Heiden war ein sehr lebhafter. Sie
scheuten sich nicht, thätlich gegen die christlichen Missionare
vorzugehen. Wie konnte Bonifatius diesen Widerstand
brechen? Sich unter ihnen niederzulassen und durch geduldiges
Lehren und Predigen sie zu gewinnen, dazu hatte er keine
Zeit. Das lag auch gar nicht in seinem Plan. Zu diesem
gehörte vor allem die äußerliche Niederwerfung des heidnischen
Widerstandes. Und hierzu mußte er sich an die Großen des
Landes wenden; nur mit ihrem Schutz und Beistand konnte
es gelingen, die Reste des heidnischen Glaubens zu vertilgen.
Der vereinten Thätigkeit gelang es denn auch, wenigstens
äußerlich den alten Glauben vollständig in den Hintergrund
zu drängen. Schwieriger war es, unter den christlichen
Priestern selbst Ordnung herzustellen. Sie hatten sich zu
einem großen Teil der Unsittlichkeit ergeben. Bonifatius griff
zu dem Wort der Buße und zeugte mit feurigem Ernst gegen
die Sünden der Geistlichen, unterstützt von manchen einheimischen
Christen, welche schon lange ob dieses bösen Beispiels geseufzt
hatten. Allein der Kampf war kein leichter. Die Priester
ließen sich nicht so leicht verdrängen; sie hatten manchmal an
den Gemeinden selbst einen Rückhalt. Manche Drohungen
wurden laut, welche gewissenlosere Naturen eingeschüchtert
hätten. Bonifatius blieb auf dem Platze und gewann. Noch
eine Pflicht hatte er zu erfüllen. Als Sendling des päpst
lichen Stuhls war er verpflichtet, überall, wo christliche Ge
meinden andere kirchliche Gebräuche hatten, als sie in Rom
bestanden, einzuschreiten. Auch diesem Gebot suchte er nach
Kräften nachzukommen; der Kampf mit den Iren war eröffnet.

Bonifatius sollte als Reformator wirken. Aus den
christlichen Gemeinden sollte er alles Unsaubere verbannen,
die geläuterten Gemeinden alsdann auf den Grund der römisch

katholischen Kirche stellen: das war seine doppelte Aufgabe. Um sie zu erfüllen, galt es, einen ruhigen, klaren Blick über die Verhältnisse zu gewinnen. Deshalb vergleicht ihn Willibald, welcher sein Leben beschrieben hat, mit einer klugen Biene, „welche spürend die Gefilde durchfliegt und in leisem Flügel= summen, die große Anzahl der duftenden Blumen umflatternd, mit kostendem Rüssel forscht, wo sich des Nektars honigreiche Süße birgt und dieselbe dann, jedes tötlichen Saftes Bitterkeit verachtend, in ihre Körbe bringt, und, um ein Wort der apostolischen Lehre damit zu vergleichen, alles prüft und das Gute behält."

Verwunderlich will erscheinen, daß Bonifatius Thüringen nach ganz kurzem Aufenthalt wieder verläßt, um sich nach Franken zu begeben. Man könnte diesen Schritt als ein Zeichen geringer Ausdauer und wankelmütigen Sinnes deuten, würde damit aber dem Bonifatius unrecht thun. Nie hat er die Absicht aufgegeben, Thüringen zu reformieren. Im Gegenteil! er suchte nur Mittel und Wege, mit diesem Werk rascher zum Abschluß zu kommen. Nun stand Thüringen dazumal unter fränkischer Oberhoheit. Wollte er kirchliche Einrichtungen schaffen, welche einigermaßen von Dauer waren, so mußte er sich mit dem Herzog der Franken ins Benehmen setzen. Was hätte es ihn genützt, die ganze Kirche zu reformieren, wenn der Frankenfürst sie nicht anerkennen würde? Des staatlichen Schutzes wollte er sich darum zuerst versichern, ehe er weiter arbeitete. Denn Bonifatius wollte nicht einfach das Evan= gelium verkünden, er wollte eine festgegliederte Kirche gründen, und zwar die römisch=katholische. Darüber mußte der Staat zuerst verständigt werden. Er begab sich deshalb nach Franken.

Da kreuzte seinen Weg eine neue Botschaft vom Norden. Radbod, der alte friesische Recke, war tot (719). Mit ihm hatte das Christentum seinen Hauptfeind verloren. Denn das wußte Bonifatius genau, daß gerade dieser grimmige Fürst es gewesen war, welcher die Herzen aller seiner Unterthanen gegen den Segen des Evangeliums verschloß. Deshalb, sagte er sich, steht jetzt Friesland dem Christentum offen. Dieser Gedanke ergriff Bonifatius mit mächtiger Gewalt. Friesland hatte er sich einst als Missionsfeld erwählt; ungünstige Um= stände hatten ihn von dort vertrieben; vergessen aber konnte er es nicht. Aufs lebhafteste beschäftigten sich seine Gedanken mit der neuen Nachricht. Er sah im Traum den Herrn, wie er ihm gebot „die gereifte Ernte abzuschneiden und die Bündel der heil. Seelen in die Scheunen des Himmelreichs zu sammeln." Dieser Traum galt ihm soviel als ein unmittelbarer göttlicher Befehl. Nichts hielt ihn mehr auf. Auch der Befehl des päpstlichen Stuhles nicht. Er eilte den Rhein hinab (Ende des Jahres 719). Nicht um einen Abfall vom Papst handelte es sich. Hatte ihm dieser auch die Umrisse seiner Missions= arbeit vorgezeichnet, so hatte er ihm doch im einzelnen freie Hand gelassen. Und in Friesland fühlte sich Bonifatius freier: hier war er nichts weiter als Missionar im unmittelbaren Dienst Christi. Der römische Sendbote trat in einen wenn auch durchaus unbewußten Gegensatz zum einfachen Mönch.

In Friesland hatte der Nachfolger Radbods mit den Franken Friede geschlossen. Derselbe benahm sich freundlich gegen das Christentum. Willibrord kehrte zurück und nahm mit gewohnter Frische das unterbrochene Missionswerk wieder auf. Manch herzerquickenden Erfolg durfte er erleben. Das Heidentum verschwand aus den fränkischen Landesteilen (von den Grenzen Flanderns bis zu den nördlichsten Inseln Nord hollands). Von Utrecht aus wirkte der alternde Bischof. Es war ihm eine ungemeine Freude, als sich Bonifatius bei ihm einstellte; seine grauen Haare hatten ihn geängstigt. Nun ge sellte sich eine junge Kraft zu ihm. Bonifatius arbeitete mit großem Eifer. Er begeisterte all seine englischen Freunde für diese Mission. Die einen sandten ihm Geld, die andern be gleiteten ihn auf seinen Reisen mit herzlicher Fürbitte vor Gott; kunstverständige Frauen woben ihm Altardecken für seine neuen Kirchen und nahmen den lebhaftesten Anteil an den Fortschritten des Christentums. Außerdem genossen beide Missionare die Unterstützung des Frankenreiches. Mehrere Güter wurden der Kirche vermacht, Ländereien zu Bauten bewilligt, Häuser geschenkt. Dies alles erleichterte die Arbeit ungemein, und drei Jahre waren dem Bonifatius rasch ver= flogen. Willibrord hatte sich ganz an den jungen Freund gewöhnt. Er suchte ihn fest an das friesische Arbeitsfeld zu binden, und redete ihm eindringlich zu, das Bischofsamt im Utrechter Sprengel zu übernehmen. Das gab Anlaß zu einer „Entzweiung edelster Art". Bonifatius erinnerte sich seines eigentlichen Auftrages wieder, den ihm der „Vater der Christen=

heit" gegeben hatte. Der Bischof suchte ihm seine Verpflichtung auszureden und wandte alles an, um ihn festzuhalten. Allein Bonifatius fühlte sich innerlich gebunden und schlug das Anerbieten entschieden ab. Nachdem er diese drei Jahre hindurch seines Herzens Zug gefolgt war, glaubte er mit dem hier genossenen Glück sich begnügen und gewissermaßen zu seiner Pflicht zurückkehren zu sollen.

Willibrord mußte sich in die Trennung finden. Aeußerst ungern schied er von dem liebgewonnenen Freund (722). Ihm, dem alten Mann, wurde der Abschied doppelt schwer. Bonifatius hatte ihn unterstützt und ihm selbst dadurch die Arbeit lieber gemacht. Nun lag das Amt mit seiner ganzen Schwere auf seinen Schultern allein. Diese Einsamkeit empfand er mit bitterer Wehmut. Er hatte sich so recht in den Gedanken eingelebt, daß Bonifatius sein Werk weiter fortsetzen würde. Jetzt ging dieser, und damit war ihm die Hoffnung auf den Fortbestand und die Sicherung seines Lebenswerkes genommen. Auch die Freundlichkeit des Frankenherzogs vermochte seinen Schmerz nicht zu lindern. Nicht als ob Willibrord darob seinen Sprengel versäumt hätte; dies konnte dem thatkräftigen Greis nicht beifallen. Neue Kriegszeiten brachen über Friesland herein. Die Franken siegten wiederum. Der Utrechter Sprengel wurde dadurch vergrößert. Willibrord wandte seine ganze Sorgfalt auf diese neuen Gebiete. Er traf daselbst eine einheimische christliche Familie, Würsing mit Namen, welche seine Arbeit bereitwilligst unterstützte. Das war die letzte Freude des hochbetagten Mannes. Am 8. November 739 entschlief er.

Willibrord ist eine der einnehmendsten Gestalten der deutschen Missionsgeschichte: ein Mann von zäher Kraft und unermüdlicher Ausdauer, begabt mit einem scharfen Blick für das, was sich erreichen läßt, beseelt von Liebe zu seinem Herrn: ein Mann von apostolischer Geisteskraft. Merkwürdig, daß in seinem Testament die katholische Lehre vom „Verdienst" einen so breiten Raum einnimmt, wenn es dort heißt: „Es müssen die Christen den Weg der Wahrheit erkennen, auf welchem sie ihrem Schöpfer durch ihre Verdienste recht dienen können, so daß ihre Almosen und ihre Unterthänigkeit ihnen zum Heil gereichen, wie der Höchste sagt: Gebet! und es wird euch gegeben! spendet Almosen! und alles ist euch rein!"

6. Bonifatius in Hessen. Bischofsweihe (722).

Bonifatius wandte sich nun nicht nach Thüringen zurück, sondern ging zunächst nach Oberhessen. Auch dieses Land stand ja unter fränkischem Einfluß. An seiner Nordgrenze wohnten die unruhigen Sachsen, welche alle Umwohner durch ihre kriegerischen Einfälle in beständigem Schrecken hielten. Gerade damals war die Fehde aufs neue entbrannt, und Bonifatius setzte seinen Fuß in Kriegsland (722). Die Mehrzahl der Einheimischen waren Heiden. Entschlossen, wie immer, machte sich Bonifatius ans Werk. Im Kloster Pfalzel bei Trier hatte er einen reichbegabten Jüngling, namens Gregor, getroffen; dieser schloß sich ihm an. Zwei angesehene Brüder im Hessenland selbst, Dettic und Deowulf, unterstützten gleichfalls die Missionsarbeit. Die Erfolge, welche Bonifatius erzielte, waren ganz überraschend. Mit tiefem Ernst und doch voll herzlicher Liebe redete er von dem, was sein Herz bewegte, und sein Wort fand in vielen Herzen mächtigen Widerhall. Bald konnte er mit seinen Begleitern Oberhessen verlassen. Er wandte sich nach Niederhessen. Hier seufzte die Bevölkerung wie nirgends unter dem Druck der räuberischen Sachsen. Hin und her in den einzelnen Dörfern und Weilern verkündete Bonifatius „das heilsame Wort"; die Schrecken des Volkes und ihre Armut teilte er mit seinen Genossen. Anspruchslos und bescheiden sprachen sie in den Häusern vor oder predigten auf den Straßen von Christus. Dieses teilnehmende und freundliche Gebahren gewann den Missionaren aller Herzen, und trotz der vielen Unannehmlichkeiten, welchen man ausgesetzt war, war es eine Freude, hier zu wirken. „Viele tausend Menschen wurden von dem alten Heidentum gereinigt und getauft." Jenes Brüderpaar besaß einige Ländereien: auf dem Basaltfelsen Amöneburg erbaute mit ihrer Einwilligung Bonifatius eine Zelle nach englischem Muster. Sie sollte ein Mittelpunkt für die deutsche Mission werden. Verschiedene Brüder sammelten sich dort, um von hier aus das umliegende Land zu bereisen. Andere gaben sich damit ab, einheimische tüchtige Kräfte heranzubilden und sie zur Uebernahme des Predigtamtes fähig zu machen. Alles ging aufs beste. Bonifatius faßte bereits weit ausschauende Pläne.

Thüringen und Hessen sollten unter einem Bischof vereinigt werden. Beide Länder bildeten das tragbare Fundament für die römisch-katholische Kirche Deutschlands.

Ehe er diesen Gedanken greifbare Gestalt zu geben wagte, hielt es Bonifatius für nötig, sich mit dem Papst zu besprechen. Voraus sandte er einen Vertrauten, um denselben einigermaßen mit der Lage der Dinge vertraut zu machen. Der Papst nahm den Bericht hocherfreut an. Er ließ sich einige Zeit zum Nachdenken, welch weitere Schritte gethan werden müßten. Endlich entließ er den Boten mit dem Befehl an Bonifatius, persönlich in Rom zu erscheinen. Unverzüglich kam der treue Diener der Aufforderung seines Vorgesetzten nach. Doch schlug er einen weiteren Weg ein. Er hatte die Absicht, sich mit Karl Martell zu besprechen, um über dessen Stellung zur deutschen Mission ins Klare zu kommen und etwaige Erfolge seiner Verhandlungen sofort dem Papst mitteilen zu können. Deshalb bog er von der gewöhnlichen Pilgerstraße ab, welche das Rheinthal aufwärts über den St. Gotthard führte. Da sich Karl in Zülpich aufhielt, wurde eine westliche Richtung durch das Frankenreich und Burgund eingeschlagen. Der Zweck dieses Abstechers scheint erreicht worden zu sein. Karl zeigte sich im allgemeinen mit der Arbeit des angelsächsischen Missionars einverstanden und billigte wohl auch seine Pläne über die Errichtung einer festen römisch-katholischen Kirche Deutschlands. Unter solch günstigen Vorzeichen setzte Bonifatius seinen Weg fort und gelangte im November nach Rom.

Sofort begannen die Verhandlungen mit dem Papst. Die Einigkeit über Ziele und Wege der deutschen Mission, welche zwischen beiden herrschte, stellte sich alsbald heraus und erleichterte den Gang der Verhandlungen. Der Papst entschloß sich, den Bonifatius, in dem er seinen rechten Mann gefunden hatte, mit der kirchlichen Macht auszurüsten und ihn zum Bischof zu weihen. Willibald erzählt darüber: „Der apostolische Priester begann den Bonifatius über das Bekenntnis und des Glaubens Ueberlieferung zu prüfen. Ihm antwortete sofort unser Gottesmann in demütiger Rede: ‚O apostolischer Herr. Wisse, daß ich, ein Fremder, unerfahren in eurer Umgangssprache bin. Ich bitte aber, daß du mir Muße und Zeit vergönnest, mein Glaubensbekenntnis niederzuschreiben. Dann wird mein stummer Buchstabe meines Glaubens Rechtgläubigkeit dir eröffnen.' Der Papst erteilte ihm die Erlaubnis; so schrieb er denn in kurzer Zeit das Bekenntnis der heiligen Dreieinigkeit in gewählten und beredten Worten nieder und übergab es sodann. Dann mußte er einige Tage warten, wurde endlich wieder vorgeladen und in den Lateran geführt, wo er sich sofort gesenkten Auges zu den Füßen des apostolischen Stuhles niederwarf und den Segen erbat. Der Papst richtete ihn sofort auf, gab die Schrift, die seinen reinen und unverfälschten Glauben bezeugte, dem Knecht Gottes zurück, hieß ihn sich setzen und ermahnte und belehrte ihn mit heilsamer Lehre." Am 30. November, „dem Geburtstag des heil. Andreas", wurde die feierliche Handlung der Bischofsweihe vollzogen. Der Bischofseid, welchen Bonifatius dabei ablegen mußte, lautete im wesentlichen: „Ich, Bonifatius, von Gottes Gnaden Bischof, gelobe dir, seliger Petrus, Fürst der Apostel, und deinem Stellvertreter, dem heil. Papst Gregor, und dessen Nachfolgern bei Vater, Sohn und heil. Geist, der unteilbaren Dreieinigkeit und bei diesem heiligen Leib — der Eid wurde am Grabe Petri gesprochen —, daß ich alle Treue und Einheit des heiligen katholischen Glaubens bewahren und in der Einheit desselben Glaubens unter Gottes Beistand verharren will ... Daß ich ferner auf keine Weise gegen die Einheit der gemeinsamen und allgemeinen Kirche in irgend jemandes Rat einstimmen, sondern meine Mitwirkung dir und dem Nutzen der Kirche, welcher von Gott dem Herrn die Gewalt zu binden und zu lösen verliehen ist, und seinem Stellvertreter und dessen Nachfolger in allem erweisen will. Wenn ich aber erfahre, daß Vorsteher gegen die alten Anordnungen der heil. Väter handeln würden, so verpflichte ich mich, mit ihnen keine Gemeinschaft noch Verkehr zu haben, sondern vielmehr, so viel ich es vermag, sie daran zu verhindern, wo nicht, es getreulich meinem apostolischen Herrn anzuzeigen. Sollte ich, was ferne von mir sei, gegen den Inhalt meines Gelöbnisses auf irgend eine Weise ... zu handeln versuchen, so will ich schuldig im ewigen Gericht erfunden werden und die Strafe des Ananias und der Saphira soll mich treffen."

Dieser Eid ist in mehreren Beziehungen merkwürdig. Nur um die Einheit der Kirche ist es dem Papst zu thun, nur für sie soll der Bischof sorgen. Diese Einheit der Kirche wird gewährleistet durch den einen Papst: ihm wird deshalb

vor allen Dingen treue Anhänglichkeit geschworen. Die Eides-
formel, welche dem Bonifatius vorgelegt wurde, war dieselbe,
welche italische Bischöfe dem Papst als ihrem unmittelbaren
Vorgesetzten zu beschwören hatten. Kein Bischof Deutschlands,
noch irgend ein anderer außer diesen dem Papst unmittelbar
unterstellten Bischöfen italischer Bezirke hat einen solchen Eid
geleistet. Die Absicht, welche Gregor dabei hatte, ist klar.
Bonifatius sollte möglichst enge an den apostolischen Stuhl
geknüpft werden. Er sollte sich gewöhnen, vollkommen am
päpstlichen Gängelband zu laufen. Mit diesem Eid übernahm
er die Stelle eines päpstlichen Gesandten. Den Papst mußte
er vertreten gegenüber einem zwiefachen Gegner: einmal gegenüber den Iroschotten, welche hier und dort in deutschen Gegenden Gemeinden gegründet hatten, und dann gegenüber der
großen katholischen Kirche des Frankenreiches. Denn hier war
der Papst wohl als oberster Bischof anerkannt; aber die Kirche
verwaltete sich selbst. In ihre Verwaltung ließ sie sich vom
Papst nichts darein reden. Sie war rechtgläubig und gut
katholisch; aber sie stand nicht unter dem Papst, sondern unter
dem König.

Bonifatius hatte viele Verpflichtungen übernommen; er
ahnte wohl selbst nicht, was er alles durchzuführen hatte.
Der sorgsame Papst gab seinem getreuen Bischof noch eine
Sammlung kirchlicher Vorschriften mit auf den Weg, damit
er ja auf seinem neuen Arbeitsfeld immer einen päpstlichen
Ratgeber an der Seite hatte. Bonifatius war Bischof geworden; aber der Bischofmantel sollte ihm nicht leicht zu
tragen werden.

7. Die päpstliche Kirchenpolitik.

Gregor II. hatte großartige Pläne. Er wollte in der
großen Kirche des Frankenreiches als oberster Herr und
Schiedsrichter gelten. Darauf steuerte er mit allen Mitteln
los. Und er hatte Aussicht auf Erfolg. Der päpstliche Stuhl
hätte keinen geschickteren Mann in diesem Zeitpunkt wählen
können, als Bonifatius. Auf ihn konnte man sich in Rom
voll und ganz verlassen. Denn für Bonifatius war es eine
feste und freudige Glaubensüberzeugung, daß eine Kirche nur
dann gedeihe und Gott wohlgefalle, wenn sie sich auch in

rechtlicher Beziehung ganz dem päpstlichen Stuhle unterordne. Bonifatius war der treueste Diener des Papstes, aber nicht wie so manche Knechtsseele: aus Feigheit, noch weniger, um sich bei demselben einzuschmeicheln und sich Verdienste zu erwerben. Er diente dem Vatikan in der Treue seines einfachen, gläubigen Gemütes, das schon von Jugend auf in der angelsächsischen Heimat gelernt hatte, mit der tiefsten Verehrung zu dem Vater der Christenheit aufzuschauen. Ein solcher Mann war Gregor recht. Dieser war ein kluger Politiker. Günstig für seine Pläne war eben dies, daß sein Diener Bonifatius von Beweggründen anderer Art, als die er selbst in sich trug, kaum etwas ahnen mochte. Beide, Bonifatius und Gregor, wollten dasselbe: die Ausdehnung der päpstlichen Gewalt über alle christlichen Kirchen. Aber für jenen war dies Bedürfnis des Glaubens, für diesen Befriedigung der Herrschsucht. Bonifatius sah im Papsttum die Gewähr für den Bestand des Evangeliums; um deswillen wollte er jenes gestärkt wissen; dem Papst war die Herrschaft selbst das Höchste; sie allein wollte er erreichen.

Ebenso günstig war es für den Papst, daß Bonifatius zunächst nicht im fränkischen Reich selbst wirkte, sondern nur in den Landesteilen, welche unter fränkischer Oberbotmäßigkeit standen, teilweise aber ihre eigenen Gerechtsame besaßen. So war ein Streit mit den fränkischen Bischöfen fürs erste vermieden. Und doch legte Bonifatius eine Bresche in die Mauer der fränkischen Kirche, welche sich bis dahin selbst verwaltet hatte. Er gründete in den Grenzlandschaften eine päpstlichkatholische Kirche. Notwendig mußten dann von dort jene Anschauungen über den Vorrang der päpstlichen Gewalt auch ins Innere des Frankenreiches dringen. So rechnete der Papst. Ob die Rechnung überall stimmte, wird uns die Geschichte zeigen. Aber der einmal entworfene Plan wurde nicht mehr aus den Augen gelassen: die fränkische Kirche unter die Herrschaft des Papsttums zu stellen.

Voll Eifer faßte der Papst eine Reihe von Handschreiben ab. In der päpstlichen Kanzlei lagen immer Formulare bereit, in welchen die christlichen Gemeinden eines Sprengels aufgefordert waren, dem neuernannten Bischof den Gehorsam nicht zu verweigern. Der Papst nahm eines derselben; ob alles, was darinnen stand, auf deutsche Verhältnisse paßte,

8*

war ihm gleichgültig. Er wollte damit eben zeigen, daß jene christlichen Gemeinden Deutschlands ihm ebenso unterthänig sein müßten, wie die in Italien oder Afrika oder England. Kurzerhand schickte er das Schreiben an die christlichen Gemeinden nach Thüringen und Hessen. In der That war darin manches gesagt, was man dort gar nicht recht verstehen konnte. Ueberhaupt waren die Geistlichen, welche daselbst angestellt waren, dem fränkischen Kirchenverband eingegliedert. Sie gehorchten den Bischöfen, welche ihr Fürst, der Frankenherzog, bestimmt hatte. Konnte ihnen der Papst ohne weiteres befehlen, sich seinem Bischof zu unterwerfen? Ja, einen Missionar konnte er senden und ihn den Gemeinden empfehlen. Ein von Rom gesandter Missionar genoß überall im Frankenreich das höchste Ansehen und alles kam ihm aufs freundlichste entgegen. Denn man hatte eine große Verehrung für den Stuhl des Apostelfürsten und brüstete sich gar damit, daß Frankreich von Rom bekehrt worden sei. Also einen römischen Sendling im Sinn und Auftrag eines Glaubensboten hätte man sicher willkommen geheißen. Anders lag die Sache bei Bonifatius. Er war Bischof. Ihm als Bischof sollten die Vertreter der fränkischen Kirche unterworfen sein. Und doch hatte ihn nicht ihr König eingesetzt, sondern einfach der Papst. Dieser hatte offenbar kein Recht, so etwas zu befehlen. Das widerstritt dem Recht des Frankenkönigs über seine Kirche. Allein Gregor versuchte es einmal: gelang es nicht, so mochte es doch nicht viel schaden; gelang es, desto besser.

Ganz ähnlich handelte er in einem Schreiben an Karl Martell. Er bittet darin den gewaltigen Herrn um Schutz und Unterstützung der Mission, welche sein Abgesandter Bonifatius nach seinem päpstlichen Auftrag auf der Ostseite des Rheins betreiben werde. Dies ist aber auch die einzige Bitte. Sonst teilt er dem Frankenherzog einfach die vollendeten Thatsachen mit. Er habe die Bischofsweihe vollzogen, er habe ihn zum römischen Bischof in Mitteldeutschland bestimmt, er habe ihm alle näheren Aufträge gegeben. Dies schreibt er nicht in herausforderndem Tone, ebensowenig sucht er aber Karl um sein Einverständnis mit diesen Maßregeln nach. Und doch betrafen dieselben Landesteile, in welchen Karl Oberherr war. Der Brief ist überhaupt merkwürdiger durch das, was er verschweigt, als durch das, was er sagt. Kein

Wort davon, daß der Papst Karl als Herrn der fränkischen Kirche anerkannt hätte; kein Wort darüber, daß die öffentliche Meinung im Frankenreich im Recht sei, wenn sie den Papst nichts in die innere Verwaltung der Kirche dreinreden lasse. Er thut, als ob er von beidem gar nichts wüßte.

Ebenso bezeichnend ist das dritte Schreiben, welches der Papst an einzelne hervorragende thüringische Christen sandte. Diese Männer hatten den Bonifatius bei seiner Mission kräftig unterstützt. Gregor unterläßt es nun nicht, ihnen aus Herz zu legen, daß der wahre Glauben nur dann gefördert werden könne, wenn man frommen Gemütes dem apostolischen Stuhl, der geistlichen Mutter aller Gläubigen, anhange. Es gebe keinen dauerhaften Glauben ohne unentwegtes Festhalten am apostolischen Stuhl. Auch hier wird demnach aller Wert einfach auf die Unterwerfung unter den Papst gelegt. Dies ist das Ende vom ganzen Lied. Ohne den Papst ist Bonifatius nichts, ohne ihn sind seine treuesten Anhänger nichts; der Papst allein macht ihren Glauben zu einem vollwertigen, ihre Arbeit zu einer ersprießlichen.

Wie verhielt sich Karl Martell zu derlei Ansprüchen? Bonifatius mußte ihn aufsuchen und hat ihn auch aufgesucht. Karl wohnte am königlichen Hofe in Valenciennes. Hier traf ihn der neue Bischof (723) im Frühjahr. Der Empfang war nicht unfreundlich, ebensowenig aber herzlich. Karl entgingen die letzten Absichten Roms nicht; er sah klar, wohin der Papst mit alledem hinauswollte. Manche geistliche Vertreter der fränkischen Kirche hatten mit ihm eingestimmt und ihn in seinem Mißtrauen gegen den neuen päpstlichen Schützling bestärkt. Allein Bonifatius persönlich wurde in keiner Weise gekränkt; er war auch nicht der Mann, sich einschüchtern zu lassen, wenn dies je versucht worden wäre. Er erreichte, was er beabsichtigt hatte: Karl erkannte ihn als Bischof für das mitteldeutsche Missionsgebiet an. Damit waren ihm die Wege geebnet. Ja, Karl gab dem Abreisenden noch einen Schutzbrief mit, welcher ihm später oft von Wert war. In solchen Urkunden wurde gewöhnlich der Name des Fürsprechers ausdrücklich genannt. Dies war in diesem Fall der Papst. Karl ließ diesen aber ganz aus dem Spiel und wandte sich in dem Schreiben einfach von sich aus an alle seine Beamten und teilte denselben mit, daß er Bonifatius freudig in seinen Schutz aufgenommen

habe. Wenn irgendwo eine Klage gegen denselben anhängig
werden sollte, so hätten die Gerichte nicht das Recht, ein
Urteil zu fällen: er, der Hausmeier selbst, würde dann den
Fall entscheiden.

So verkehrte Karl freundlich mit Bonifatius. Er hielt
es für unangemessen, mit ihm über das Verhältnis zu Rom
zu reden. Er mochte fühlen, daß bei Bonifatius die gläubige
und kindliche Verehrung des Papstes das Verständnis für
dessen eigentlichen Ziele beeinträchtige. Desto angenehmer war
ihm, daß er in Bonifatius nicht nur einen Sendling päpstlicher Gewaltherrschaft, sondern einen Mann von tiefinnerlicher
Frömmigkeit entdecken durfte. Karl selbst war in erster Linie
Staatsmann und erwog auch die kirchlichen Fragen zunächst
von der politischen Seite aus. Er hatte alle Achtung vor
Bonifatius, Roms Ansprüchen aber auch nur einen Zoll breit
zu weichen, war er nicht entschlossen.

8. Der Tag von Geismar (723).

Dies zeigte sich schon darin, daß Karl Befehle erteilte.
Er befahl dem Bonifatius, nach Hessen zu gehen. Dieser
merkte, daß man im Frankenreich gewohnt war, dem Fürsten
zu gehorchen, ohne weitere Rücksicht auf den Papst zu nehmen.
Er war zu klug, um irgend einen grundsätzlichen Streit an-
zufangen; war es ihm doch einfach darum zu thun, das Volk
in einer christlichen Kirche zu sammeln. Er gehorchte und
ging nach Hessen.

Was war hier von seiner letzten Thätigkeit noch zu sehen?
Sie hatte manche erfreuliche Frucht aufzuweisen: manchen seiner
Täuflinge konnte er jetzt firmeln. Aber bei vielen „hatte das
heidnische Unkraut den kaum besäten Boden von neuem über-
wuchert". Was war da zu thun? Er wandte sich um Rat
an seinen Freund Daniel in Winchester, welcher fortwährend
die lebhafteste Teilnahme für die deutsche Mission äußerte.
Dieser versuchte, Bonifatius einige Winke zu geben. Dieselben
sind äußerst merkwürdig. Daniel meinte, man müsse bei der
Mission den Weg einschlagen, daß man sich auf den Boden
der heidnischen Anschauungen selbst begebe und dieselben scheinbar annehme, dann aber ihre Thorheit und ihren inneren
Widerspruch nachweise und die Gegner auf den Boden des

Christentums herüberführe. Demnach gebe man die Vielheit
der Götter einmal ruhig zu, frage dann aber ganz harmlos,
warum denn diese vielen Götter mehr den Menschen gleichen
mit all ihren Untugenden und Sünden, als einem Gott. Oder
frage man: ob die Welt einen Anfang habe, oder ob sie ewig
sei. Sagen die einen, sie habe einen Anfang, so frage man
weiter, wer sie denn gemacht hätte? Hätten Götter vor der
Schöpfung gelebt, so hätten sie ja keinen Platz gehabt, wo sie
hätten wohnen können. Sagen andere: die Welt sei ewig, so
erwidere man: wer denn der erste Gott gewesen sei? oder
weise man die Leute auf die vielen Götterfamilien hin und
frage, warum denn die Götter heutzutage nicht mehr zeugen,
wie sie es doch früher gethan hätten. So müsse man verfahren, um den Leuten den Widersinn ihrer Vorstellungen
nahe zu bringen. Dann gehe man einen Schritt weiter und
greife die Art an, wie sie ihre Götter verehren sollen. Wer
denn der mächtigste sei und welche besondere Verehrung ihm
zukomme? Würden dann die Gegner ungeduldig werden und
ihnen vorwerfen, das Christentum sei auch nichts Besseres als
ihre heidnischen Götter, dann zeige man ihnen, wie rasch sich
dieser neue Glauben in aller Welt verbreitet hat, und frage
sie, warum sich ihre heidnischen Götter nicht gegen diesen
Christengott gewehrt und ihm den Sieg streitig gemacht hätten?
Mit derlei Einwürfen, meinte Daniel, müßten die Heiden sich
allmählich von der Unzulänglichkeit ihres Glaubens überzeugen
lassen. Mit liebender Hand und voll Schonung müsse man
dieselben aus den Irrgängen des Heidentums an das Licht
der Wahrheit führen. Diese Ratschläge zeugen von dem milden
Geist des Stubengelehrten.

Bonifatius konnte sich in diese Art seines Freundes nicht
schicken. Ein solcher Betrieb der Mission erschien ihm schleppend
und die Zeit dabei unnütz vergendet. Er war der Mann der
That. Zu Geismar an der Edder stand eine alte heilige
Eiche, dem Gott Donnar geweiht. Hierher lud der Bischof
alle Heiden der Umgegend auf einen bestimmten Tag. Er
hatte den kühnen Entschluß gefaßt, „dem alten Baum des
Aberglaubens die Axt an die Wurzel zu legen“, d. h. die hoch-
verehrte Eiche umzuhauen und damit allen heidnischen Opfer-
bräuchen, Zaubereien und Zeichendeutungen ein rasches Ende
zu bereiten. Auf jeden Fall ein gewagtes Unternehmen! Wie

leicht konnte religiöse Wut das Volk ergreifen und es an
treiben, den Mann aus dem Wege zu räumen, der ihr Heilig
tum so frech antasten wollte. Doch Bonifatius hatte sich vor
einem Radbod nicht gescheut, er fürchtete auch diese Volkshaufen
nicht. Alles wartete darauf, daß Donnar den Frevler schon
mit seinem Hammer zerschmeißen werde, wenn er überhaupt
in die Nähe des heiligen Baumes zu treten wagte. Da schritt
Bonifatius heran, ernst, aber ohne Furcht; seine Hand trug
eine Axt. Er war an den Baum herangekommen; er holte
zum ersten Hieb aus und sausend fuhr die Axt in den Stamm.
Starr vor Schrecken stand die Menge da. Sie wußte nicht,
wie ihr geschah. Donnar hatte kein Wunder gethan und
immer blieb noch alles ruhig. Der Himmel war klar und
heiter und ein leiser Wind rauschte in den Bäumen. Es lag
wie ein Bann auf den Zuschauern. Die Genossen des Boni
fatius kamen heran und machten sich eifrig ans Werk. Immer
tiefer drangen die Hiebe ins Mark des Baumes, bis er end
lich donnernd und krachend zu Boden stürzte. Verwirrt und
erschüttert kehrten die Heiden heim; sie verstanden ihre Götter
nicht mehr.

Ohne Zweifel hat diese entschlossene That mehr genützt,
als viele schöne Reden und gelehrte, gewandte Ausführungen.
Die Nichtigkeit ihrer Götter war den Hessen fast handgreiflich
nahe gelegt. Daneben prägte sich ihnen die Gestalt des Christen
priesters ins Herz: erhaben und einfach, entschlossen und doch
demütig. Es ist nicht zu verwundern, wenn infolgedessen
viele das Christentum annahmen. Die Spuren der alten
Donnarseiche wurden gänzlich verwischt. Ihr Holz mußte
dazu dienen, eine Glocke zu tragen, um die Umwohner in die
christliche Kapelle zusammenzurufen. Wo einst die germanischen
Priester aus den Runen gelesen, lauschte jetzt die Menge den
Worten heiliger Schriften; wo früher das Blut von Opfer
tieren geflossen, sammelten sich nun die Gemeindeglieder, um
des Todes ihres Herrn und Meisters zu gedenken. Das war
der Erfolg des Tages von Geismar. Nicht vergessen darf
man, daß auch jener Schutzbrief Karls diesen Erfolg ermög
licht hat. Wer weiß, was geschehen wäre, hätte der Bischof
nicht den Schutz des mächtigen Frankenherzogs hinter sich ge
habt? Dessen war sich Bonifatius wohl bewußt. Er schrieb
an seinen Freund Daniel: „Ohne den Schutz des Frankenfürsten

vermag ich weder das Volk zu leiten, noch die Kirchenältesten, Mönche und Nonnen zu verteidigen, noch bin ich im stande, auch nur heidnische Gebräuche und Verehrung der Götzenbilder in Deutschland außer in seinem Auftrage und durch die Furcht vor ihm zu verhindern."

Das Christentum gewann immer mehr Herzen im Hessenlande. Die Hindernisse, welche mißtrauische fränkische Priester dem Bonifatius in den Weg legten, waren rasch weggeräumt. Die fränkischen Amtsgenossen beobachteten natürlich diese Erfolge des römischen Bischofs mit äußerstem Mißbehagen. Es ist aber ein schlimmes Zeugnis für dieselben, daß ihnen nicht bloß die päpstliche Macht ein Dorn im Auge war, kraft welcher Bonifatius wirkte, sondern daß sie der sittliche Ernst unangenehm berührte, welchen er überall an den Tag legte. Dies gefiel den verweltlichten Kirchendienern nicht. Sie hätten lieber in ihrem alten Schlendrian fortgemacht. Wiederum half dies dem Bonifatius, seine Macht und sein Ansehen zu erhöhen. Von Mainz aus wurde er aufs heftigste bekämpft. Karl legte diese Reibereien bei, der Papst wurde damit nicht behelligt.

So wurden die Jahre 723 und 724 die schönen Erntejahre der hessischen Kirche.

9. Erneute thüringische Thätigkeit (725).

Hatte Bonifatius in Hessen mit den fränkischen Geistlichen unliebsame Begegnungen, so sollten ihm dergleichen in Thüringen von seiten der iroschottischen Mönche nicht erspart bleiben. Nachdem der Fortschritt des Christentums im Hessenland nach menschlicher Berechnung gesichert war, hielt es Bonifatius für seine nächste Pflicht, in Thüringen das angefangene Werk wieder aufzunehmen. Er wollte jedoch keinen Schritt ohne Vorwissen des päpstlichen Stuhles thun. Deshalb erbat er sich von dort ein Begleitschreiben ins Thüringerland, welches gegen Ende des Jahres 724 in seinen Händen war. Er wurde darin aufs neue den christlichen Gemeinden empfohlen und von diesen ehrerbietiger Gehorsam gegen den römischen Bischof gefordert.

Frühjahr 725 kehrte Bonifatius ins Thüringerland zurück. Hier hatten sich die Verhältnisse recht ungünstig gestaltet. Die

Sachsen hatten ihren Fehdezug auch hierher ausgedehnt, waren
darauf glücklich gewesen und hatten den größten Teil des
Volkes unterjocht. Der christliche Fürst war gestorben, der
Eifer für den neuen Glauben war erlahmt und ein kräftiger
Anstoß zur Erneuerung hoch an der Zeit. Zuerst forderte
Bonifatius die Großen und Angesehenen des Landes auf, zu
ihrem christlichen Glauben zurückzukehren. Sie sollten mit
gutem Beispiel vorangehen. Nun lag ihnen aber gar nicht
viel daran. Das Christentum, überhaupt die Religion, war
ihnen ziemlich einerlei. Desto willkommener war es ihnen,
daß auch die einheimischen Priester dem Bischof widersprachen.
Torchtwine, Berehthere, Eanberht und Hunraed waren die
Anführer im Kampf. Sie fühlten sich als die Einheimischen
und Ansässigen und betrachteten Bonifatius als Eindringling.
Von ihm wollten sie sich nichts sagen lassen. Es waren
zweifelsohne Männer irofchottischer Richtung, vielleicht sogar
von irischer Abkunft. Derselbe Kampf, welcher sich früher
auf den britischen Inseln abgespielt hatte, wiederholte sich jetzt
auf deutscher Erde. Der Streit drehte sich um Gewohnheiten
und kirchliche Bräuche, welche in der keltischen Kirche Englands
heimisch waren. Die von dort gekommenen Missionare hatten
diese Dinge natürlich in den deutschen Gegenden eingebürgert
und hingen zäh an den liebgewordenen Einrichtungen. Ebenso
hartnäckig verteidigte der Angelsachse Bonifatius das Ansehen
Roms. Ein Zusammenstoß war unvermeidlich. Halten wir
einen Augenblick inne und betrachten diese traurige Fügung!
Söhne desselben Landes, desselben Glaubens, getrieben von
demselben Eifer, Seelen für Christo zu gewinnen, kommen
auf fremden Missionsgebieten miteinander in Streit. Die
Iroschotten wollten mit Recht nicht begreifen, daß in der einen
katholischen Kirche, an welcher sie alle festhielten als dem un-
umstößlichen Gegenstand ihres Glaubens, überall dieselben
Bräuche herrschen mußten. Sie sträubten sich gegen diese
äußerliche Gleichmachung. Denn sie mochten ahnen, daß dieselbe nur auf Kosten des wahren innerlichen Glaubens zu
stande kommen werde. Sie hielten fest an des Apostels Wort:
der Buchstabe tötet, der Geist aber machet lebendig.

Wer von beiden gewann? Die zähe Beharrlichkeit des
Bonifatius trug den Sieg davon. Es ist nach einer Richtung
hin eine wehmütige Thatsache, daß das Volk sich hinter den

Missionaren, welche ihm die erste Kunde von dem Heil in Christo gebracht hatten, abkehrte und sich dem neuen römischen Bischof unterwarf. Und doch ist es erklärlich. Die Iren leisteten nur Stückarbeit, wenn dabei auch vieles Treffliche war. Sie schufen höchstens Gemeinden, aber nirgends Volks=kirchen. Nie haben sie es verstanden, einen einheimischen Priesterstand heranzuziehen. Als Fremde waren sie ins Land gekommen und fremd blieben sie darinnen. Demgegenüber verband den Bonifatius schon die Abstammung mit deutschen Landen. Er war eine ganz andere Natur, angelegt zum Kirchenmann, begeistert von der gesamten Einrichtung der katho=lischen Kirche. Der Sieg, den er errang, war ein endgültiger. Mit einemmal mußten die Iren das Feld räumen. Hätten sie auch nur einen bedeutenden Mann in ihren Reihen gehabt, welcher den Kampf mit gleichen Waffen hätte führen können, so wäre die Niederlage dieser keltischen Kirche sicher nicht so rasch erfolgt. Das Jahr 725 bildet die Grenze zwischen der irischen und römischen Mission.

Eine kräftige Erneuerung war notwendig. Die kirchlichen Zustände waren gänzlich zerrüttet. Viele waren getauft worden, aber mancher wußte nichts mehr davon. In den weitaus meisten Fällen war es zweifelhaft, ob die Taufe richtig vor=genommen worden war. Eine Reihe christlicher Priester kümmerte sich durchaus nicht um die kirchliche Ordnung; das Volk hatte keinen Sinn für dieselbe. Aberglauben herrschte allerwärts. Manche stellten an Bonifatius das Ansinnen, für ihre heidnischen Verwandten die Messe zu lesen, andere äußerten denselben Wunsch für solche, welche eine geordnete Kirchenzucht schon längst aus der Kirche hätte ausschließen müssen. Kurz: Bonifatius traf Mißstände grauenerregender Art an; ein schweres Stück Arbeit mußte er auf seine Schultern nehmen. Dabei bereiteten seinem ohnehin ängstlichen Gewissen manche durchaus gleichgültige Dinge Anstoß. Er wußte sich nicht zu helfen, als er erfuhr, daß viele Pferdefleisch aßen, ohne dabei etwas Unreines zu finden. Die Christen kauften sich unbedenklich Opferfleisch von heidnischen Götzenfesten, das auf dem Markte feilgeboten wurde, und genossen es ohne Ge=wissensskrupeln, wenn sie das Kreuzeszeichen darüber geschlagen hatten. (Vergleiche die Zustände in der ersten Christengemeinde zu Corinth, 1. Cor. 8.) Bonifatius wußte keinen anderen

Ausweg, als daß er dem Papst einen ausführlichen Bericht über diese Dinge vorlegte. Das war keine unmännliche Schwäche von Bonifatius, wie wir zu urteilen geneigt wären. Bonifatius meinte es herzlich gut bei diesen Bedenken; überdies hing sich der zeitgenössische Aberglaube mit seiner ganzen Zähigkeit gerade an derlei festliche Gelegenheiten.

Der heikelste Punkt war die römische Ehegesetzgebung. Dem Papst hatte es nachgerade gefallen, die Ehen bis zum siebenten Verwandtschaftsgrad *) zu verbieten. Außerordentlich lästig war die Bestimmung, daß Taufpathen einander nicht heiraten durften; sie seien „geistlich miteinander verwandt". Wer diese Vorschrift übertrat, beging nach römisch=katholischer Meinung eine Todsünde. Dem deutschen Geiste widerstrebten derlei Satzungen. Was dieselben bezweckten, nämlich Schutz der Keuschheit und Sittlichkeit, war größtenteils ein unverlorenes Gut der germanischen Stämme. Fürchterliche Strafen waren bei den Sachsen auf Ehebruch gesetzt. Es war allgemeine Sitte, daß der junge Mann sich erst spät verheiratete und alsdann rein in die Ehe trat. Von Vielweiberei war nirgends die Rede. In dem Weibe sahen die alten Deutschen etwas Heiliges und Prophetisches, und eheliche Liebe und Treue ist ein Vorrecht germanischer Stämme von jeher gewesen. Manchmal folgte die Witwe ihrem toten Gemahl, und Brynhild in der Sage verordnet, daß sie mit ihrem heißgeliebten Sigurd verbrannt werde. Der Verlobungsvertrag selbst galt als Eheschließung, und die Trauung, d. h. die Uebergabe der Braut auf Treue an den Bräutigam, welche an öffentlicher Stätte

---

*) Dabei ist zu beachten, daß die Verwandtschaftsgrade nicht nach der Zahl der verschiedenen Zeugungen festgestellt wurden, so daß Vater und Sohn im ersten Grad, Geschwister im zweiten miteinander verwandt wären. Vielmehr wurden dieselben gerechnet nach der Entfernung von den gemeinsamen Stammeseltern auf der längeren Seitenlinie, so daß Geschwister im ersten Grad, Onkel und Neffe erst im zweiten Grad miteinander verwandt sind. Wie weit sich auf diese Weise die Verwandt= schaften ausdehnen lassen, ist klar. — Nach der Darstellung des päpst= lichen Stuhls war unter den römischen Kaisern auf die Ehe zwischen Taufpathen die Todesstrafe gesetzt. Nun wissen aber die römischen Staatsgesetze gar nichts von einer sogenannten „geistlichen Verwandtschaft", welche ehehindernd hätte wirken sollen. Da entschied der Papst Zacharias (741—752): dieses Verbrechen sei eben so schwer gewesen, daß es dazu gar keines bestimmten Verdammungsurteils bedurft hätte. Nur nie verlegen sein um eine Auskunft!

durch den Vater oder Vormund vorgenommen wurde, war nichts als der feierliche Vollzug derselben. Es war demnach unnötig, das Gewissen des Volkes in dieser Beziehung zu schärfen. Andererseits empfanden es die Deutschen als Willkür, daß die Ehe zwischen Schwager und verwitweter Schwägerin oder zwischen dem Sohn und der verwitweten Stiefmutter verboten sein sollten. Diese Ehen mußten nach Volksanschauungen geschlossen werden: das war nichts, als Pflicht gegen die Sippe; denn die verwitwete Frau hatte den Schutz des nächsten Verwandten zu genießen. Selbst Bonifatius vermochte in diesem Punkte die kirchliche Ehegesetzgebung nicht zu billigen. Er hatte einem Mann die Ehe gestattet, welcher den Sohn eines Nachbars aus der Taufe gehoben und als eigenen Sohn angenommen, dann aber dessen verwitwete Mutter geheiratet hatte. Diese Ehe galt dem römischen Kirchenrecht für Ehebruch. Als Bonifatius diese Entdeckung machte, kam er in große Not. Er konnte sich einmal nicht von der Billigkeit dieser Vor= schriften überzeugen; und doch war es ihm schwer, Rom wider= sprechen zu müssen. Er schreibt an seine englischen Freunde und bittet dieselben um Auskunft. Er macht kein Hehl aus seinem Befremden über jene Gesetze und meint, alle Christen seien untereinander doch Brüder und Schwestern. Leider sind uns die Antworten aus England nicht aufbewahrt. Immerhin kam es offenbar zu einem Einverständnis zwischen Bonifatius und Rom.

Die thüringische Mission nahm einen lebhaften Aufschwung. An vielen Orten wurden Kirchen erbaut; die Zahl der Prediger mehrte sich. Der größte Teil der einheimischen Priester schloß sich Bonifatius an. Dieser führte treulich die Vorschriften des päpstlichen Stuhles durch. Beim Abendmahl durfte nur Ein Kelch benutzt werden — auch ein Beweis, daß dazumal den Laien in der katholischen Kirche der Kelch noch nicht ent= zogen war, wie heutzutage manchmal behauptet wird. Opfer= fleisch durfte von den Christen nicht genossen werden; das hätte sie verunreinigt. Viele Taufen waren nicht ganz ordnungs= gemäß erteilt worden; sie waren alle gültig, wenn sie nur auf den Namen der Dreieinigkeit vollzogen worden waren. Eine der Bestimmungen Gregors läßt einen Blick in das sociale Elend der Zeit thun. Es wurde angeordnet, daß gläubige Aussätzige zum Tisch des Herrn zugelassen werden müßten, aber nur getrennt von den übrigen Gemeindegliedern. Wie viele Thränen mag der Aussatz dazumal in deutschen Landen gefordert haben! Gewiß war Bonifatius nicht der letzte, sich ihres Elends anzunehmen.

Endlich war es ihm ermöglicht, ein Kloster zu errichten. Dies war ihm das liebste. Denn damit hatte er den betreffenden Gläubigen eines Landes jedesmal einen sichtbaren Mittelpunkt und Halt gegeben. Am Nordrand des Thüringerwalds erbaute er das Kloster Ohrdruff, zu welchem ihm ein Freund Grund und Boden geschenkt hatte. Dieser Erfolg munterte Bonifatius bei der harten Arbeit auf, welche über acht Jahre lang in diesen mitteldeutschen Gegenden auf seinen Schultern lag. Er war fast gänzlich auf sich selbst angewiesen. Seine Freunde thaten nur Handlangerdienst; er mußte Bahn brechen. Karl kümmerte sich wenig um ihn. Er hinderte seine Arbeit nicht, ließ ihm aber ebensowenig Unterstützung angedeihen. Willibrord hatte einstens in Karl einen äußerst gnädigen Gönner und Förderer seines Werkes. Dieser war eben ein schlichter Bote des Evangeliums. Der Missions= thätigkeit des Bonifatius gegenüber verhielt sich Karl beobachtend, ja kühl: er mißtraute seiner Anhänglichkeit an Rom.

10. Die englischen Missionsfreunde.

Hatte Bonifatius an dem römischen Stuhl einen kräftigen Rückhalt, so war ihm doch die Unterstützung von anderer Seite herzerfrischender. Die englischen Freunde nahmen den lebhaftesten Anteil an den Geschicken der deutschen Mission. Bonifatius verkehrte brieflich mit seinen Lieben aus der alten Heimat und war nicht säumig im Beantworten der Freundes= schreiben.

Auf der Insel Thanet schaltete und waltete im Marien= kloster die Aebtissin Eadburga, eine feingebildete Frau. Schon früh (seit 717) hatte sie mit Bonifatius in Verkehr gestanden. Sie begleitete ihn in der Fremde mit ihrem Gebet, schickte ihm manches gelehrte Buch und erfreute ihn mit allen mög= lichen Reliquien. Einst hatte Bonifatius die Freundin ge= beten, ihm die Briefe des heil. Petrus mit Goldbuchstaben abzuschreiben. Dieser Wunsch hatte einen doppelten Grund.

Die Augen des Bonifatius wurden immer schwächer, und er wollte doch die Worte des Mannes immer noch lesen können, welcher ihm seine Aufgabe gestellt hatte. Andererseits dachte er, durch die kunstfertige Schrift auf die sinnlichen Heiden zu wirken, welche das Gotteswort desto lieber hörten, je schöner es ihnen auch äußerlich entgegengebracht wurde. Die gewandte Frau hat dem Freund sicherlich seinen Wunsch erfüllt und blieb ihm bis an ihr Ende treu zugethan (751). Auch die Vorsteherin des Doppelklosters Barling pflegte persönliche Beziehungen mit dem deutschen Bischof. Besonders eng und vertraut war dessen Verkehr mit einer Jungfrau, namens Egburg. Sie war nicht viel älter, als Bonifatius. „Mit der Umarmung einer Schwester" will sie „seinen Hals umschlingen und ihn Vater und Bruder zugleich nennen". Sie hatte einst mit schwärmerischer Liebe an ihrem Bruder gehangen, welcher zugleich Freund des Bonifatius war. Da kamen böse Tage für sie: dem Bruder mußte sie weinend ins Grab nachsehen; die Schwester schmachtete in einem römischen Kerker; ihre Eltern waren offenbar nicht mehr am Leben. So von allen Seiten von Not umgeben, kam sie zu Bonifatius, und er wußte sie zu trösten. Ihre Sehnsucht nach ihm ist so groß, daß „der vom Sturm umhergeworfene Schiffer nicht so den Hafen ersehnt, die dürstenden Gefilde nicht so nach Regen lechzen, die angstvolle Mutter am gekrümmten Gestade nicht so den Sohn erwartet, wie sie selbst sich nach seinem Anblick sehnt." In solch harmloser und treuer Gemeinschaft verkehrten die beiden und stärkten einander. Manche bekümmerte Seele mußte Bonifatius aufrichten. Die vereinsamte Eangyth schüttet ihm ihr Herz aus über die mannigfachen Schwierigkeiten, welche das Amt einer Aebtissin mit sich bringt. Eine andere Frau bittet ihn um eine Sammlung heiliger Schriften, eine dritte befragt ihn um Rat in geistlichen Angelegenheiten, eine vierte versichert ihn ihrer Verehrung und Teilnahme; kurz: Bonifatius war in England keineswegs vergessen. Man lebte dort mit ihm, freute sich und duldete mit ihm.

Neben diesem freundlichen Frauenkreise hatte Bonifatius ausgedehnte Bekanntschaften unter der englischen Geistlichkeit. Des Bischofs Daniel ist schon mehrfach gedacht worden. Er hat die Freundschaft niemals gebrochen. Als er im hohen Alter erblindete und den Bischofstab in andere Hände legen

mußte, schloß auch dieser Nachfolger mit Bonifatius den Bund
der Freundschaft und Fürbitte. Ebenso stand Nothelm von
Canterbury in stetem Verkehr mit seinem Amtsgenossen auf
dem Festland. Auch er war Angelsachse und hatte die fremd=
ländischen Bischöfe von dem bedeutendsten Stuhl in Kent
verdrängt. Wegen seiner umfassenden Gelehrsamkeit und großen
Darstellungsgabe genoß er überall Verehrung; er arbeitete im
Archiv zu Rom und brachte von dort wichtige Aktenstücke für
den großen englischen Geschichtsschreiber Beda mit. Neben
Nothelm stehen die beiden Jugendfreunde des Bonifatius: der
Bischof Pehthelm und der Abt Dud. Viele Briefe hat der
Bischof mit diesen beiden Männern gewechselt.

Vor allem erregen unsere Aufmerksamkeit zwei englische
Freunde, welche des Bonifatius Ruf herüber nach Deutschland
geführt hat. In erster Linie steht da sein Lieblingsschüler
und späterer Nachfolger Lul. Geboren in Westsachsen, gehörte
er einer wohlhabenden Familie an (705). Der Knabe war
begabt, aber von unansehnlichem Wuchs, weshalb ihn sein
Abt scherzhaft „den Kleinen“ nannte. In früher Jugend war
er ins Kloster gekommen. In Nhutscelle hatte er Bonifatius
angetroffen, welcher dazumal eben seine Lehrthätigkeit ausübte.
Der Lehrer hat des Eindrucks auf den jungen Freund nicht
verfehlt. Später finden wir ihn in der Fremde. Voll von
Gedanken an Sünde und Schuld, begab er sich auf den Weg
nach Rom, um dort an Petri Grab Sühne von den Sünden
zu erlangen. Da raffte die Seuche die Seinigen weg und
als Waise stand er einsam auf italischem Boden. Mit knapper
Not entrann er selbst dem Fieber. Als er sich wieder erholt
hatte, stand sein Entschluß fest; er wollte seinen hochverehrten
Meister in Deutschland aufsuchen und an seiner Seite arbeiten.
Hier begann ein neues Leben für ihn. Denn in Bonifatius
hatte er seinen Mann gefunden, welcher ihn mit fester Hand
in das geistliche Amt einführte. Bei manchem harten Strauß
ist er ihm später treu zur Seite gestanden.

Neben Lul tritt Lioba. Sie war des Bonifatius nächste
Freundin, überdies noch mit ihm verwandt. Ihre Mutter,
ein kränkliches Geschöpf, fristete ein armseliges Leben. Der
Vater war ihr frühe gestorben. Sie selbst wuchs im Kloster
heran und wurde zu strengem Wandel angehalten. Trotzdem
so wenig Sonnenschein ihr Leben beschien, entwickelte sie sich

doch zu einer lieblichen Erscheinung. Freundlich gegen jedermann, bescheiden in ihrem Auftreten, gewinnt sie all ihre Genossinnen. Man spielt mit ihrem Namen und nennt sie die „Geliebte". In Speise und Trank zeigt sie sich so mäßig, daß man ihren Becher als „den Kleinen der Lieben" von den andern unterscheidet. Ihre ganze Haltung atmet frische Natürlichkeit und weibliche Herzlichkeit. Zu ihren frühesten Erinnerungen gehörte Bonifatius. Schüchtern und doch zärtlich wendet sie sich an ihn. Sie weiß nicht, ob er sich ihrer noch erinnert. Aber sie hat „Vertrauen zu ihm, wie zu keinem andern Menschen". Sie versucht sich im Dichten und schreibt ihm voll ungekünstelter Freude über ihre Reime: „Die Verslein hier unten habe ich zu dichten versucht nach den Regeln der Dichtkunst; ich war nicht kühn; aber ich wollte die schwache Anlage üben und bedarf, daß du mir hilfst." Eine innige Freundschaft zwischen beiden erwuchs. Sie betrachtet ihn als ihren Bruder. Was sich begiebt, berichtet ihre gewandte Feder, was sie bedarf, erzählt sie ihm unbekümmert. All ihre Herzensangelegenheiten werden ihm mitgeteilt. Sie ist ihm „seine geliebteste Schwester". Ueber ihren Namen dichtet er Rätsel. Gar oft hat sie ihm wieder einen Lichtblick geschenkt unter erdrückender Arbeit.

Was Wunder, wenn er gerade an sie dachte, als er Hülfskräfte in Thüringen vermißte. Er wandte sich an die Freundin mit der Bitte, rasch zu kommen und gleichgesinnte Genossinnen mitzubringen. Sie kam — so hören wir das Lob — „schön wie ein Engel, bezaubernd in ihrer Rede, wohlunterrichtet in den heiligen Schriften und kirchlichen Satzungen". Ein Gefolge von Frauen begleitete sie und nahm die Arbeit in Thüringen auf. Bonifatius überwies ihr das Kloster Bischofsheim an der Tauber. Damit hat Bonifatius einen der glücklichsten Gedanken verwirklicht. Niemand vor ihm war darauf gekommen, „die Erziehung der Völker durch die Erziehung der Frauen einzuleiten". Jene Frauenklöster bildeten nicht nur Stätten der Religion; sie waren wirkliche Bildungsstätten für Herz, Gemüt und Verstand. Die Deutschen verdanken der Sanftmut und dem liebevollen Takt jener angelsächsischen Frauen und Jungfrauen unendlich vieles.

11. Der Erzbischof (732).

Am 11. Februar 732 hatte Gregor II. die Augen geschlossen. Ein Mann syrischer Abkunft bestieg den päpstlichen Stuhl unter dem Namen Gregor III. Schon am 18. März fand die feierliche Handlung statt.

Für die Arbeit des deutschen Missionsbischofs hatte dieser Personenwechsel keine Folgen. Bonifatius versäumte nicht, sofort seinen Boten nach Rom zu schicken und sich und sein Werk dem neuerwählten Haupt der Christenheit voll Demut zu empfehlen. Gregor III. mochte schon vieles von den Verdiensten des Bonifatius vernommen haben, bestätigte die bisherigen Vollmachten und versicherte den Abgesandten der Gemeinschaft und Freundschaft des apostolischen Stuhls. Er wandte gerade diesem Missionswerk seine größte Aufmerksamkeit zu. Denn jeder Fortschritt in deutschen Landen mußte zur Erhöhung der Ehre der Kirche ausschlagen und befestigte das Ansehen des heiligen Stuhles.

Inzwischen seufzte Bonifatius unter der schweren Amtslast. Dem gewissenhaften Manne erschien es nachgerade nicht mehr möglich, den verschiedenartigen Anforderungen, die an ihn gemacht wurden, nachzukommen. In gedrückter Stimmung berichtete er nach Rom. Er bat um Abhülfe und dachte sich darunter einfach Enthebung von seinem Posten. Eine freie Wirksamkeit unter den Heiden wäre ihm dann möglich geworden. Das Mittel, welches Gregor III. wählte, war ein ganz eigentümliches. Er machte den Bonifatius zum Erzbischof (732). Damit hatte dieser einen Titel mehr, aber keine Erleichterung in seinem Amte. Wohl war ihm jetzt das Recht übertragen, in seinen Bezirken Bischöfe zu weihen; aber das half nicht viel, die nötigen Kräfte zur Auswahl fehlten. Es ist durchaus bezeichnend, daß der Papst gerade zu diesem Mittel griff. Ihm war das wichtigste, überall die kirchlichen Rangstufen ohne Lücke einzuführen. Bis jetzt hatte der Erzbischof gefehlt; jetzt sollte eine einheitliche Spitze geschaffen werden, unter welcher dann die ganze Kirche Mitteldeutschlands zusammengefaßt werden konnte. Zuerst die Priester! dann ein christliches Volk! so lautet die Losung des Vatikans. Jene sind die Hauptsache. Daß das ganze Volk in christlichem

Geist herangebildet werden würde, dazu nutzte der Titel eines
Erzbischofs äußerst wenig. Bonifatius selbst hat nie nach
dieser Ehre gestrebt, und gerade damals am allerwenigsten.
Er wollte Erleichterung des Amtes, nun drückte es noch
schwerer. Der Papst hatte ihm nicht geholfen.

Seine englischen Freunde waren es, welche ihm unter
die Arme griffen. Wie ein Feldherr verteilte Bonifatius seine
Hülfskräfte. Die einen verwendete er als Aebte für seine
Klöster, die andern mußten das Predigtamt übernehmen;
beides war nicht streng voneinander geschieden. Bald zeigte
sich der Erfolg. Hatte man früher nur an einzelnen Orten
das Wort von der frohen Botschaft vernommen, so hörte man
jetzt von Christo predigen auf den Gassen und Straßen und
Feldern. Regelmäßig kamen die englischen Wanderprediger
und gaben den zuströmenden Leuten genaueren Bescheid in
den Glaubensfragen. In den Höfen der Burgen sammelten
sich die Mannen mit ihrem Gesinde, um ausführlicheren
Unterricht im Christentum zu nehmen. Klöster wurden erbaut.
Zur Zeit, da Karl seinen großen Sieg über die Araber errang und so das Christentum gegen das Uebergreifen des
Mohammedanismus schützte, erhob sich an der Edder eine
hübsche Ansiedelung: Fritzlar. Ein englischer Kirchenältester
übernahm die Oberleitung, Wietbercht mit Namen. Dieser hat
sich außerordentlich verdient gemacht um die deutsche Mission.
Zunächst predigte er in einem Kirchlein dem lauschenden Volk,
das von fernher zuströmte. Bonifatius erkannte bald die ungemeine Fähigkeit des Mannes und schickte ihn nach Ohrdruff,
um auch dort alles in Ordnung zu bringen. Seit 738
widmete er dann alle Kräfte seinem Fritzlar, dessen Kloster-
schule er gründete und zu großer Blüte hob. Auch außerhalb
der Klosterzellen sah man den tüchtigen Mann, bald Beichte
abnehmend, bald Trost spendend an einem Krankenbett, bald
Kinder lehrend: ein rechter Seelsorger in jeder Beziehung.
Neben den Männerklöstern wurden auch solche für Frauen
gegründet. Die geschäftige Lioba haben wir nach Tauber-
bischofsheim gehen sehen. Ihr leutseliges Wesen gewann ihr
dort aller Herzen. Sie unterrichtete die Jungfrauen vorzüglich und machte sie tüchtig, andern Klöstern vorzustehen. So
wurden Ochsenfurt und Kitzingen gegründet. Ueberall regte
sich's wie ein schöner Frühling. Die angelsächsischen Frauen

9*

brachten den Geist höherer Bildung in die deutschen Gaue.
Ihrem stillen und sanften Wirken gelang es, die rohen An=
schauungen der germanischen Kraftnaturen zu überwinden.
Hatte Bonifatius am Tage von Geismar die Wurzel des
heidnischen Unkrauts mit kräftiger Hand ausgerissen, so fanden
diese englischen Frauen ihre lohnende Aufgabe in dem stillen
Begießen der langsam aufkeimenden christlichen Saat. Lioba
wirkte im Süden, ihre Tante Chunichilt im Norden; diese
hatte einen Kreis von Frauen um sich gesammelt und wirkte
in demselben Geist, wie ihre Nichte. Ihr eigenes Kind,
Berthgit, mußte sie in deutschem Boden begraben; trauernd
standen neben den fremden Frauen die deutschen Weiber und
weinten.

Durch solch thätige Beihülfe war es dem Erzbischof
möglich gemacht, seinen Pflichten nachzukommen. Mißlich war,
daß Gregor III. in Ehefragen ungemein strenge Forderungen
stellte. Auch fehlten die Schatten im kirchlichen Leben nicht.
Gregor mußte noch daran erinnern, daß ein Priester, welcher
Christus und Jupiter zugleich opfere, keine gültige Taufe ver=
richten könne. Mord unter Verwandten kam immer noch
vor; Sklaven wurden an Heiden verkauft, welche dieselben
ihren Götzen opferten. Die christliche Sitte war noch nicht
zur Herrschaft gelangt. Andererseits war die thüringische
Kirche noch nicht durch Reichtum erschlafft, noch nicht erstorben
in äußerlichen Bräuchen und Gewohnheiten. Frisch und an=
mutend ist das Bild, das sie zeigt: eine junge Kirche unter
eines alten Mannes Leitung. War doch Bonifatius ein
Sechziger geworden. Aber die Jahre lähmten seinen Eifer
nicht. Er weiß zwar, daß er auf schwerem Posten steht,
und vergleicht sich mit dem Schiff, das der Wind hin=
und hertreibt. Doch steht er mitten in der Brandung wie
ein Fels, an dem sich die Wogen brechen.

12. Erster bayerischer Aufenthalt (735).

Eben dies, daß Bonifatius noch ein weiteres Arbeitsfeld
in Angriff nahm, beweist seine ungebrochene Kraft. Er ging
nach Bayern.

Der letzte selbständige Herrscher in staatlicher und kirch=
licher Beziehung war Theodo II. gewesen. Er hatte sein

Reich mit seinen Söhnen geteilt (702), war nach Rom gereist
und hatte als selbständiger Fürst jene Abmachungen mit dem
Papst getroffen, von welchen oben die Rede war (716). Nach
seinem Tode (717 oder 722) brachen Unruhen aller Art aus.
Sein ältester Sohn starb rasch (724). Der von ihm ein=
gesetzte Nachfolger Hucbert wurde nicht anerkannt. Er wandte
sich um Hülfe an die Langobarden, welche ihre Unterstützung
zusagten und die Etschgegenden besetzten. Nun griff Karl ein.
Mit einem mächtigen Heer drang er bis zur Donau vor und
bemächtigte sich des bayerischen Gebietes (725). Doch mußte
Hucbert noch bis zum Jahre 728 kämpfen, ehe er allgemein
anerkannt wurde.

Nachdem die staatlichen Verhältnisse gesichert waren, lag
es nahe, den kirchlichen die Sorgfalt zuzuwenden. Das Leben
der Geistlichkeit lag in tiefem Verfall. Sie kümmerte sich
nichts um kirchliche Ordnungen, gebrauchte die kirchlichen Ein=
richtungen nach Belieben und zeigte wenig christlichen Sinn.
Deshalb kam Bonifatius (735). Das Land stand ja unter
Karls Oberherrschaft; sein Schutzbrief schützte ihn. Hucbert
nahm eine schwankende Haltung ein; er benahm sich ähnlich
wie Karl. Nirgends warf er Bonifatius Steine in den Weg,
ebensowenig unterstützte er ihn. Bonifatius war auf sich und
seine Genossen angewiesen. So eifrig er auch die Reisepredigt
betrieb, so viele Kirchen er visitierte, so streng er gegen wider=
strebende Priester vorging, im ganzen konnte er doch wenig
ausrichten. Sein Ansehen in Bayern war zu gering. Er
gab nur Anregungen; weiter war ihm nichts möglich. Wie
er einstens bei seinem ersten friesischen Aufenthalt mit einer
genauen Kenntnis der Umstände hatte vorlieb nehmen müssen,
so auch jetzt in Bayern. Die Schwierigkeiten seiner Aufgabe
waren eben ungeheure.

Bonifatius glaubte in diesem Augenblick sein Ziel erreicht
zu haben. In Hessen=Thüringen hatte er mit Hülfe seiner
englischen Freunde eine Kirche gegründet, in Bayern kam man
ihm nicht entgegen, er selbst hatte zu wenig Macht. „Nun
fühlte er sich frei." Nicht als hätte er die Hände in den
Schoß legen wollen; aber er sehnte sich nach freier und eigent=
licher Missionsthätigkeit unter Heiden. Freudig hatte er die
Aufgabe, welche ihm der Papst gestellt hatte, übernommen,
ohne Murren hatte er sie erfüllt und in teilweise schon christ-

lichen Gegenden eine römisch=katholische Kirche gegründet.
Aber in seines Herzens innerstem Grund wünschte er eine
andere Thätigkeit. Heidenmissionar zu sein, war und blieb
sein Höchstes. Er ahnte nicht, warum der Papst ihn zuerst
zu halb christlichen Völkern geschickt und die heidnischen Sachsen
scheinbar übersehen hatte. Zu diesen zog es ihn mit aller
Macht. Er wollte, daß es überall Licht werde. Den Erz=
bischof gab er gern daran, wenn er nur Heidenapostel sein
durfte. Mit derlei Entwürfen begab er sich Sommer 738
nach Rom.

13. Dritte Romreise (738).

Dies ist die bedeutungsvollste aller Romreisen des
Bonifatius.

Von vielen Schülern begleitet, begab sich der Bischof auf
den Weg und erreichte ohne Zwischenfall die „heilige Stadt".
Die Aufnahme im Vatikan war eine äußerst gnädige. Man
wußte zu schätzen, was dieser Mann für Rom geleistet hatte.
Keineswegs wollte man ihn aus seinem Dienst entlassen.
Gregor meinte, er habe ihn nicht umsonst zum Erzbischof
gemacht. Als solcher müsse er sein Amt weiterführen. Und
was waren die wesentlichsten Aufgaben dieses Amtes? weit
mehr kirchliche Verwaltungssachen, als Predigt des Evan=
geliums. Es bedurfte langwieriger Verhandlungen zwischen
dem Papst und seinem Erzbischof, bis die Umrisse des Ent=
wurfs im allgemeinen festgestellt waren. Der Papst betrachtete
alles bisherige nur als Vorarbeit. Bayern darf um keinen
Preis aufgegeben werden; im Gegenteil: die bayerische Kirche
muß der römisch=katholischen eingegliedert werden. Dabei ist
das Nachbarland Alamannien zu berücksichtigen. Die hessisch=
thüringische Kirche genügt noch nicht; sie muß, um lebensfähig
zu werden, in mehrere Einzelbezirke geteilt und diese vom
Erzbischof mit Bischöfen versehen werden. Ein großer Plan!
immer weitere Kirchen werden hereingezogen und die Maschen
des Netzes, das sich um die mitteldeutsche Kirche legt, immer
fester zusammengezogen. Man wußte in Rom genau, was
man wollte. Der fränkischen Kirche wollte man eine Gegen=
kirche gegenüberstellen. Diese sollte unter Bonifatius Leitung
stehen, thatsächlich aber allein Rom ihren Bestand verdanken.

Man wollte die fränkische Kirche zwingen, auch diesem all=
gemeinen Verband beizutreten, auch sich dem Papst ganz zu
unterwerfen. Nicht zufrieden mit dem Sieg, welchen Boni=
fatius für das Christentum erstritten hatte, stellte der Papst
einfach die Frage auf: welche Kirche soll lebenskräftiger sein,
die fränkische, welche sich ihre eigene Verwaltung vorbehält,
oder die römisch=katholische, welche den Papst als obersten
Richter und Gesetzgeber anerkennt? Und dieser Frage folgte
sofort die Forderung: Rom muß siegen und Bonifatius muß
Rom zu diesem Siege verhelfen.

Kümmerte sich denn aber der Papst gar nicht um den
Lieblingswunsch seines treuesten Dieners? Man sollte doch
denken, er hätte freudig in den Plan eingewilligt, die Grenzen
des Evangeliums unter den germanischen Stämmen zu er=
weitern. Allerdings; der Papst billigte den Entschluß des
Bonifatius. Aber das erschien ihm nicht als Hauptsache. Er
konnte ihn ruhig gut heißen; denn durch die übrigen Aufgaben,
die er ihm stellte, war es Bonifatius zunächst rein unmöglich
gemacht, zu den Sachsen zu gehen. Was der Papst mit der
einen Hand gab, das nahm er mit der andern. Desto rühren=
der ist die Freude, welche Bonifatius über diesen kleinen, in
Wirklichkeit nur scheinbaren Erfolg hatte. Man spürt es ihm
an, wie sein Herz höher schlägt bei dem Gedanken, in un=
wirtlichen Gegenden Christi Namen zu verbreiten. An alle
englischen Bischöfe, Aebte, Mönche, Nonnen, kurz, an alle
katholische Christen, welche Gott fürchten, wendet er sich in
einem Schreiben und fordert sie auf, mit Gebet und Fürbitte
für die Sachsen einzutreten. Seien diese doch ihre Stammes=
genossen; zwei Päpste, fügt er dankerfüllt hinzu, haben seine
Pläne gebilligt. Desto lebhafter möchte ihr Gedenken an die
„in Satans Stricke gefangen Gehaltenen" sein.

Bonifatius hatte den Auftrag des Papstes übernommen,
und hatte er sich einmal zu etwas verpflichtet, so war sein
ganzes Herz dabei. Sein Auge musterte die vielen Genossen,
welche in Rom waren. Er suchte einen tüchtigen Mitarbeiter.
Besonders ging er die Reihen seiner Landsleute durch und
fand da bald, was er suchte. Ein Verwandter von ihm,
namens Wunnibald, hatte sich in einem römischen Kloster
niedergelassen. Er war eine Natur, so recht angelegt zum
beschaulichen Leben, ohne viel Verständnis und Neigung zum

handeln. Der ältere Bruder hatte ihn einst aus seiner englischen Klosterzelle herausgerissen. Auch dieser war Mönch
mit Leib und Seele; sonst das gerade Gegenteil seines Bruders:
feurig und von eiserner Willenskraft. Er hatte nicht geruht,
bis Vater und Bruder zur Wallfahrt nach Rom sich entschlossen hatten. In ihm wohnte der rauhe Geist eines
Columba, der Vater und Mutter verläßt, um Christo anzuhangen. Mit glühender, fast unheimlicher Beredtsamkeit riß
Willibald — so hieß er — den Vater von der Seite seines
Weibes, das er von Herzen lieb hatte und das er nicht einsam
den mannigfachen Nöten des Lebens preisgeben wollte. Hinüber übers Meer, durchs Frankenreich hindurch wanderten
die Drei. Sie kamen an die Alpen. Es war Herbst geworden.
Sollte man nicht rasten und auf den Frühling warten? Doch
Willibald drängte vorwärts. Mit der letzten Kraft überstieg
der Vater die Alpen: drüben brach er zusammen. Trauernd
senkten die Söhne den Leichnam in die fremde Erde. Aber
Willibald stürmte vorwärts nach Rom, und auf den Stufen
vor der Peterskirche war beider Herz voll von Freude und
Dankbarkeit. Wunnibald hatte damit sein Ziel erreicht. Er
blieb in Rom, während es den älteren Bruder weiter zog in
das Land seiner Sehnsucht: Palästina. So kam es, daß
Bonifatius den Wunnibald im Kloster traf. Er stand damals in der besten Manneskraft, und der Erzbischof verstand
es, ihm die thätige Arbeit am Reiche Gottes durch Predigt
und Unterweisung als höhere Pflicht hinzustellen, denn das
bequeme Klosterleben. Frühjahr 739 verließ Bonifatius
Rom, Wunnibald an seiner Seite. Es sollte ein Abschied für
immer sein, den diesmal der große Erzbischof von Rom nahm.
Der Weg, den er jetzt betrat, war ein dornenvoller.

14. Zweiter bayerischer Aufenthalt.

In Bayern hatte sich seit dem Tode Hucberts manches
geändert. Karl hatte einst als Beute des Feldzugs die schöne
Svanahilt mitgenommen, welche den Hausmeier zu umstricken
verstand. Einen ihrer Verwandten, Odilo, erhob er nun auf den
bayerischen Thron. Dieser interessierte sich außerordentlich für
die kirchlichen Fragen. Sofort lud er Bonifatius ein, welcher
eben von Rom kam. Freudig machte sich dieser an die Arbeit.

Bisher war das Kirchenregiment teils von den Klöstern, teils von den Bischöfen älterer Zeit ausgeübt worden. Je nach den Ortsbedürfnissen richtete sich die Verwaltung, und auf den Papst hatte man bislang keine Rücksicht genommen.

Bonifatius schuf jetzt eine streng gegliederte römisch-katholische Kirche mit abgeteilten Bezirken. Was sich von altem noch brauchen ließ, nahm er in den neuen Bau auf; alles andere mußte weichen. In ganz Bayern entdeckte er einen einzigen Bischof, welcher die päpstliche Weihe empfangen hatte. Dieser war Vivilo von Lorch. Lorch, die alte Feste, war feindlichen Ueberfällen von seiten der Avaren unterlegen (738). Der Bischof war nach Passau gezogen und diese Stadt bildete jetzt nach Erkenntnis des Bonifatius den Mittelpunkt des ersten Amtsbezirkes. Neben Passau erstanden drei weitere Bistümer. Die alte Hauptstadt des Landes war Regensburg. Das eignete sich gut für einen Bischofssitz. Woher war der Bischof aber zu bekommen? Die Aebte des Klosters, das Emmeran erbaut hatte, hatten bis dahin die Verwaltungsgeschäfte der Kirche besorgt. Aehnlich wie in den Klöstern der Iren und Schotten war hier ein Mönch mit der Bischofsweihe versehen. Allein Bonifatius konnte ihn nicht brauchen: war doch die Weihe nicht von Rom aus erteilt. Deshalb ernannte er selbst einen Bischof und schuf damit den zweiten Amtsbezirk Regensburg. Das schön gelegene Salzburg wurde zum Mittelpunkt des dritten Bezirks erwählt und der vierte sollte von Freisingen aus geleitet werden. Die Bayern sahen teilweise nicht gut zu dieser Neuordnung. Sie meinten, ihre Geistlichen hätten auch Bischöfe werden können. Bonifatius trug dieser Mißstimmung Rechnung. An Freisingen knüpfte sich der Name Korbinians († 730), welcher dort ein Kloster gestiftet haben soll. Deshalb setzte er auf den dortigen Bischofstuhl des Vielgenannten Bruder.

Unerwartet schnell war diese Neuerung durchgeführt. Diesmal hatte eben Bonifatius die Großen des Landes auf seiner Seite und der Herzog selbst erleichterte durch seinen kirchlichen Eifer die Arbeit ungemein. Bereits im Oktober ging ein Schreiben nach Rom ab, welches die freudige Nachricht enthielt. Gregor III. war denn auch ganz überrascht. Sein Antwortschreiben überströmt von Dankesworten. Gott habe seinen Engel vor Bonifatius hergesandt, ihm den

Weg zu bereiten. Dem Gott, von dem alle gute Gabe komme, gebühre der Dank, und dieses Werk sei ein neuer Beweis der Wahrheit jenes Apostelwortes, daß denen, die Gott lieben, alle Dinge zum Besten dienen. Und doch war eigentlich nur das kirchliche Gerüste aufgerichtet und die äußerliche Ordnung hergestellt. Aber das war eben dem Vatikan die Hauptsache. Alles wird genehmigt, was Bonifatius angeordnet hatte. Nochmals wird demselben eingeschärft, nie einen Priester den Bischofstuhl besteigen zu lassen, der nicht die römische Weihe erhalten hätte. Etwas freilich war dem Papst nicht gelungen. In seiner Machtvollkommenheit hatte er an die Bischöfe von Passau, Straßburg, Augsburg und Speyer ein Schreiben gesandt, mit dem Befehl, sich alle zu einem Kirchentag zu= sammenzufinden, bei welchem sein Gesandter Bonifatius den Vorsitz führen sollte. Dazu verstanden sich denn doch jene Bischöfe nicht so ohne weiteres. Der Papst mußte den Ge= danken fallen lassen. Desto dringender ermahnte er Bonifatius, wenigstens mit den bayerischen Bischöfen einen Kirchentag an der Donau zu halten.

Dieser Kirchentag fand im folgenden Jahre (740) statt. Da war manches zu erledigen. Bonifatius war es darum zu thun, christliches Leben zu pflanzen und zu pflegen. Der Papst hatte ihm die Aufrichtung von Bistümern befohlen. Das hatte er nun erfüllt. Ihm erschienen dieselben nur ein Mittel. Er wollte unmittelbarer christliches Leben stiften. Zwischen streitenden Priestern schaffte er Eintracht. Mit allem Eifer drang er auf reichlicheren Besuch des Gottesdienstes. Einen großen Fehler sah er darin, daß bisher noch nicht fest= stehende Sitte war, Beichte abzulegen. Daran sollte jedes Gemeindeglied sich gewöhnen. Die Ehen wurden noch immer ohne kirchlichen Segen geschlossen. Er setzte wenigstens durch, daß von jetzt ab die weltlichen Behörden verpflichtet waren, den Geistlichen den Vollzug von Eheschließungen mitzuteilen. Der Kirchentag beschloß ferner Einführung der wöchentlichen und jährlichen Fasttage, strenge Kirchenzucht gegen Meineidige und Unsittliche, scharfe Maßregeln gegen Trunksucht. Diese Dinge bedeuteten eine Umgestaltung der Kirche im besten Sinne.

Bonifatius selbst sorgte dafür, daß diese Beschlüsse auch durchgeführt wurden. Ueberall regte sich ein geistigeres Leben. Viele Stiftungen wurden gemacht, Klöster und Kirchen gebaut, der Gottesdienst reichlich besucht. Hoch und nieder wetteiferte, die Kirche zu heben. Und des Bonifatius Geist sorgte dafür, daß auch der Sauerteig des Evangeliums sich geltend machte. — Noch treffen wir hier die Spuren jenes ehrwürdigen Pirmin, welcher einst auf der Reichenau so segensreich wirkte. Seine Schüler durchzogen das Bayerland und gründeten eine Reihe von Klöstern, so Altaich (704), Monsee, Osterhoven, Pfaffenmünster. Im bayerischen Hochland mit seinen lieblichen Seen, die fernab vom Getriebe des Marktes liegen, zogen in stiller Andacht zahllose Mönche zur Messe. Hier im Bayerland treffen Bonifatius und Pirmin zusammen, in denselben Schöpfungen ihres Geistes. Man erzählt sogar, Pirmin sei noch nach Würzburg gereist und habe sich dort mit dem Erzbischof besprochen. Zwei Jahre vor diesem ist er zur ewigen Ruhe heimgegangen.

15. Karl Martell und Gregor III.

Während so in deutschen Landen die römisch-katholische Kirche einen Erfolg um den andern erlebte, ging ein tiefer Riß durch die gesamte Christenheit. Der oströmische Kaiser Leo (regierte von 716 an) wollte Alleinherrscher sein. Dabei stand ihm die Macht der Kirche hinderlich im Weg. Er fragte sich, wodurch Mönche und Priester hauptsächlich über die Massen des Volkes herrschten; da kam er zu der Antwort: nicht zum wenigsten durch die Menge von Bildern und Kreuzen, welche in den Kirchen auf den Altären, an den Häusern und Wegen aufgestellt waren. Hier wollte er einsetzen und die Bilder verbieten, um die Macht der Geistlichen zu brechen. Er erließ ein Verbot der Bilder und des Bilderdienstes (726). Infolgedessen erhob sich ein gewaltiger Streit in der gesamten Kirche des Morgenlandes. Ist die Verehrung der Bilder erlaubt oder nicht? das war die brennende Tagesfrage. Auch das Abendland mischte sich in den Streit. Der Papst widersprach dem Kaiser und weigerte sich, seinen Erlaß durchzuführen. Es war damals Gregor II. Auch Gregor III. hatte sich sofort bei seinem Amtsantritt auf seiten seines Vorgängers gestellt. Auf einem Kirchentage bedrohte er alle Feinde der in der Kirche üblichen Bilder mit der Strafe des Ausschlusses aus der kirchlichen Gemeinschaft (731). Eine

derartige Auflehnung gegen seine Befehle konnte der Kaiser
nicht ungestraft hingehen lassen. Er nahm dem Papst die
Landschaften am Adriatischen Meer, über welche derselbe bis
dahin geherrscht hatte. Ueberdies sammelte er ein ansehnliches
Heer, um den ungehorsamen Untergebenen zu züchtigen. Allein
Schiff und Mannschaft gingen in einem furchtbaren Sturm
kläglich zu Grunde. Jetzt rächte sich der Kaiser, indem er
dem Papst eine jährliche Geldeinnahme von 35000 Goldstücken
entzog. Aber alles fruchtete nichts; der Papst beharrte auf
seiner Meinung. Unklugerweise verfeindete er sich noch den
langobardischen Hof in Mailand. Ein italischer Herzog hatte
sich offen gegen den Langobardenkönig empört. Gregor III.
nahm denselben gastfreundlich auf und verweigerte trotzig seine
Auslieferung. Nun belagerten die Langobarden Rom, ver-
heerten die Felder der Campagna. Vornehme Römer wanderten
in die Gefangenschaft und wurden dort gezwungen, langobardische
Haartracht und Kleidung anzunehmen.

In dieser Not schaute sich Gregor III. nach einem Retter
um (739). Er konnte sich an keinen andern wenden, als an
Karl Martell. So schickte er Gesandte zu dem mächtigen
Herzog; diese brachten ihm als Ehrengeschenk die Schlüssel
zum heil. Grab des Petrus, womit ihm die Pflicht aufgelegt
werden sollte, dieses Grab mit Waffen zu verteidigen. Kost-
bare Gaben, besonders alle möglichen Reliquien, sollten die
Bitte unterstützen, selbst nach Rom zu kommen und mit seinen
Truppen die Langobarden zu schlagen. Das war ein Ereignis.
Die Franken fühlten sich hoch geehrt. Das stolze Rom flehte
sie um Hülfe an. Sie durchschauten den Papst wohl; sie
merkten, daß sich derselbe aus der botmäßigen Stellung zum
oströmischen Kaiser und zu dem Langobardenfürsten frei machen
wollte und zu dem Zweck mit ihnen, den Franken, einen Bund
schließen. Sie sollten Konstantinopel und Mailand im Schach
halten und Rom decken. Dieser Antrag war bestechend für
ein ehrliebendes Volk, wie die Franken es waren. Allein
Karl war ein besonnener Fürst. Er wollte zuwarten. Zudem
war er mit dem Langobardenfürsten Liutprand aufs freund-
schaftlichste verbunden. Ihm hatte er seinen Sohn Pippin
zugeschickt, damit er ihm den jugendlichen Haarschmuck ab-
nehme und ihn dadurch für mündig erkläre. Und Liutprand
hatte die Bitte erfüllt und den Herzogssohn königlich beschenkt

entlassen (735). Ueberdies hatte er Karl geholfen, die Araber zurückzuschlagen (739). Kurz: Karl hatte gar keinen Grund, sich auf einmal mit Liutprand zu überwerfen.

Deshalb wurden die päpstlichen Gesandten mit reichen Geschenken entlassen. Von kriegerischer Unterstützung aber fiel kein Wort. Karl wollte neutral bleiben. Der Papst gab dennoch die Hoffnung auf eine Annäherung nicht auf. In einem zweiten Briefe schilderte er Karl seine Lage in schwarzen Farben. Die Langobarden haben ihm alles geraubt, selbst die Geschenke, welche ihm Karl zugeschickt habe. Er sei entsetzlich daran und wisse sich nicht zu helfen. Demgegenüber unterließ es Liutprand nicht, seinerseits Karl zu unterrichten; er legte allen Nachdruck darauf, daß der Papst die treulosen Herzöge von Spoleto und Benevent in ihrer Empörung bestärke. Karl billigte vollkommen das Vorgehen des Langobardenfürsten und weigerte sich, dem Papst zu helfen. Gregor ließ noch nicht nach. Er sandte einen Getreuen (740) und beklagte sich in einem Schreiben bitter über die Enttäuschungen, welche die apostolische Kirche an ihren Söhnen zu erfahren habe. Voll Ingrimm schilderte er die Räubereien der feindlichen Truppen, welche es wagen, die dem heil. Petrus gehörigen Gehöfte niederzubrennen und das Vieh fortzutreiben. Ja, er greift den stolzen Frankenherzog an seiner Ehre an, indem er ihm die Spötteleien der Langobarden mitteilt: es möge doch kommen euer Karl, zu dem ihr eure Zuflucht genommen habt; wenn sie's vermögen, so sollen sie euch doch helfen, diese Franken! Was Liutprand dem Karl geschrieben, sei einfache Lüge; Karl solle so etwas nicht glauben. Rührend fleht er, einen eigenen Boten nach Rom zu schicken, der sich genau über die Lage unterrichten könnte. Eine besondere Gesandtschaft überbrachte Karl die Beschlüsse der römischen Großen; diese erklärten: sie seien willens, ihr Unterthanenverhältnis zu dem römischen Kaiser zu lösen und Karl die Herrschaft über alle römischen Stadt= und Landgemeinden zu übertragen. In der That! Rom bettelte in den kläglichsten Tönen um Hülfe.

Karl empfing die Gesandten mit allem Glanz. Er entließ sie reich beschenkt. Aber die Antwort behielt er sich vor. Er beriet sich mit seinem Volk. Der schließliche Entscheid lautete von neuem abschlägig. An den Grenzen standen die Araber; im Innern drohten Unruhen auszubrechen. Da konnte es Karl nicht mit den Langobarden verderben. Er kümmerte sich nicht um die Klagen des apostolischen Stuhles. Der Papst war an seiner Notlage selbst schuld — mochte er sich nun auch selbst daraus helfen!

16. Erneute Thätigkeit in Hessen-Thüringen (740. 741).

Für Bonifatius war der eben erwähnte Handel zwischen Gregor und Karl von den angenehmsten Folgen begleitet. Karl hatte dem Papst gegen Liutprand nicht helfen können. Aeußerst gerne benützte er nun die Gelegenheit, dem Papst jeden Verdacht zu benehmen, als würde er feindlich gegen ihn gesinnt sein. Diese Gelegenheit wurde ihm dadurch geboten, daß Bonifatius dem päpstlichen Auftrag gemäß sich nach Thüringen begab, um dort die notwendigen kirchlichen Einrichtungen zu treffen. Unterstützte er hier Bonifatius, so war er gegen Roms Angriffe gedeckt.

Unterdessen war Thüringen nicht ohne kirchliche Pflege geblieben. Bonifatius hatte dorthin Wunnibald entsendet und dieser gewann der Missionsarbeit immer mehr Geschmack ab, arbeitete sich tüchtig in dieselbe ein. Jetzt kam der Erzbischof selbst. Es handelte sich darum, geeignete Stellen für die Gründung von Bischofssitzen herauszufinden. In einem der völkerreichsten Striche lag das Städtchen Büraburg. Hier hatte er einst gepredigt und die Wodanseiche gefällt. In der Nähe lag das Klösterlein Fritzlar; außerdem war gerade an diesem Punkt das Volksheiligtum des hessischen Stammes gelegen. Das Andenken daran wollte Bonifatius verdrängen, indem er Büraburg zum christlichen Bischofsitz machte und seinen Landsmann Witta dort zum Bischof weihte († 786). Thüringen selbst brauchte zwei Bischofsitze: Würzburg und Erfurt wurden dazu gewählt und tüchtigen Männern unterstellt.

Etwa zu derselben Zeit (740) erteilte Bonifatius dem älteren Bruder des Wunnibald die Priesterweihe in Bayern. Wie war denn Willibald hieher gekommen? Wir sahen, wie der energische junge Mann nach Palästina eilte. Sieben Jahre hielt er sich im Morgenlande auf. Keine Wallfahrtsstätte ließ er unbesehen, keine Reliquie unbeachtet. Nachdem er seiner

Leidenschaft genug gethan, kehrte er wieder nach Rom zurück
(729), und wie er vorher eifrig von einer Stadt zur andern
geeilt war, so eifrig gab er sich jetzt den mönchischen Obliegen=
heiten hin. Was er that, that er mit Leib und Seele. Zehn
Jahre waren vergangen, da erfuhr er von Bonifatius. Der
Entschluß seines jüngeren Bruders reizte ihn; die Arbeit in
deutschen Landen lockte seinen wandersüchtigen Geist. Um das
Osterfest verließ er Rom, überschritt die Alpen und begab sich
unmittelbar zu Herzog Odilo, dem er vielleicht empfohlen war.
Es traf sich hübsch, daß Bonifatius eben damals von einem
bayerischen Grafen ein kleines Gut zum Geschenk erhalten
hatte. Es war eine waldige Höhe, mit einem Marienkirchlein
geschmückt. Eichstätt, hieß der Ort, wegen der umliegenden
prachtvollen Eichenwälder. Bonifatius übergab diese Wald-
kapelle dem eifrigen Mönch. Er wollte vielleicht eine Probe
mit ihm machen. Willibald bestand dieselbe; schon nach einem
Jahre weihte ihn der Erzbischof zum Bischofsamt, wenn er
ihm auch zunächst keinen Sprengel für seine Amtswirksamkeit
anweisen konnte.

Im selben Jahre (741) hatte Bonifatius auch die drei
Bischöfe für die obengenannten Bistümer geweiht, und als
treuer Diener des päpstlichen Stuhles berichtete er sofort nach
Rom über seine Wahl. Erst wenn der Papst dieselbe bestätigt
habe, so meinte er, würde seinen Schöpfungen volles Leben
verliehen sein. In Rom hatte ein neuer Papst die Herrschaft
angetreten: Zacharias (741—752), ein Grieche von Geburt,
und klug, wie sein Volk. Bonifatius versicherte ihn seiner
vollsten Unterthänigkeit und seines unermüdlichen Eifers für
den katholischen Glauben und die Einheit der römischen Kirche.
Zacharias erteilte in einer Bulle (743) die Genehmigung der
getroffenen Einrichtungen. Er spielte jedoch darauf an, daß
nach kirchlichen Satzungen Bischofsitze nicht an kleinen Städten
oder gar Dörfern errichtet werden dürfen. Damit wollte er
offenbar sofort an den Handlungen seines Erzbischofs etwas
aussetzen — wie kleinlich! Gregor III. hätte dies dem verdienten Mann gegenüber nicht gewagt, und wenn, so hätte er
sofort gezeigt, wie er es hätte anders machen können. Und
Bonifatius, dieser ängstliche und besorgte Mann, hatte alles
so reiflich überwogen! Da mußte ihn ein solcher Tadel verletzen. Zacharias gebärdete sich sofort als der „Herr" und

ließ seinen Erzbischof die untergeordnete Stellung fühlen. Desto demütigender mußte für ihn der Gang der Ereignisse in Thüringen werden. Mit dem feierlichen Bombast, welcher in der Redeweise der römischen Bullen beliebt wird, hatte Zacharias erklärt, daß es niemals irgend jemand erlaubt sein dürfte, auf irgend eine Weise das umzustoßen, was er hiermit festgesetzt habe. „Wir haben dies zum festen Beschluß erhoben kraft der Autorität des seligen Petrus." Und kaum hatte dies der Papst geschrieben: da mußten zwei der oben genannten Sprengel wieder eingehen; Büraburg und Erfurt verloren ihren Bischof: warum? ist nicht recht aufgeklärt. Jedenfalls hatten des Papstes Worte wenig genützt, und wenn auch ein Zacharias sie aussprach. Das beste, was er jetzt thun konnte, war, daß er schwieg.

17. Erster deutscher Kirchentag (742).

Unterdessen war im Frankenland eine gewaltige Aenderung eingetreten. Karl hatte schon einige Zeit gekränkelt. Er konnte sein Schloß an der Isère nicht mehr verlassen. Noch vor seinem Tode hatte er der listigen Svanahilt nachgegeben und wohl ohne den Beirat der Großen bei der Verteilung des Reiches auch ihren Sohn Grifo berücksichtigt. Dann verfiel er in ein heftiges Fieber. Erst 50 Jahre alt, entschlief er zu Kiersy am 21. Oktober 741. Die beiden Söhne teilten sich in das Reich. Karlmann erhielt Austrasien, Pippin Neustrien. Dem Grifo war eine kleine Herrschaft innerhalb des Reiches zugedacht. Allein die ränkesüchtige Mutter stiftete ihren Sohn auf; dieser griff zu den Waffen, wurde aber bald gefangen genommen. Sein Erbe wurde geteilt, Svanahilt mußte ins Kloster gehen. Doch fühlten sich die beiden Brüder noch nicht sicher. Sie wollten niemanden einen scheinbar rechtsgültigen Vorwand zum Kampfe gegen sie lassen. Deshalb setzten sie Childerich III. aus dem Merovingergeschlecht auf den Königsthron und begnügten sich mit der Hausmeierwürde.

Beide Fürsten wandten sich sofort den kirchlichen Fragen in ihren Reichen zu. Karlmann, wahrscheinlich im Kloster St. Denis auferzogen, hatte sich aus jenen Tagen eine lebhafte Teilnahme für alle kirchlichen Angelegenheiten bewahrt und war sogar selbst von einem Zug zum Mönchtum nicht frei. Trotzdem an allen Grenzen die Feinde standen, sorgte er bereits für Ordnung in seiner Kirche. Diese war allerdings mehr als nötig. Aus dem Munde älterer Franken konnte man hören, daß schon mehr als 80 Jahre kein Kirchentag mehr gehalten worden sei. Von einem Erzbischof wußte man nichts; viele Bischofstühle waren und blieben unbesetzt; von einer genauen Sprengeleinteilung war nirgends die Rede. Die Bischöfe waren zum größten Teil habsüchtige Laien, welche ihre Pfründen höher schätzten, als das Heil ihrer Pfarrkinder, oder verbuhlte Geistliche, welchen nichts mehr heilig war. Ein Bischof namens Milo besaß 40 Jahre lang hindurch zwei Bistümer nebeneinander, denn Karl hatte über dieselben durchaus willkürlich verfügt. Jener Milo hatte nie eine kirchliche Weihe empfangen. Seine Freude war der Krieg, sein Aufenthalt das Lager. Allüberall herrschte sittliche Verwilderung in hohem Grade: offen trieb man Unzucht, die Bischöfe gaben sich großenteils der Trunksucht hin. Kaum war die Messe gelesen, so wurde das Amtskleid mit dem Jagdgewand vertauscht. Hände, welche die heil. Hostie in Händen hielten, scheuten sich nicht, in offener Feldschlacht Blut von Christen und Heiden zu vergießen. Kurz: es sah heillos aus.

Karlmann mochte solche Zustände nicht länger dulden. Er setzte sich mit Bonifatius ins Einvernehmen. Dieser konnte schon im Frühjahr 742 froh und glücklich dem Papst schreiben: „Karlmann, Herzog der Franken, berief mich zu sich und forderte mich auf, in den Teilen des Frankenreiches, welche seiner Herrschaft unterstellt seien, einen Kirchentag zu halten. Auch versprach er, daß er die Frömmigkeit in der Kirche, welche schon lange Zeit, länger als 60 oder 70 Jahre, unterdrückt und zerstört ist, etwas reinigen und fördern wollte." Welch ein weites Arbeitsfeld that sich da mit einem Mal dem alten Erzbischof auf! Wahrhaftig! man könnte meinen: jetzt gehe die Arbeit erst recht an! Denn hier mußte Bonifatius Reformator im großen Stil werden. Die Reform der fränkischen Kirche war wichtiger als alles. Konnte der bejahrte Mann sich noch an dieses Werk wagen? Er fragte sich nicht lange darüber. Die Ereignisse rissen ihn mit sich fort. Seine Kräfte verdoppelten sich. Desto unangenehmer war es ihm, daß der Papst gerade jetzt mit einer Antwort zögerte. Zacharias

verstand offenbar die deutsche Lage nicht recht. Bonifatius
mußte, so schwer es ihm ankam, selbständig handeln.

Er beriet sich mit Karlmann, und dieser schrieb auf den
21. April 742 einen Kirchentag aus. Wo derselbe abgehalten
wurde, ist nicht bekannt. Bonifatius erschien, aber keineswegs
als päpstlicher Vikar, welcher alles leitete und anordnete.
Karlmann, der Herzog der Franken, hatte die Versammlung
berufen; Karlmann leitete dieselbe. Er war der oberste Herr
der fränkischen Kirche, und auch dieser Kirchentag konnte nur
beratende Stimme abgeben. Er war es, welcher den Beschluß
faßte. Des Papstes geschah mit keinem Worte Erwähnung.
Auch die Versammlung war gemischter Natur. Es nahmen
an derselben nicht bloß Geistliche teil, sondern ebenso recht=
mäßig die weltlichen Großen. Ja, Bischöfe erschienen sogar
in äußerst geringer Anzahl; drei aus Hessen=Thüringen,
außerdem Heddo von Straßburg und Ragenfrid von Köln:
dies waren alle. Die schwäbischen Bischöfe konnten nicht
kommen, weil hier der Krieg im Gange war; die Bischöfe
Milo von Trier und Gewilip von Mainz wollten nicht
kommen, weil ihnen dieser römische Eindringling grundverhaßt
war. Das Ganze war also weniger ein Kirchentag, als ein
Reichstag, berufen zur Lösung kirchlicher Fragen.

Man wollte Maßregeln ergreifen, um den katholischen
Glauben zu stärken und das Volksleben zu heben. Man
glaubte zuerst nichts Besseres thun zu können, als einen Erz=
bischof zu wählen. Wen anders sollte Karlmann wählen, als
den er schon berufen hatte: Bonifatius? Ihn, „den Sendling
des heil. Petrus", bestimmte er demnach zum Erzbischof in
seinen Landen. Dann wurden den Bischöfen ihre Verpflich=
tungen ernstlich vorgehalten und die Priester zu treuem Ge=
horsam gegen dieselben und genauer Amtsführung unter ihrer
Aufsicht ermahnt. Vor allem wollte man abgegrenzte Seel=
sorgerbezirke schaffen: keiner sollte dem andern in sein Gebiet
hinübergreifen und umherziehende Priester sollten (möglichst)
nicht zugelassen werden. Strenge Zucht sollte gehandhabt
werden. Unsittliche Geistliche haben ihre Stelle verwirkt.
Keine Waffen durften von ihnen getragen werden. Das
Jagen und Umherschweifen mit Hunden, sowie das Halten
von Falken wird verboten. Damit sich die Priester hübsch in
Acht nehmen, sollten sie, wie die Mönche, Kapuzen tragen,

an welchen jedermann ihren Stand erkennen konnte. Auch
das Volksleben versuchte man auf eine höhere Stufe christ=
licher Gesittung zu heben. Noch wurden heidnische Totenopfer
gefeiert. Losdeuter und Wahrsager hatten zahlreichen Zulauf.
Amulette fanden reichlichen Absatz; Zauberei jeglicher Art ging
im Schwang. Vor den Thüren christlicher Kirchen schlachtete
man Opfertiere zu Ehren der christlichen Heiligen: Götzenopfer
in neuer Form! All das sollte anders werden. Die kirch=
liche Macht, meinte man, reiche nicht zu, den Aberglauben und
Unglauben auszurotten. Deshalb wurde dem Bischof die
Hülfe des Grafen zur Verfügung gestellt.

Dies waren die Beschlüsse jener kleinen Versammlung.
Sie hatte große Pläne und wollte eine gründliche Kirchen=
reform. Der Papst hatte sich freilich die Sache anders ge=
dacht. Er erwartete, daß Bonifatius als sein Abgesandter die
Versammlung leiten und die Beschlüsse fassen sollte. Ein
derartiger Beschluß, sich dem päpstlichen Sendling in Regelung
innerkirchlicher Angelegenheiten voll und ganz zu unterwerfen,
hätte dem Papst weit mehr gefallen, als alle jene löblichen
Absichten. Allein derlei Gelüsten stand der Herzog im Weg.
Er nahm gar keine Rücksicht darauf, daß Bonifatius bereits
nach päpstlichem Auftrag Erzbischof war. Er ernannte ihn
vielmehr dazu aus seiner eigenen Machtvollkommenheit. Auch
jene drei Bischöfe in Thüringen=Hessen hatte Bonifatius zwar
geweiht: Karlmann begnügte sich aber nicht, sie einfach zu
bestätigen, er ernannte sie erst zu Bischöfen. Bonifatius fügte
sich; er war von seinem Recht überzeugt und hätte, weil es
ihm der Papst verliehen, davon Gebrauch machen können.
Er wollte sich jedoch nicht darauf steifen. Vielmehr war es
ihm um die Sache zu thun. Die fränkische Kirche sollte ge=
ordnet werden. Dieser Aufgabe gab er sich voll und ganz
hin. Er sah, was er erreichen konnte, nämlich eine Reform
der Kirche im weitesten Umfang. Ebenso sah er ein, daß er
zunächst die Anerkennung des Papstes als obersten Richters
über jede kirchliche Angelegenheit nicht erreichen könne. Darum
stand er davon ab. Und noch eins! So unentwegt Boni=
fatius daran festhielt, daß dem Papst die rechtliche Obergewalt
über alle Landeskirchen zukomme, so zweifellos stand ihm selbst
eine sittliche Reform höher, als die Entscheidung einer solchen
Rechtsfrage. Eine verlotterte Kirche war ihm zuwider, und

mochte sie auch den Papst als obersten Schiedsrichter an=
erkennen. Ja, er mochte voraussehen, daß seine Arbeit auch
in dieser Richtung nicht vergebens sei. Er bahnte den Weg,
auf welchem der Papst sich auch diese fränkische Kirche unter=
than machen konnte. Er that die Vorarbeit zu einer neuen
Gestaltung der Dinge, begnügte sich jedoch mit dieser Vor=
arbeit. Denn er wollte nichts übereilen. Allmählich sollte die
fränkische Kirche in ein neues Abhängigkeitsverhältnis vom
Papsttum hineinwachsen. Dieses Wachstum galt es abzuwarten.

18. Austrasische Wirksamkeit des Bonifatius.

Der Erzbischof hatte von dem Kirchentag nichts anderes
mitbekommen, als eine Menge von Aufgaben. Wie wurde
er diesen gerecht? Die Bischöfe unterstützten ihn nicht.
Denn damit hätten sie sich meistens ihr eigenes Absetzungs=
urteil unterschrieben. Am meisten machten jene beiden wider=
spenstigen Kirchenfürsten in Mainz und Trier zu schaffen.
Sie waren noch zu mächtig, als daß man unmittelbar gegen
sie hätte vorgehen können. Die altfränkischen Bischöfe ins=
gesamt brachten Bonifatius das größte Mißtrauen entgegen.
Es war ihnen durchaus unangenehm, daß jetzt am Hofe,
wo sie bisher die erste Rolle gespielt hatten, ein römischer
Erzbischof in höchsten Gnaden stand. Sie beurteilten dies
als einen Abfall des Herrscherhauses von seinen altbewährten
Grundsätzen. Was ging sie, die Franken, dieser Angelsachse
an? Sie hatten eine mächtige Kirche geschaffen und überall
missioniert: was brauchte ihnen dieser neue Erzbischof drein=
zureden? Dazu sollten sie sich von ihren Lieblingsneigungen
trennen, den Krieg und die Jagd aufgeben? Sie waren
entschlossen, sich den Befehlen des neuen Erzbischofs nicht
zu fügen; mochte er hingehen, woher er gekommen. Der
Hausmeier würde dann schon wieder Vernunft annehmen.
All diese unlustigen Bischöfe schlossen sich zu einer Partei
zusammen. Sie machte sich breit mit ihrer Anhänglichkeit
ans Vaterland und warf dem Bonifatius überall Steine in
den Weg. Selbst persönlich war er nicht außer Gefahr;
nur dem thatkräftigen Schutze, welchen ihm Karlmann an=
gedeihen ließ, verdankte er sein Leben. Dies war überhaupt
fürs erste der einzige Gewinn von jenem Kirchentage, daß

Bonifatius den Schutz des weltlichen Armes zu genießen hatte. Ohne diesen hätte er kaum an seine Aufgaben herantreten können.

Bonifatius hatte unendlich viel zu klagen. Er schrieb an seinen Freund Daniel „von den falschen Priestern und Heuchlern, welche gegen Gott widerspenstig sind und sich selbst verderben, sowie das Laienvolk durch eine Menge von Aergernissen und Irrtümer mancherlei Art verführen, indem sie sprechen mit des Propheten Wort: Friede! Friede! und ist doch kein Friede!" Er habe sich immer nur bemüht, „den Samen des Wortes, das er aus dem Schoß der apostolisch-katholischen Kirche empfangen hatte", zu verbreiten; aber „jene säeten Lolch darunter und suchten jenen guten Samen zu ersticken oder in ein Giftkraut umzuwandeln." Er pflanze; jene suchen „auszuraufen, daß es verdorre", geschweige, daß sie „seine Pflanzungen begießen würden". Unendlich viel machte dem ängstlichen Mann sein eigenes Gewissen zu schaffen. Er hatte ja einstens dem Papst geschworen, mit weltlich gesinnten Priestern in keine Berührung zu treten. Und doch mußte er am austrasischen Hofe verweilen und mit jenen Männern verkehren. War damit nicht sein Eid gebrochen? In dieser peinlichen Angelegenheit ging er seinen alten Freund Daniel um sachdienlichen Rat an. Derselbe verstand es, mit milder Weisheit sein zerrissenes Herz zu trösten. Er verwies den Freund auf die Heiligen und Märtyrer, welcher Los auf Erden eitel Bedrängnis, im Himmel jedoch der reichste Lohn nach Gottes Verheißung sei. Solange die Bedrängnis auf Erden währe, gelte es für den Christen, sich ruhig darein zu ergeben. Hatte doch Daniel selbst wegen seines körperlichen Leidens das Amt aufgeben müssen; da verstand er aus eigener Erfahrung doppelt trostreich zu reden. Dieselbe Geduld, welche man mit sich selbst habe, müsse man eben mit den andern gleicherweise haben. Ehebrecher und Menschenmörder seien priesterlicher Würde zweifellos unwert. Allein es sei nun einmal nicht möglich, jede körperliche Berührung mit solch unwürdigen Amtsbrüdern zu vermeiden. Er beruft sich auf Pauli Wort 1. Cor. 5, 10: man müßte aus der Welt gehen, wenn man die falschen Brüder meiden wollte. Daneben erinnert er an das Wort des Kirchenvaters Augustin, welcher es als verderblichen Hochmut bezeichnet, wenn sich jemand von Unreinen absondert, aus Angst, er möchte von ihren Sünden befleckt werden. „Sind doch reine und unreine Tiere in die Arche gegangen." „Christus ist nicht gekommen, die Gerechten zu rufen. Er hat sich mit Zöllnern und Sündern zum gemein= samen Mahl niedergelassen." Deshalb solle Bonifatius ge= trosten Mutes am Königshof verkehren. Ja! das sei geradezu seine Pflicht; der Obrigkeit müsse der Christ unterthan sein. Aeußerst merkwürdig ist der Brief, weil er die Notlüge aus pädagogischen Rücksichten empfiehlt. Daniel schrieb: „Zu rechter Zeit ist eine nützliche Täuschung anzuwenden." Petrus, als er in Antiochien heuchelte, Paulus, als er ge= lobte, sein Haupt scheren zu lassen und als er den Timotheus beschneiden ließ, geben dafür ein Beispiel ab. Ja, „der Herr selbst hat getäuscht" — da er „sich stellete", als wollte er weiter gehen (in Emmaus), da er lange fragte, wer aus dem großen Haufen sein Kleid berührt habe, während er es doch wissen mußte, endlich, da er nach dem Grabe des Lazarus fragte, obgleich es ihm bekannt war.

Ohne Zweifel wirkte dieses Schreiben beruhigend auf Bonifatius. Die Anerkennung, welche ihm der ältere Freund angedeihen ließ, erfreute ihn. Hatte doch Bonifatius kaum einen andern Freund mehr, der ihm so vertraut war. Der jetzige Papst ließ seinen persönlichen Bedenken kein Ohr. Gehobenen Mutes nahm er die Arbeit wieder auf. Es gelang ihm, eine Reihe von Bischofsitzen in Austrasien mit tüchtigen Männern zu versehen. Verdun, Utrecht, Lüttich. Speier stellten geordnete Sprengel dar. In Metz bestieg Chrodegang den Bischofstuhl, ein adeliger Herr von großem Einfluß. Neben seiner Kirche erbaute dieser eine geräumige Wohnung, um hier alle bei der Stadtkirche angestellten Geistlichen unter seiner Aufsicht zu haben. Alles wurde gemeinschaftlich betrieben: die Arbeit wie das Gebet; man aß miteinander, man schlief in großen Schlafsälen. Dadurch wurde Chrodegang Gründer der sogenannten Domkapitel *) (760). So ging das Werk des Bonifatius seinen ruhigen Gang und tüchtige Männer unterstützten dasselbe.

.

---

*) Domkapitel von Dom = Haus. Kapitelstube hieß der Saal, in welchem der Bischof jeden Morgen nach der Andacht seine Geistlichen

19. Zweiter deutscher Kirchentag (743).

Auf der letzten Versammlung hatte man beschlossen, jährlich einen Kirchentag zu halten. Es mußte sich nun zeigen, ob dieser Beschluß nicht bloß auf dem Papier stand. Dem Ansehen Karlmanns war es zu danken, daß thatsächlich am 1. März ein zweiter Kirchentag abgehalten wurde. Man kam im Hennegau zusammen und der König räumte sein Schloß Leftinnes (unweit des Städtchens Binche) für die Verhandlungen ein. Auch diesmal kamen neben den Bischöfen Edelleute und Grafen des Landes.

Es wurden wichtige Bestimmungen über das fränkische Kirchengut getroffen. Der Hauptgrundsatz der katholischen Kirche in dieser Richtung ist der, daß kein Teil des Kirchen= gutes veräußert werden darf. Nun denke man sich, wie viele Schenkungen und Vermächtnisse in Gallien für die Kirche gemacht wurden: konnte sich doch jeder mit Schenkungen Verdienste um die einstige Seligkeit erwerben! Von all diesen Gütern durfte nichts veräußert werden. Kein Wunder, daß am Ende des siebenten Jahrhunderts ein ganzes Drittteil des gesamten Grundbesitzes Kirchen= und Klostergut geworden war. Wo sollte nun Karl Martell zu seinen vielen Kriegen das Geld hernehmen? Er konnte nicht anders, als einen Teil des ungeheueren Kirchengutes in Anspruch nehmen. Statt daß er seinen verdienten Soldaten Sold ausbezahlte, wies er denselben Grundstücke des Kirchengutes an, welche sie zu lebenslänglicher Nutznießung behalten durften. Karl= mann, mönchisch gesinnt, hatte im ersten Eifer den allgemeinen Beschluß gefaßt (742), der Kirche ihr entfremdetes Gut wieder zurückzuerstatten. Allein er mußte sich sofort davon überzeugen, daß dies unmöglich in diesem Sinn geschehen könne. Manche Kriege waren zu führen, die Landesgrenzen mußten gesichert werden: das alles kostete Geld. Somit erklärte er jetzt, daß er genötigt sei, einen Teil des Kirchen=

---

versammelte und ihnen ein Kapitel aus der Schrift vorlas. Er knüpfte an den gelesenen Abschnitt seine Mahnungen und wählte meistens ein Kapitel aus dem Leviticus = dem 3. Buch Mosis. Daher die Redensart: jemandem die Leviten oder den Text lesen.

gutes zurückzubehalten. Königlichen Unterthanen wurden eine Reihe kirchlicher Güter zur lebenslänglichen Nutznießung zugeschrieben. Dafür mußte der Kirche Zins entrichtet werden, und zwar ein weit höherer, als der sonst übliche (12 Silber= benare statt der üblichen 3—10). Die Kirche stand sich also gar nicht übel bei dieser Anordnung. Kam es ihr auch nicht zu, die Nutznießung jeweils abzutreten, war dies vielmehr rein Sache königlicher Anordnung, so war doch der Entscheid ein ganz billiger. Denn ihr Besitzrecht wurde vollkommen anerkannt und nur in der Notlage ein Teil des Gutes verwendet. Karlmann war noch äußerst zuvorkommend. Er beschloß: „die Kirchen und Klöster, deren Vermögen auf solche Weise an königliche Unterthanen verliehen ist, sollten nie Mangel noch Armut leiden, sondern wenn die Not drängt, soll der Kirche der volle Besitz zurückerstattet werden."

Bonifatius freilich hatte gedacht und gehofft, Karlmann würde seinem alten Entschluß treu bleiben. Doch war er nicht so „verrömert", daß er den fränkischen Staat um der katholischen Forderungen willen hätte dem Untergange preis= geben wollen. Er schwieg also. Die fränkischen Geistlichen standen von vornherein auf vaterländischem Standpunkt. Sie billigten die Maßregeln Karlmanns von ganzem Herzen.

Die übrigen Bestimmungen des Kirchentages wiederholen die früheren Beschlüsse und dringen auf eine strenge Kirchen= zucht. Erwähnt mag noch ein Aktenstück werden, welches jedenfalls aus jener Zeit stammt, wenn es auch nicht gerade auf jener Versammlung aufgesetzt wurde. Es ist eine Ab= schwörungsformel, in welcher der heidnischen Dreieinigkeit Wuotan, Donnar und Ziu der Abschied gegeben wird. Un= mittelbar daran schließt sich das christliche Bekenntnis in Form von Frage und Antwort. Es lautet:

Gelobistu in got almaethigan fadaer?
Ec gelobo in got almaethigan fadaer.
Gelobistu in christ godes suno?
Ec gelobo in christ godes suno.
Gelobistu in halogan gast?
Ec gelobo in halogan gast.

20. Bayerische Verhältnisse (743).

Auch bei diesem Kirchentage hatten die bayerischen Bischöfe gefehlt, wie bei dem ersten. Daraus läßt sich schließen, daß zwischen Bayern und dem Reiche nicht alles so stand, wie es sollte.

Odilo war zwar mit den beiden Frankenfürsten verschwägert. Pippins Schwester Chiltrud war seine Gemahlin. Auch hatte er den Unterthaneneid geschworen. Nichtsdestoweniger wollte er unabhängig werden. In seinen Adern rollte fürstliches Blut. Um einige Aussicht auf Erfolg zu haben, horchte er herum, ob er nicht irgendwo Unzufriedenheit erlauschen konnte. Rasch zog er die heidnischen Sachsen auf seine Seite. Der Herzog der Alamannen war bald gewonnen. Selbst die Slaven sagten Unterstützung zu. So begann er den Krieg und packte die fränkischen Hausmeier von zwei Seiten, indem er den Herzog der Aquitanier überredet hatte, durch einen Einfall ins Loiregebiet die Herrscher im eigenen Lande zu schrecken.

Besondere Bedeutung erhielt dieser Krieg durch die Einmischung des Papstes. Dieser schickte einen eigenen Gesandten nach Bayern. Jetzt, meinte er, sei der Tag gekommen, da sich der Papst am Frankenreich für die abschlägige Antwort rächen könnte, welche ihm beim Streit mit den Langobarden von Paris zugegangen war. Allein Zacharias hätte bedenken sollen, welchen Eindruck das auf Bonifatius machen mußte, daß er nach Bayern einen Gesandten schickte. Damit lag es klar und offen am Tag, daß der Papst mit dem empörerischen Herzog gemeinsame Sache machte. Mehr hätte der Papst wahrhaftig nicht thun können, um Bonifatius im Frankenlande zu verdächtigen; er selbst gab damit den Feinden seines Erzbischofs am fränkischen Hofe die schneidigste Waffe in die Hand. Doch was kümmerte sich ein Zacharias darum! Was kümmerte er sich überhaupt um die Rechte seines Erzbischofs! Bonifatius hatte die bayerische Kirche gestaltet. Ihm war sie nach päpstlichem Brief und Urkunde unterstellt. Der Papst fragte nichts darnach. Er wollte ihn offenbar verdrängen, wollte ihm Bayern entziehen. Dies schmerzte und jenes erbitterte ihn. Wollte er die persönliche

Beleidigung auch) ruhig hinnehmen, die Stellungnahme des Papstes zu Gunsten des Empörers durfte er nicht dulden. Er schrieb in diesem Sinne nach Rom.

Einstweilen waren die Franken nach Bayern geeilt und mußten zunächst am Lech Halt machen. Odilo hatte jenseits des Flusses ein stark verschanztes Lager aufgeschlagen. Die Franken konnten nicht hinüber. Hier am Lech hat nun der Papst zum erstenmal in deutschen Landen versucht, auch weltliche Fragen vor seinen Gerichtshof zu ziehen. Jener päpstliche Abgesandte trat zwischen die feindlichen Scharen und gebot — man höre! — den Franken im Namen des Papstes den Abzug aus Bayern. Wahrhaftig! der päpstliche Stuhl hatte die Herzöge von Benevent und Spoleto im Aufruhr bestärkt, warum sollte er es hier nicht auch thun? Rom hatte gesprochen: aber die Frankenherzöge achteten nicht weiter darauf. Sie entdeckten einen sumpfigen Pfad, umgingen die wohlgeschützte Stellung der Feinde und fielen ihnen in den Rücken. Die Niederlage des bayerischen Heeres und seiner Verbündeten war die Antwort, welche Rom gegeben wurde. Den traurigen Gesandten nahm man gefangen. Pippin war so nobel, ihn als reinen Betrüger zu behandeln, welcher auf eigene Faust gehandelt hätte. Er hielt sich nicht weiter mit ihm auf; fränkische Scharen durchzogen das ganze Land, brachen die Burgen, brandschatzten die Städte. Odilo hatte das Spiel gründlich verloren. Bayern wurde wieder dem fränkischen Herrscher unterstellt, ein großer Teil desselben als „Nordgau" dem Reiche selbst einverleibt.

Wie erbärmlich zeigte sich nun Zacharias! Er kannte keine höhere politische Regel, als die: wohin sich die Macht neigt, da stehe du! Kaum war die Sache Odilos verloren, so erhielt Bonifatius Antwort. In diesem Schreiben leugnete der Papst einfach alles Geschehene rundweg ab. Er stellte seinen Abgesandten als einen abgefeimten Betrüger hin, welcher ohne jeden Auftrag eine päpstliche Vollmacht vorgespiegelt habe. Er versicherte, daß sich seine Stellung zur bayerischen Kirche in keiner Weise geändert. Aufs neue wird dem Bonifatius die kirchliche Vollmacht über Bayern in unumschränkter Weise erteilt. Zacharias war eben bereits ein Jesuit auf dem Papststuhl. Bonifatius mochte dazumal etwas fühlen von der Kluft, welche zwischen seinen erhabenen Gedanken vom Papsttum und den einzelnen Vertretern desselben liege. Man hatte ihm, wenn auch nicht offen, gezeigt, daß er eigentlich überflüssig sei. Das that ihm weh. Er begriff nicht, daß ein kleinlicher und niedrig denkender Mann einen großen verletzen muß, weil er ihm ein Dorn im Auge ist.

Kehren wir nach Bayern zurück! Dort war Willibald zum Bischof geweiht, aber er hatte noch keinen Sprengel. Ein solcher war nun geschaffen: das neufränkische Gebiet des Nordgaues bedurfte eines Bischofs. Mann und Ort waren auch gegeben. Eichstätt wurde zum Bischofsitz erwählt und Willibald nahm denselben ein. Inzwischen hatte Wunnibald Thüringen verlassen und sich auf Odilos Wunsch an der nördlichen Vils niedergelassen. Aber es gefiel ihm nicht; er wandte sich nach Mainz. Hier dünkte ihm der Weinreichtum zu gefährlich und er kehrte wieder zurück. Die beiden Brüder thaten sich nun zusammen und erstanden ein Grundstück, den zwischen Altmühl und Wörnitz gelegenen Höhenzug, und bauten in dieser einsamen Gegend das Doppelkloster Heidenheim. Wunnibald wurde Abt bei den Mönchen, und für die Nonnen berief er seine Schwester Walpurg. Lange Jahre lebten die Geschwister allein ihrer Gründung. Das Kloster wuchs, erhielt viele Stiftungen und konnte bald mit seinen Gütern ärmere unterstützen. Es war ein Sitz strengen Mönchtums und umfassender Bildung. Besonders die Nonnen übten sich in den Wissenschaften der damaligen Zeit. Die Umgegend wurde reichlich mit Gottes Wort versorgt; daneben führte Heidenheim die ersten Mühlen ein, und freudig brachten die Bauern ihr Korn zur Klostermühle und sahen zu, wie da gemahlen wurde. Dann traten sie wohl in die Klosterkirche und verrichteten ein stilles Gebet, mit Dank gegen den Gott, von dem alle gute Gabe kommt, und mit Fürbitte für den beliebten Abt. Wehmütig schauten sie auf einen Sarg, der neben dem Altar stand. Der Abt hatte sich ihn schon lange zimmern lassen, um stets des Todes eingedenk zu bleiben. Als seine Sterbestunde kam, versammelte er die Brüder um sein Lager und sprach zum Abschied zu ihnen: „Von dem Band des Gehorsams, den ihr mir gelobt habt, spreche ich euch frei. Aber aus der Pflicht des rechten Wandels, dazu ihr euch Gott gegenüber gebunden habt, entlasse ich euch nicht. Sie will ich euch nicht erleichtern." Die Schwester drückte dem Entschlafenen die Augen zu (761); sie bezeigte dem Toten ihre treue Liebe am besten dadurch, daß sie selbst die gesamte Leitung des Doppelklosters übernahm.

Wie der Nordgau sich reger kirchlicher Pflege zu erfreuen hatte, so ließ Bonifatius auch das übrige Bayern nicht aus dem Auge. Des Papstes Plan hatte allerdings Odilos Niederlage durchkreuzt. Zacharias wollte nämlich den Augs=burger Sprengel, welcher schon seit der Römerzeit über den Lech herüber ins bayerische Gebiet sich erstreckt hatte, in zwei Teile spalten und bestimmte ganz deutlich einen besonderen Bischof für den bayerischen Teil. Damit beabsichtigte er, Odilo und die bayerische Kirche ganz selbständig von der fränkischen Kirche zu machen. Feig, wie er war, hatte er den Plan sofort nach der entscheidenden Schlacht fallen lassen. Jetzt wurde er dennoch ausgeführt, aber in entgegengesetzter Absicht. Karlmann sah wohl, wie unbeständig Odilo war; er traute ihm und seinen Priestern nicht. Deshalb sollte ein reichstreuer Bischof nach Bayern kommen, welcher die Inter=essen des Frankenreiches vertreten sollte. Um dies zu ermög=lichen, spaltete man den Augsburger Sprengel. Der bayerische Teil erhielt in Neuburg an der Donau seinen Bischofsitz. Zacharias wollte dort ein Bollwerk gegen das Frankenreich haben; Karlmann hatte es zum Schutze für dasselbe gegründet. Dem Papst blieb nichts übrig, als gute Miene zum übeln Spiel zu machen. Er genehmigte die Anordnung seines Erzbischofs. Damit hatte dieser wieder seine Oberstellung über die bayerische Kirche behauptet. Alles war nur der thatkräftigen Staatskunst der Frankenherzöge zu danken, welche dem Papst einen Strich durch seine Rechnung machten. Welch merkwürdige Lage entstanden wäre, wenn es dem Papst ge=lungen wäre, die Frankenherzöge einzuschüchtern, Odilo in seiner empörerischen Haltung zu bestärken, ihm eine selb=ständige Kirche zu schaffen, wer will das sagen? Zum mindesten hätte diese neue Gründung das ganze Werk des Bonifatius im Frankenreich verzögert, wenn nicht gar un=möglich gemacht.

21. Verhältnisse in Neustrien.

Nochmals erschloß sich dem Erzbischof ein neues Gebiet. Er trat zu dem zweiten Hausmeier Pippin in nähere Beziehungen, und bald dehnte sich die Reform auf Neustrien aus.

Schon in der Wiege soll dem Pippin seine künftige Macht verkündet worden sein mit den Worten: „Jener Knabe wird das Reich der Franken so fest besitzen, wie keiner seiner Ahnen vor ihm es innegehabt hat." Thatsache ist, daß er die Zügel der Regierung fest in der Hand hielt. Tapfer und kriegstüchtig, sicherte er sein Land gegen die auswärtigen Feinde. 23 Kriegszüge hat er unternommen, und sein Frankenschwert war immer siegreich. Mit seinem Bruder hatte er den ergebenen Sinn gegen die Kirche gemein. Die spätere Zeit hat ihm den Beinamen: der Fromme gegeben. Beim ersten Morgenrot erschien er in der Kapelle, um die Messe zu hören. Doch war seine Frömmigkeit weniger Sache des Herzens, als tiefgewurzelte Gewohnheit. Seinen ersten Unterricht hatte er im Kloster St. Denis genossen und war dort früh zur mönchischen Frömmigkeit erzogen worden. Sein Wesen zeigte einen weichen und milden Zug. So ließ er seine Gemahlin niemals in die Nähe des Kriegsschauplatzes kommen. Ein Karlmann hatte seine Stiefmutter ins Kloster gesperrt und seinen empörerischen Stiefbruder ins Gefängnis geschickt. Pippin versuchte es später mit Milde. Er beschenkte Grifo mit Gütern und der Grafenwürde. Pippins Schwester hatte sich wider seinen Willen verheiratet; als sie in Not kam, schützte er sie treulich. Nur darf man sich unter dieser Milde nicht weibische Zärtlichkeit oder gar unmännliche Nachgiebigkeit vorstellen. Er war Herr im Lande und wollte es sein. Einst weigerten sich seine Großen, gegen die Langobarden ins Feld zu ziehen. Da ließ Pippin, wie Einhard erzählt, einen starken Löwen herbeiführen, als gälte es ein Tiergefecht. Mit blitzenden Augen fragte er die Umstehenden, wer von ihnen das Tier zu töten wage. Alle schwiegen. Da sprang er von seinem Stuhl herab, stürzte auf den Löwen zu und spaltete dem Tier mit Einem Hieb das Haupt. Damit wollte er ihnen seine Ueberlegenheit beweisen.

Auch der Kirche gegenüber spielte er nie Dienersrolle.

Er war gewöhnt, zu befehlen. Er setzte sich mit Bonifatius ins Benehmen und fragte ihn um Rat für die Reform der neuftrischen Kirche. Er ließ ihm aber nicht in dem Maße freie Hand, wie Karlmann dies im ganzen doch gethan hatte. Pippin ernannte drei Erzbischöfe für sein Reich. Vielleicht war es ihm nicht angenehm, die erzbischöfliche Macht in Einer Hand vereinigt zu sehen. Von Bonifatius sah er ganz ab; dieser fühlte sich keineswegs beleidigt. Freudig legte er selbst Hand ans Werk. Die drei Stühle, welche zu besetzen waren, standen in Reims, Sens, Rouen. Bonifatius schlug Bekannte aus seinem englischen Freundeskreise vor, welche er als tüchtige Leute kannte. Abel, Hartbert, Grimmo wurden zu dem Amt ersehen. Nun sprach Pippin den Wunsch aus, der Papst möchte diese drei Erzbischöfe feierlich bestätigen. Dies sollte durch Ueberreichung des „Pallium" geschehen. Ein solches „Pallium" war ein weißer, wollener Schulterkragen, durchwirkt mit schwarzen Kreuzen — eine Ordensauszeichnung für die Erzbischöfe. Der Papst faßte die Bitte Pippins in anderem Sinne auf. Er wendete die Bitte so, als würde Pippin seine getroffene Wahl für nicht genügend erhalten und einsehen, daß dieselbe erst durch die Bestätigung des heil. Vaters rechtsgültig werde. Deshalb war er hocherfreut und schrieb am 22. De=zember 743 dem Bonifatius ein Schreiben voll Dankes über diese Bitte des Herzogs. Zugleich überschickte er drei Pallien und machte die Erwählten auf ihre Pflichten aufmerksam, der kirchlichen Ordnung unentwegt anzuhangen, ein Vorbild sitt=licher Reinheit zu geben und die Wege des Heils treulich zu verkünden. Das Wichtigste war, daß er mit dieser Ueber=sendung „die unauflösliche Stellung der Erzbistümer" bestätigen wollte. Darin täuschte sich Zacharias sehr. Pippin war nie gemeint, vom Papst sich lange noch eine Bestätigung seiner Beschlüsse zu erbitten. Er hatte nur die Feierlichkeit und den Glanz der Wahl etwas erhöhen wollen. Seltsam ist es, daß der Herzog der fränkischen Kirche seinen Entschluß bereits geändert hatte, ehe die päpstliche Bestätigungsbulle im Franken=reich überhaupt ankam. Aus irgend einem Grunde hatte er den Gedanken aufgegeben, drei Erzbischöfe in seinem Reiche zu haben. Nur den Grimmo wollte er zum Erzbischof erhoben wissen. Demgemäß befahl er dem Bonifatius, den Papst von dieser neuen Entscheidung zu benachrichtigen. So waren des

Zacharias Verfügungen bereits wieder umgeworfen. Was kümmerte sich ein Frankenherzog um die „Unauflöslichkeit" päpstlicher Anordnungen?

Bonifatius hätte vielleicht irgend eine Einwendung gemacht. Allein umlaufende Gerüchte hatten ihn ganz in Verwirrung und Schrecken versetzt. Es hieß nämlich, der Papst habe an den fränkischen Boten Geldforderungen gestellt; erst wenn er bestimmte Summen erhalte, würde er die Pallien nach dem Frankenreich schicken. Ob diesem Gerücht irgend ein thatsächlicher Vorgang entsprach oder nicht, kann nicht mehr festgestellt werden. Genug, daß man überhaupt von Rom so etwas denken konnte und offenbar vorauszusetzen geneigt war. Dies beweist schon viel! Die Gegner des Bonifatius ließen diese neue Gelegenheit nicht vorbei, den unbequemen Erzbischof und seinen Schutzherrn zu verdächtigen und zu beschimpfen. Man zischelte am Hofe nach der alten Melodie: „wie der Herr, so der Knecht!" Bonifatius mußte es außerordentlich unangenehm berühren, daß gerade jetzt ein solches Gerücht in Umlauf kam, jetzt, da sich ihm seit kurzer Zeit die neustrische Kirche zur Reform geöffnet hatte. Allein es war dem gewissenhaften Mann mehr als peinlich. Ein sittlicher Ekel erfaßte ihn vor einem solchen Schacherhandel des „apostolischen" Stuhles, der überdies durch die kirchlichen Satzungen verboten war. Er schrieb, wenn auch als Untergebener, doch mit freimütigen Worten voll sittlicher Entrüstung an den Papst und tadelte offen sein Verhalten. Dies brachte Zacharias vollends in Harnisch.

Zwei Pallien umsonst! seine Befehle mißachtet! sein Erzbischof als Ankläger! — das war zu viel. In recht gereiztem Ton antwortete er (5. November 743). Zunächst wollte er Auskunft haben, warum eigentlich in der erzbischöflichen Angelegenheit eine Aenderung beliebt worden sei. Dann fährt er drohend fort: „Wir raten dir, daß du Uns künftig ja nichts dergleichen schreibst, weil es Uns ekelerregend und beleidigend ist, wenn Uns etwas zur Last gelegt wird, was Wir durchaus verabscheuen. Ferne sei von Uns und Unsern Geistlichen, daß Wir die Gaben, welche Wir durch Gnade des heil. Geistes empfangen haben, um Geld verkauften. Haben Wir ja doch drei Pallien, ohne nur einen Vorteil dafür zu verlangen, verliehen. Ueberdem haben Wir auch die Urkunden, welche nach der Sitte von Unserer Kanzlei zur Belehrung und zur Bestätigung ausgefertigt werden, auf Unsere Kosten herstellen lassen und nichts dafür genommen." Mag dem sein, wie ihm wolle — der Beweis war erbracht, daß der Papst in Neustrien so wenig wie in Austrasien die unumschränkte Leitung der Kirche in Händen habe. Die Herzöge blieben die Herren der Kirche. Noch im Jahre 751 war jene Angelegenheit mit den drei Erzbischöfen nicht geregelt.

22. Reichstag zu Soissons (744).

Auch in Neustrien wurde ein Kirchentag abgehalten. Neben den 23 Bischöfen, welche anwesend waren, saßen alle weltlichen Großen. Selbst Verfügungen rein weltlicher Art wurden damals getroffen. Die ganze Versammlung war demnach ein Reichstag, welchem hauptsächlich kirchliche Fragen zur Entscheidung vorlagen. Pippin hatte den Vorsitz. Ob Bonifatius überhaupt anwesend war, ist fraglich. Jedenfalls hatte er auf der Versammlung keinen amtlichen Auftrag. Pippin unterzeichnete die gefaßten Beschlüsse mit seinem Namen und dadurch wurden sie Gesetze. Wer dieselben übertrat, wurde nach dem fränkischen Strafrecht je nach seinem Rang und Stand abgeurteilt.

In Neustrien waren teilweise „Irrlehren" eingedrungen. Ihnen gegenüber beschloß die Versammlung, klare Stellung zu nehmen. Sie erklärte einmütig: „Der katholische Glauben, wie ihn die 318 Bischöfe auf der Kirchenversammlung zu Nicäa festgesetzt haben, soll durch alle Gegenden verkündet werden, und ebenso die kanonischen Aussprüche anderer Heiligen, welche jene in ihrer Versammlung festsetzten." Nach dieser öffentlichen Bestimmung des Glaubensbekenntnisses wurden Bischöfe und Erzbischof endgültig eingesetzt. Bonifatius hatte sie schon längst geweiht. Damit hatten sie aber ihr kirchliches Amt noch nicht. Der Herzog mußte sie damit belehnen.

Dann verschärfte man die Kirchenzucht. Es war in Neustrien, wie in Austrasien, großartige Unordnung eingerissen. Der eine taufte so, der andere so; der dritte wollte von einer Taufe überhaupt nichts wissen. Männer, welchen man un geſtraft die schmählichsten Sünden nachsagen konnte, weideten als Bischöfe die Herde des Herrn. Ohne Rücksicht auf

kirchlichen Brauch lebte man mit Frauen zusammen. Viele
Geistliche zogen von Ort zu Ort. Kurz: derlei Ausschweifungen
mußten ernstlich untersagt werden. Auch im irregeleiteten
Volke suchte man den Sinn für Anstand und das Verständnis
für Sittlichkeit zu heben. Meineid war gewöhnlich; falsches
Zeugnis kam oft von den Lippen. Das sollte von jetzt ab
verpönt sein. In allen Städten duldete man nur noch
richtiges Maß und Gewicht; der Handelsbetrieb wurde scharf
beobachtet. Die Eheverbote wurden noch verschärft. Das
Gelübde der Tochter, durch welches sie die Nonnenlaufbahn
einschlug, wirkte auf die Mutter zurück. Wurde diese Witwe,
so war ihr untersagt, einem Manne die Hand zum zweiten
Ehebund zu reichen. Gerade durch solch widernatürliche Bestimmungen konnte die Kirche eine Probe ihrer Macht ablegen,
unter Umständen auch besondere Gnadenerweise daran an-
knüpfen.

Die Beschlüsse waren gefaßt. Die Durchführung lag dem
Bonifatius ob. Sie war äußerst schwer. Teilweise wollten
sich die Gemeinden ihre Priester nicht nehmen lassen. Wenn
man ihnen die Kirchenthüren verschloß, so folgten sie ihrem
Geistlichen hinaus aufs freie Feld. Die heil. Handlungen
nahm man in Bauernhäusern vor. Noch schwerer zu brechen
war der Widerstand verschiedener Bischöfe, umsomehr, als auch
sie von einer vaterländisch gesinnten Partei am Hofe unterstützt wurden. Dem Bonifatius waren da oft die Hände gebunden. Niemals durfte er es wagen, die Absetzung des
streitbaren Bischofs Milo in Trier zu verlangen. War doch
dessen Großonkel Graf und Bischof, sein Vater Herzog, sein
Bruder Graf. Ungehindert zog Milo hinaus auf die Jagd:
ein besserer Schütze, als Pfarrer. Sein Leben lang blieb er
auf dem Bischofstuhl, bis ihn eines Tags ein Eber durchbohrte.
Nur langsam konnten hin und wieder einzelne Mißstände ab-
geschafft werden. Hier hatte sich ein Priester gegen die
Keuschheit vergangen, dann aber Buße gethan. Nach den
kirchlichen Satzungen hätte ihn Bonifatius absetzen sollen.
Allein er hatte keinen andern, der ihn hätte ersetzen können.
So beließ er ihn auf seiner Pfarre. Dort war ein anderer:
ebenso unwürdig, aber seine Gemeinde wußte nicht darum.
Bonifatius überlegte hin und her. Er wollte das Band
zwischen Geistlichem und Gemeinde nicht zerreißen, um das

geistliche Amt nicht noch mehr in Verruf zu bringen. Auch ihn ließ er auf seinem Posten, wenn auch mit schwerem Herzen. An vielen Orten hatte der kirchliche Obere bei der Wahl des Priesters überhaupt nichts dreinzureden. Irgend ein fürstlicher Herr hatte das Vorrecht, die Stelle zu besetzen, und derselbe sah weniger auf die kirchliche Brauchbarkeit seines Mannes, als auf andere gesellige Vorzüge. Und was wollte man dagegen thun? In verschiedenen Briefen an seine englischen Freunde giebt Bonifatius seinem lebhaften Bedauern Ausdruck, wie unendlich ihm seine Arbeit erschwert sei. Am meisten machte ihm sein zartes Gewissen zu schaffen. Desto verständlicher ist es, daß er mitten in der aufreibendsten Arbeit sich nach einem Fleckchen Erde sehnte, wo er ein wenig ausruhen könnte.

Bei seinem ersten Aufenthalt in Bayern hatte Bonifatius einen treuen Schüler gefunden. Es war der Sohn eines Adligen, namens Sturm. Derselbe, im Kloster Fritzlar aufgezogen, neigte sich dem mönchisch = beschaulichen Leben zu. Bonifatius ließ den kaum geweihten Priester gewähren. Sturm suchte überall nach einem Ort für eine Klause. An dem Platze, wo sich später das Kloster Hersfeld erhob, glaubte er ihn gefunden zu haben. Hier in der tiefen Waldeinsamkeit war es dem ungleichen Schüler des Bonifatius wohl. Und der Meister störte seine Ruhe nicht. Doch schien ihm der Platz für eine Klostergründung ungeeignet, da die heidnischen Sachsen leicht mit einem Ueberfall drohen konnten. Sturm verließ die Einsiedelei, wanderte in den Thälern des Rhön und Vogelbergs umher und fand nirgends etwas Passendes. Endlich hatte er einen Platz gefunden. Bonifatius bat Karlmann, welcher nach fränkischem Recht Herr alles unbesessenen Landes war, ihm den Ort zu überlassen. Der Herzog willfahrte bereitwilligst. Wenige Tage nach dem Kirchentag in Soissons kam Sturm mit Brüdern seines früheren Klosters und machte sich an die Arbeit, ein Klösterlein aufzubauen. Kurz nachher kam Bonifatius selbst, um den Grundstein zur Kirche zu legen. Dies ist die Ursprungsgeschichte des berühmten Klosters Fulda.

23. Aldebert und Clemens.

Unter diesen Namen finden wir zwei „Irrlehrer", welche dem Bonifatius entgegentraten. Aldebert ist links vom Rhein, großenteils in neustrischem Gebiet, aufgetreten. Er war ein Franke, „geboren von einfachen Eltern und mit der Gnade Gottes gekrönt, weil er noch im Mutterleib die Gnade Gottes empfing. Denn ehe seine allerseligste Geburtsstunde kam, sah seine Mutter in einem Gesicht einen Stier aus ihrer rechten Seite hervorgehen, welches die Gnade bedeutete, die er von dem Herrn empfangen sollte, ehe er aus seiner Mutter Schoß kam." So berichtet eine Lebensbeschreibung, welche einer seiner späteren Schüler abgefaßt hat. Aldebert war ein merkwürdiger Mann, von ungemeinem Selbstbewußtsein beseelt. Er nannte sich den „heiligen und seligen Knecht Gottes". Er gab vor, zwischen Gott und den Menschen eine Mittlerstellung einzunehmen. Ein Engel des Herrn habe ihm vom äußersten Ende der Welt Reliquien von wunderbarer und zuverlässiger Heilkraft gebracht. Damit könne er alles erlangen, was er von Gott wünsche. „Mit diesem Vorgeben", berichtet Bonifatius, „schlich er sich in die Häuser und führte die Weiblein gefangen, so mit Sünden beladen sind und mit mancherlei Lüsten fahren, auch die gemeinen Landsleute, welche sagen, er sei ein Mann von apostolischer Heiligkeit und thue Zeichen und Wunder. Hierauf gewann er einige unwissende Bischöfe, welche ihn gegen die Vorschriften der Kirchensatzungen eigenmächtig weihten. Nun ging er soweit in seinem Stolz, daß er sich den Aposteln Christi gleichstellte." Er nannte sich den „vortrefflichen, herrlichen, nach der Erwählung Gottes geborenen heil. Bischof Aldebert". Besonderen Eindruck wußte er mit einem Brief zu erzielen, den er in seinem Besitz zu haben vorgab, und welcher von Jesus Christus selbst geschrieben sei. Aldebert hielt hin und her Ansprachen. Alles strömte ihm zu. Einen Einblick in den Gedankenkreis dieses Volkspredigers gewährt eines seiner Gebete, das uns noch in Bruchstücken erhalten ist. Es heißt darin: Allmächtiger Herr Gott, Vater des Sohnes Gottes, unseres Herrn Jesu Christi, der du bist das A und das O, der du sitzest auf dem siebenten Thron über Cherubim und Seraphim: große Milde und süßes

11*

Glück ist vor dir. Vater der heil. Engel, der du gemacht
hast Himmel und Erde und Meer und alles, was darinnen
ist: dich rufe ich an und zu dir schreie ich. Dich lade ich
ein zu mir Elendem. Denn du hast uns gewürdigt zu sagen:
Was ihr von dem Vater bitten werdet in meinem Namen,
das habe ich euch gegeben." Dies ist ein würdiges Gebet;
nur läßt es durch eine gewisse Ueberschwenglichkeit die schwärme=
rische Glut des Beters ahnen. Nehmen wir dazu noch die
Menge von Engelsnamen, mit welchen Aldebert seine Gebete
ausschmückte, den Ragull, Tubuel, Michael u. dergl., so sehen
wir hinein in eine ganz fremdartige Welt, welche die allzeit
rege Phantasie des Volkes nach Belieben mit ihren bunten
Gestalten zu bevölkern vermochte. Dies war so recht nach
dem Geschmack der Menge. Sie nannte Aldebert ihren Führer
und „Fürsprecher". Ueberall wurde er begeistert aufgenommen.
Auf Wiesen und Feldern, an Quellen und auf Hügeln er=
richtete er Bethäuser und Kreuze. Dorthin strömte alles Volk
unter dem Geschrei: Seine Verdienste werden uns helfen.
Die Kirchen standen daneben leer, die Priester hörte man
nicht mehr an. Ein unwiderstehlicher Zug trieb die Leute
zu dem eigentümlichen Mann. Bald ging er noch weiter.
Er weihte in seinem Namen Bethäuser. Seine Haare und
Nägel ließ er der leichtgläubigen Menge als willkommene
Reliquien. Wenn die Versammelten reuig zu seinen Füßen
niedersanken, um ihre Sünden zu bekennen, konnte er sprechen:
„Ich weiß euer aller Sünden. Denn eure Heimlichkeiten sind
vor mir bekannt. Es bedarf der Beichte nicht. Eure Sünden
sind euch vergeben. Kehret getrost, ledig eurer Schuld, in
Frieden nach Hause zurück!" Demnach maßte er sich an, alle
Sünden ohne weitere Mitteilung zu kennen; ebendeshalb
widerriet er Wallfahrten nach Rom aufs heftigste. „Was sie
auf St. Peters Schwelle finden würden, könnten sie ebensogut
bei ihm haben," meinte er.

Alles in allem: Aldebert war ein Schwärmer. Er bildete
sich ein, mit der jenseitigen Welt unmittelbaren Verkehr zu
haben. Deshalb ist es kaum auszumachen, ob und inwieweit
er sich bei der Berufung auf jenen Brief Christi überhaupt
seines Betrugs bewußt war. Er glaubte selbst, was ihm seine
erhitzte Einbildungskraft vorgaukelte. Eben dieser Wahn war
es, welcher ihn in den Augen des Volkes hoch erhob. Dasselbe

fühlte sich angezogen durch seine glühende Art der Gottes=
verehrung. Die amtlich angestellten Geistlichen hatten es
vernachläßigt; und doch hungerte es nach Nahrung. Da war
Albebert willkommen, welcher diesen Hunger stillte; er war
dem Volke gerade deshalb willkommen, weil er seinen eigenen
Aberglauben teilte und sich bei seinen Predigten eines volks=
mäßigen Tones bediente.

Anderer Art war ein Schotte, namens Clemens. Dieser
war ein keltischer Priester, war zum Bischof geweiht worden,
hatte aber keinen bestimmten Sprengel. Es war ein ernster,
würdiger Mann, forschend auch über die Grenzen der kirchlich
festgesetzten Wahrheit hinaus. Hatte er sich einmal von einer
Anschauung überzeugt, so hielt er zäh an ihr fest. So hatte
er sich z. B. überzeugt, daß die katholische Kirche in Ehefragen
widersinnige und unchristliche Lehrsätze habe. Um dieselben
an seiner eigenen Person zu widerlegen, trat er in die Ehe,
lebte in herzlicher Liebe mit seinem Weib, freute sich an seinen
Kindern und machte daraus kein Hehl. Dabei weigerte er
sich, aus dem Priesterstand auszutreten. Denn er wollte
gerade zeigen, daß Priestertum und Ehe sich wohl zu einander
fügen. Auch an einem andern Punkt berichtigte er die römische
Auffassung. Es war ja verboten, mit der Witwe des ver=
storbenen Bruders den Ehebund zu schließen. Clemens dagegen
berief sich auf die Gesetzgebung des alten Testaments, welche
eben das Gegenteil verlange. War Clemens so mutig, sich in
diesen Dingen gegen die Macht der Ueberlieferung zu empören,
so wurde er noch weiter geführt. Der Kirchenväter Sprüche
galten als unumstößliche Wahrheiten; er hatte gegen manchen
derselben seine Bedenken und konnte sich nicht dazu verstehen,
alle Aussprüche eines Augustin, Hieronymus, Gregor als
bindende Satzungen anzuerkennen. Selbst in Fragen des
Glaubens scheint Clemens von den allgemein geltenden An=
schauungen abgewichen zu sein. Die Kirche glaubte nämlich,
daß Christus, als er in die Unterwelt hinabstieg, nur die
Gläubigen daraus befreit habe. Clemens mochte dies mit der
unaussprechlichen Liebe Gottes (Rom. 5, 18) nicht vereinigen;
er lehrte, daß Christus dazumal auch die Gottlosen aus dem
Dunkel der Unterwelt befreit habe. Dieselbe Milde im Urteil
bewog ihn auch zu einigen Abweichungen in der Lehre von
der göttlichen Vorherbestimmung.

Dies alles läßt in Clemens nichts weniger als einen unsittlichen oder widerchristlich denkenden Mann erkennen. Wir bekommen vielmehr von ihm den Eindruck eines gelehrten, freidenkenden Mannes, welcher seine Ueberzeugungen nicht einfach dem Gebot der Kirche zum Opfer bringt. Angenehm berührt, daß er sich von dem abergläubischen und schwärmerischen Wesen eines Aldebert frei hielt und sich offenbar viel weniger um die Zahl seines Anhangs kümmerte. Mochten jenem die Massen nachlaufen, er begnügte sich mit Wenigen, welche mit ihm den Weg ernster Arbeit und redlichen Kampfes nicht scheuten. Schon daran, daß er die Aussprüche der Kirchenväter nicht schlankweg als heilige Satzungen gelten ließ, kann man sehen, daß er kein Priester der iroschottischen Kirche war. Denn diese legte alles Gewicht auf Uebereinstimmung mit der katholischen Kirche, und Columba hat sich einst sogar dem Papst gegenüber auf das Ansehen des heil. Hieronymus und einen Ausspruch desselben berufen: so unantastbar erschien ihm, dem irischen Mönch, das Ansehen des Kirchenvaters.

Bonifatius stellte sich natürlich dem Treiben dieser beiden Männer aufs entschiedenste entgegen. Er machte keinen Unterschied zwischen beiden. Stand auch Aldebert lange nicht so rein und offen da, wie Clemens: für Bonifatius waren sie beide einfach „Abtrünnige" und Störenfriede der kirchlichen Ordnung. Sich mit diesen beiden in einen theologischen Streit einzulassen, dünkte ihm verlorene Liebesmüh. Aldebert und Clemens waren Irrlehrer; damit waren sie in seinen Augen ohne weiteres gerichtet. Wer sich von der Einheit der katholischen Kirche lossagte, war eben damit verurteilt. Bonifatius vollzog nur dieses Urteil, indem er beide Männer zur Klosterhaft verdammte (743). Dies wäre ihm unmöglich gewesen, hätte nicht Karlmann seinen Spruch unterstützt und ausgeführt. Allein beide mußten einsehen lernen, daß sich in derartigen Angelegenheiten mit Gewalt nicht viel ausrichten läßt. Ein Sturm von Anklagen und Verfolgungen brach gegen den römischen Erzbischof los. In den Augen des Volkes wurde Aldebert zum Märtyrer und das erhitzte Volksgemüt bekam dadurch nur noch mehr Stoff zu Märchen und Fabeleien. Da legte sich Pippin ins Mittel. Auf der Kirchenversammlung zu Soissons wurde beschlossen, daß Aldebert ein Ketzer sei. Als solcher wurde er nochmals feierlich verurteilt; seine Kreuze

sollten verbrannt und damit sein Andenken unterdrückt werden.
Damit hat jener Kirchentag den traurigen Ruhm, zuerst in
deutschen Landen ein Ketzerurteil gefällt zu haben. Jetzt ließ
sich das Volk nicht mehr halten. Es befreite beide Männer
aus dem Gefängnis (744). Dies wirkte. Die Fürsten ließen
sich zwar nicht einschüchtern; sie sahen aber ebensowenig ein,
warum sie sich eigentlich um solcher Streitigkeiten willen das
Volk verbittern sollten. Sie thaten deshalb keine weiteren
Schritte; es widersprach zudem ihren Anschauungen, der Büttel
der katholischen Kirche zu werden. Bei dieser unentschiedenen
Haltung der Regierung gewannen Aldebert und Clemens
immer größeren Anhang. Es wurde nötig, auf dem Kirchentag des nächsten Jahres (745) das Verdammungsurteil nochmals zu bestätigen. Umsonst! Die beiden Männer trotzten
auf die Volksgunst und wurden in der That zunächst nicht
weiter behelligt.

Das konnte sich Bonifatius nicht bieten lassen. Er wandte
sich an den Papst (745) und bat ihn, durch eine Bulle das
Volk der Franken zu ermahnen, daß es „den Fabeln der
Irrlehrer und den falschen Wundern und Zeichen des Anti-
christ" nicht folgen möge. Er schlug dem Papst vor, die
Verhaftung beider Männer zu befehlen, damit kein Mensch
mehr mit ihnen verkehren könne, außerdem an Karlmann ein
Mahnschreiben zu erlassen. Der Papst freute sich; boten ihm
doch diese Streitigkeiten erneute Gelegenheit, seine Oberherrlich-
keit zu zeigen und mit seinen apostolischen Ansprüchen hervor-
zutreten. Keine Rede davon, daß er sich dazu hergegeben
hätte, das zweimal gefällte Verdammungsurteil der fränkischen
Kirche zu bestätigen. Der Papst entscheidet und bestätigt nicht
bloß! Noch in demselben Jahre tagte vom 25. bis 27. Oktober
im Lateran eine Versammlung von 7 Bischöfen und 17 Kirchenältesten samt andern Geistlichen. Der einzige Gegenstand,
welcher zu erledigen war, war eben die Angelegenheit der
fränkischen Irrlehrer. Man muß sich aber nicht einbilden,
als hätte es der Papst für nötig gehalten, auf die Anschauungen der beiden „Ketzer" näher einzugehen. Keineswegs!
Das Urteil stand bereits fest. Alles war reine Förmlichkeit.
Der Abgesandte des Bonifatius erschien vor dem Vorhang
des Ratzimmers und bat um Einlaß. Der päpstliche Notar
meldete ihn mit allen seinen Titeln und fragte: Was befehlet

ihr? Er erhielt zur Antwort: er mag hereinkommen. Dann
fragte ihn der Papst: Warum verlangst du, wieder in unsern
Gerichtssaal zu treten. Der Abgesandte erstattete Bericht und
übergab das Schreiben seines Erzbischofs. Dieses wurde vor-
gelesen und die Sitzung auf den nächsten Tag verschoben.
Dieselben Förmlichkeiten wurden in allen Sitzungen wiederholt:
es kostete gewaltige Mühe, zwei deutsche „Ketzer" zu verurteilen!
Der Erfolg war, daß — zum erstenmal in deutschen Landen
— der Bannstrahl des päpstlichen Stuhls jene Männer traf.
Das hatte der Papst herausgefühlt, daß Clemens der gefährlichere der beiden Gegner war. Er wurde sofort gebannt und
mit ewigen Strafen bedroht. Aldebert stand der Bann bevor
im Fall hartnäckigen Beharrens.

Dieses Urteil ist äußerst bezeichnend. Derjenige, welcher
das Volk — um den Ausdruck zu gebrauchen — „verführte",
war Aldebert. Dieser hätschelte seinen Aberglauben und nährte
ihn. Clemens war dennoch der weit Gefährlichere; natürlich!
Denn dieser Mann dachte selbständig und vertrat seine freie
Ueberzeugung. War er auch ein guter Christ — derartige
Leute kann die katholisch-römische Kirche nicht in sich dulden.
Sie fordert Schweigen und Beugen.

Die Verdammungsbulle kam in die Hände des Bonifatius.
Merkwürdig! der Papst hatte sich wieder verrechnet. Die Bulle
wurde zwar verlesen. Aber die fränkischen Herzöge sahen sich
nicht veranlaßt, mit Gewalt gegen die Verurteilten loszugehen.
Beide „Irrlehrer" setzten ungehindert ihre Thätigkeit fort, ja
sie waren weit mehr die Männer des Tages geworden. Noch
im Jahre 747 mußte der Papst verlangen, daß „die beiden
gotteslästerlichen, halsstarrigen, abgesetzten Bischöfe aufs neue
vor eine deutsche Kirchenversammlung gestellt werden sollten,
um dort abgeurteilt zu werden". Damit hatte der Papst
seine feierliche Verdammungsbulle selbst begraben: denn eine
deutsche Kirchenversammlung war ja noch nötig, um ihr Rechts-
kraft und Vollzug zu sichern. Das darf freilich nicht übersehen werden, daß des Papstes Ansehen wuchs. Durch Boni
fatius gewöhnte man sich an ihn; er wurde eine „nähere
Persönlichkeit".

Die beiden Männer verschwinden bald. Sie hatten
offenbar dank der launenhaften Volksgunst ihre Rolle rasch
ausgespielt. Ob sie sich Rom gefügt, ob dieses die Beiden

auf andere Weise unschädlich gemacht hat: wir wissen nichts
Bestimmtes darüber. Die Sage läßt Aldebert von Bonifatius
zu Fulda in schwerer und langer Kerkerhaft gequält werden.
Nach vielen Mühsalen entrinnt er den Ketten. Er irrt am
Ufer des Flusses dahin. Er hat keine Nahrung, als einige
Nüsse, ein Schweinehirt erschlägt ihn und verscharrt den
Leichnam unter den Reisern.

24. Gemeinsamer Kirchentag von Austrasien und Neustrien (745).

Einen großen Schritt vorwärts im Reformationswerk
that Bonifatius, als er beide Herzöge aufforderte, gemeinsam
eine Kirchenversammlung zu halten. Auch dieser Schritt
gelang. Auf das Frühjahr 745 wurde eine Gesamtversammlung
für das ganze Frankenreich ausgeschrieben. Wir finden auf
dem Kirchentag Bonifatius mit seinen Bischöfen Abel, Burchard,
Willibald, vielleicht war auch Witta anwesend. Neben ihnen
saßen die Großen und Grafen des Landes. Der Ort der
Versammlung ist unbekannt.

Das Bedeutendste, was beschlossen wurde, war die Ab=
setzung des Mainzer Bischofs Gewilip. Dieser war Haupt=
gegner des Bonifatius. Sein Vater Gerold hatte einstens
auch das Mainzer Bistum in Händen. Das Blut desselben
rollte in den Adern seines Sohnes. Wie er sein Leben auf
der Walstatt in einer Schlacht gegen die Sachsen gelassen
hatte (743), so zog Gewilip in den Sachsenkrieg des folgen=
den Jahres mit dem fränkischen Heer aus. An der Weser
wurden die Franken von ihren Gegnern gestellt. Gewilip
schickte einen Waffenträger in das feindliche Lager, um wo=
möglich den Namen dessen zu erfahren, der seinen Vater er=
schlagen hatte. Der Knecht brachte erwünschte Botschaft.
Gewilip sann auf Rache. Er ließ jenen Sachsen zu sich
entbieten, um mit ihm eine Unterredung zu pflegen. Nichts
ahnend kam derselbe. Gewilip erspähte den günstigen Augen=
blick, stürzte sich mit dem Schwert auf den Mann und traf
ihn mit den Worten: „Empfange den Stahl, womit ich den
Vater räche." Zu Tode getroffen sank der Sachse vom
Pferde und die Wellen spülten den Leichnam fort. Das Ver=

trauen, das der Heide dem christlichen Bischof entgegengebracht hatte, war schnöde belohnt worden. Die That machte denn auch großes Aufsehen. Bonifatius mußte einschreiten. War es ja seiner Meinung nach schon ein unverzeihlicher Fehler, daß eines Priesters Kind auf einem Bischofstuhl sitze. Er verlangte von dem Kirchentag die Absetzung des unwürdigen Bischofs. Dieselbe wurde gutgeheißen.

Es war nun eine merkwürdige Fügung, daß gerade dieser Gewilip, welcher sich stets gegen den römischen Erzbischof aufs heftigste gewehrt hatte und ein Haupt der Widerstandspartei im Frankenland war, sich an den Papst selbst wandte, um gegen diesen Beschluß vorstellig zu werden. Bisher brauchte man königliche Genehmigung, wollte man gegen ein Urteil Berufung beim Papst einlegen. Nicht Bonifatius war es nun, welcher diese Fessel brach. Sein Feind Gewilip that ihm diesen Dienst, wandte sich unmittelbar an den apostolischen Stuhl und erkannte damit an, daß der Papst auch in der fränkischen Kirche der oberste Richter sei. Bonifatius beunruhigte dieser Schritt. Er mochte dem Papste nicht ganz trauen und war nicht sicher, ob dieser nicht am Ende vor lauter Freude über diese Anerkennung seinen Erzbischof im Stich lasse, um damit seine päpstliche Vollmacht desto glänzender zu zeigen. In der That! Zacharias zeigte sich als oberster Richter. Er billigte zwar das Vorgehen seines Erzbischofs, ließ aber doch den Gewilip zu sich kommen. Denn er wollte die Entscheidung in der Hand behalten. Wie mochte sie ausfallen? Bonifatius hatte in der letzten Zeit so manche widrige Dinge erlebt. Er hatte viele Priester absetzen müssen. Da kamen sie nachher zu ihm und behaupteten, der Papst habe sie freigesprochen. Ja, manche wandten sich an den Schattenkönig und suchten bei diesem irgend eine Pfründe herauszuschlagen, welche ihnen die Herzöge natürlich verweigert hätten. Erleichtert atmete Bonifatius auf, als auch Rom das Absetzungsurteil gesprochen hatte. Gewilip führte noch lange Zeit ein Leben auf hohem Fuß, da ihm Karlmann seine Einkünfte überließ; sein Widerstand in kirchlichen Dingen scheint aber gebrochen gewesen zu sein.

Eine zweite Angelegenheit, welche der Kirchentag zu erledigen hatte, war die Bestellung eines festen Sitzes für den Erzbischof. Bonifatius war seit dem Jahre 742 austrasischer Erzbischof. In Neustrien war er anerkannt, hatte aber keinen

erzbischöflichen Sitz. Bonifatius war überall in der vordersten
Reihe, thatsächlich der erste Geistliche im Frankenreich. Allein
dies war doch nur eine persönliche Ehrenstellung; er bekleidete
kein ständiges Amt, das nach seinem Tode ein anderer ohne
weiteres hätte übernehmen können. Diese Sorge für die Zu=
kunft beschäftigte die Versammelten. Man wollte dem Boni=
fatius einen bestimmten erzbischöflichen Stuhl verschaffen, damit
alle deutschen Bezirke von jetzt ab einen sichtbaren Mittelpunkt
(Metropole) haben würden. Darob scheint ein heftiger Streit
entbrannt zu sein. Natürlich! denn war einmal eine solche
Metropole geschaffen, so wurde man diesen lästigen Erzbischof
niemals los. Die Gegner hatten Groll genug gegen Boni=
fatius; aber sie dachten doch mit Vergnügen an die Zeit, wo
es mit ihm ein Ende sein werde und sie dann unter keinem
römischen Erzbischof mehr zu stehen hätten. Jetzt sollte man
dieses Band mit Rom für alle Zeiten knüpfen. Lul, Sturm,
Willibald und die übrigen Bischöfe unterstützten den Antrag
des Bonifatius aufs kräftigste. Die Fürsten schlossen sich
demselben an und dies gab den Ausschlag. Man wählte
Köln; hier sollte der Mittelpunkt der deutschen Kirche geschaffen
werden. Der Ort war äußerst günstig gelegen. Köln bildete
das Mittelglied zwischen der friesischen Kirche einerseits und
der hessisch=thüringischen Kirche andererseits. Wiederum konnte
man von Köln aus die heidnischen Sachsen bequem erreichen.
Somit schien auch diese Angelegenheit ins Reine gebracht.

Beide Fürsten baten den Papst, diese Beschlüsse auch
seinerseits zu bestätigen. Ganz leis und allmählich bahnt sich
die Macht des Papsttums auch im Frankenreich an. Diese
Beschlüsse waren freilich rechtskräftig, auch ohne den Spruch
des Papstes. Allein die Meinung machte sich immer mehr
geltend, daß man derlei wichtige Angelegenheiten vor den heil.
Stuhl zu bringen habe. Was man damit eigentlich wollte,
darüber war man sich nicht ganz klar. Der Papst sollte eben
durch die Mitteilung geehrt werden; unwillkürlich jedoch griff
die Meinung Platz, als habe der Papst etwas darein zu reden.
Er freute sich denn auch ungemein über diese neue Gelegen
heit, seine Machtvollkommenheit zu beweisen. Im Namen
des seligen Petrus bestimmte er Köln als Sitz des austrasischen
Metropoliten. Alles vergebens! auch diese feierlichste Be
stätigung war wieder umsonst. Denn der Beschluß von 745

kam niemals zur Ausführung. Warum? — wir können darüber nichts Bestimmtes sagen. Als Ragenfrid in Köln starb, wurde Bonifatius nicht zum Erzbischof erhoben. Agilolf bestieg den Bischofstuhl. Bonifatius wurde das Mainzer Bistum zugewiesen. Das verstand er nun doch nicht; er beklagte sich bitter über diesen Wortbruch; damit waren alle seine Pläne durchkreuzt. Denn Mainz lag fern ab von Friesland und konnte keine Verbindung zwischen der friesischen und hessischen Kirche herstellen. Vor allen Dingen war Mainz eben ein Bistum. Bonifatius für seine Person war ja wohl Erzbischof. Allein sein Nachfolger an diesem Posten überkam dann nur das Bischofsamt und der Erzbischof war damit begraben (erst 780 wurde Mainz Erzbistum). Diese Vorgänge berührten Bonifatius außerordentlich schmerzlich. Er glaubte sein Ziel erreicht und den fränkischen Kirchen einen Einheitspunkt gegeben zu haben. Nun machten ihm die fränkischen Fürsten einen Strich durch seine Rechnung. Sie mochten fühlen, daß ihnen auf diesem Wege die Macht über die Kirchen aus den Händen genommen worden wäre. Sie verkehrten lieber mit den einzelnen Bischöfen; diese konnten ihrer Hausmeiermacht weniger trotzen. Außerdem waren sie überzeugt, daß die Errichtung eines erzbischöflichen Stuhles nichts als leidige Händel und Zwistigkeiten erregen würde. Und diese wollten sie nicht vermehren; es gab deren schon genug.

Die gottesdienstliche Sprache war die lateinische. In Bayern hatte nun ein Priester, welcher derselben nicht ganz mächtig war, die Taufformel in einem Kauderwelsch gesprochen. Solche Taufen wollte der gewissenhafte Bonifatius nicht für vollgültig erachten; er erklärte sie für ungültig. Dabei vertrat er genau den römischen Standpunkt: wer nicht nach römischem Brauch getauft ist, ist falsch getauft, ist nicht getauft. Bonifatius dachte viel folgerichtiger als der Papst. Dieser ließ ihn trotzdem im Stich. Zwei Bischöfe nämlich, welche den Erzbischof schon lange nicht leiden mochten, benutzten diese Gelegenheit. Der eine war der Bischof von Passau, Sidonius, und der andere der von Salzburg, Virgilius. Eben der letztere, ein grundgelehrter Mann, war bei Hof sehr geschätzt. Ein Schotte von Geburt, hatte er die unbeugsame Art seiner Landsleute überkommen und hielt zäh an den Bräuchen seiner väterlichen Kirche. Bonifatius verklagte diese Bischöfe beim Papst; sie ihrerseits berichteten ebenfalls nach Rom und stellten jenen Fall so dar, als ob sie Bonifatius wegen eines leichten Form= fehlers zur Wiedertaufe zwingen wollte. Der Papst erstaunte, griff zur Feder und schickte seinem Erzbischof einen Brief, worin er ihn belehrte, daß jede Taufe, selbst von einem Ketzer vollzogen, gültig sei; Bonifatius brauche nur nachher die Hand zur Reinigung aufzulegen. Dies sei jedoch in dem besprochenen Fall nicht einmal nötig; denn dabei handle es sich nicht um eine böswillige Verdrehung, sondern allein um sprachliche Unwissenheit.

Uebrigens war mit dieser Entscheidung der Streit keines= wegs beigelegt. Der bayerische Herzog hatte den Virgilius gerne aufgenommen und ihm Salzburg als Bistum überwiesen. Er hätte nun von Bonifatius sich weihen lassen müssen. Dessen weigerte sich der Schotte. Er fand einen Ausweg. Alle bischöflichen Geschäfte, zu welchen man die Weihe brauchte, ließ er durch einen Wanderbischof verrichten. Er selbst behielt sich bloß die Leitung der übrigen Amtsgeschäfte vor. So hatte er sein Bistum gerettet und doch die Weihe aus den Händen des verhaßten Römlings abgelehnt. Diese Haltung mußte dem Bonifatius Mißbehagen einflößen. Virgilius er= schien ihm desto bedrohlicher, als er am bayerischen Hofe wohlgelitten war. Die Sonderungsgelüste waren in diesem Lande nichts Neues, und Virgilius schien der Mann dazu, denselben Vorschub zu leisten. Diese Gefahr wollte Bonifatius beseitigen, so lang dies noch möglich war. Virgilius mußte unschädlich gemacht werden. Der Titel zu solchem Vorgehen war bald gefunden. Bonifatius berichtete nach Rom, der Bischof glaube, „daß eine andere Welt und andere Menschen unter der Erde" seien. Virgilius hatte offenbar als ein heller Kopf die Kugelgestalt der Erde erkannt und daraus auf das Dasein von „Gegenfüßlern" geschlossen. Solche Meinungen waren freilich in den Augen der damaligen Gläubigen eine unerhörte Frechheit. Der Bischof hätte ja seine „gottlosen" Gedanken haben können; aber dieselben offen bekennen, das war zu viel. Der Papst verdammte die Lehre, ermahnte den Bonifatius, das Vergehen des Angeklagten zu untersuchen und forderte den Herzog Odilo auf, den Bischof abzusetzen. Merk= würdig! Virgilius blieb in seiner Stellung. Der bayerische Hof verhandelte offenbar hinter dem Rücken des Bonifatius mit Rom und dieses ließ sich), geschmeichelt durch diese Aufmerksamkeit, gewinnen. Ja, später wurde Virgilius mit aller Feierlichkeit zum Bischof geweiht!

Alles Anzeichen, daß Rom selbst immer mehr in die Geschicke der Staaten und die einzelnen Fragen eingreift; der Erzbischof tritt immer weiter in den Hintergrund. Man gewöhnt sich mehr und mehr, den Papst in innerkirchlichen Angelegenheiten als höchsten Richter entscheiden zu lassen. Er fordert nicht mehr auf, er giebt nicht mehr bloß Räte: er macht Anspruch auf die Rechtsprechung und befiehlt — wenn auch auf Kosten seines Erzbischofs und treuesten Dieners Bonifatius!

25. Letzter Kirchentag (747).

Das Papsttum war es, welches auf dieser letzten Kirchenversammlung, der Bonifatius anwohnte, den ersten entscheidenden Schritt zur Eroberung der Macht im Frankenreich that. Die Versammlung wurde wahrscheinlich in Düren abgehalten, einem Städtchen zwischen Köln und Aachen gelegen. Es war eine stattliche Versammlung, welche sich hier zusammenfand. Ob die Fürsten anwesend waren, ist zweifelhaft. Bonifatius leitete die Versammlung und verkündete die Beschlüsse.

Den Versammelten wurde eine Erklärung vorgelegt des Inhalts: „Sie wollten den katholischen Glauben und die Einheit mit der römischen Kirche, sowie ihre Unterwerfung unter dieselbe bis ans Ende ihres Lebens bewahren und dem heil. Petrus, seinem Stellvertreter, wollten sie untergeben sein. In allen Stücken sei ihr Begehr, das Gebot des Apostelfürsten treulich zu erfüllen, damit sie zu den ihm anvertrauten Schafen gezählt würden." Diese Erklärung wurde einstimmig angenommen; alle Anwesenden unterzeichneten dieselbe. Wahrhaftig! ein großer Erfolg für Bonifatius. Der Angelsachse hatte die Deutschen gewöhnt, ihre Augen auf Rom zu richten. Er verstand zu warten und drängte nicht vorwärts. Aber er that alles, um die Entwickelung dahin zu führen, daß eines Tages das päpstliche Recht auch im Frankenland klar und offen anerkannt wurde. Und dieser Tag war jetzt erschienen: ein Freudentag für den Diener des apostolischen Stuhles, welcher allein in ihm und in der Einheit der Kirche auf dem Felsen Rom den Segen des Evangeliums verbürgt glaubte,

ein Jubeltag für den Vatikan, welcher diese Unterwürfigkeits=
adresse mit Recht als den Anfang des vollständigen Sieges
betrachtete. Die Briefe, welche der heil. Vater sandte, über=
strömen von Dankesworten. Er giebt den Bischöfen alle
möglichen Schmeichelnamen und fährt fort: „Es sei der Glanz
des Herrn über euch und die überströmende Gnade des
Friedens und der Liebe, damit ihr seid Ein Körper eurer
geistlichen Mutter, der katholischen Kirche Gottes, in welcher
wir nach Gottes Befehl Oberhaupt sind ... ich freue mich ...
indem ihr euch zu dem Gönner und Meister gewandt habt,
den Gott eingesetzt hat, dem seligen Apostelfürsten Petrus.
Jetzt ist mit Gottes Hülfe eure Heiligkeit mit unserer Gesell=
schaft vereint in Einem geistlichen Schafstall und wir haben
nun Einen Hirten, welcher von dem Hirten der Hirten als
Apostelfürst eingesetzt ist ...“

Doch was sagten die Hausmeier dazu? Sie ließen die
Sache ruhig geschehen. Pippin fühlte sich mächtig genug, als
daß er gefürchtet hätte, die Zügel der Regierung über die
Kirche möchten ihm aus der Hand genommen werden können.
Er sah in dieser Adresse nichts Gefährliches; es konnte ihm
nur recht sein, den Papst in guter Laune zu erhalten. Denn
schon hatte er Gedanken, den Merovingerkönig zu stürzen.
Der Papst ging deshalb in seinem Jubel viel zu weit. Die
Beschlüsse waren zunächst nichts anderes, als eine begeisterte
Dankesäußerung der Versammlung, der aber die Frankenherzöge
weder zugestimmt noch widersprochen hatten. Die Beschlüsse
waren nicht vom Herzog gefaßt: mit diesem hatte der Papst
immerhin noch zu rechnen. Somit wäre es durchaus unrichtig,
wollte man annehmen, die Rechtslage der Kirche habe sich
mit Einem Schlag geändert. Der Herzog ist immer noch
Herr seiner Kirche. Aber der Erfolg war errungen, daß das
Ansehen des Papstes als Richter in innerkirchlichen Dingen
immer stärker wuchs.

Es ist merkwürdig, daß Bonifatius auf jenem Kirchentag
genaue Bestimmungen darüber gab, wie sich Erzbischof und
Bischof zueinander verhalten sollten. Wo waren denn solche
Erzbischöfe? Pippin war nicht geneigt, in seinem Lande
Bischöfe mit dieser mächtigen Gewalt auszurüsten. Offenbar
war den Fürsten das erzbischöfliche Amt lästig und sie thaten
nichts, um dasselbe einzuführen. Wir wissen überhaupt gar

nichts Bestimmtes darüber, ob es in fränkischen Landen einen Erzbischof gab oder nicht. Jene Ausführungen des Bonifatius waren demnach rein lehrhafter Art. Erfreulich ist, daß die Versammlung nicht mehr nötig hatte, unwürdige Priester abzusetzen. Christliche Sitte hatte demnach einen Fortschritt gemacht. Der Widerspruch gegen den römischen Erzbischof war etwas im Abnehmen. Seine Anordnungen hatten wenigstens angefangen sich einzuleben, wenn auch natürlich noch lange nicht alles nach seinem Wunsch und Willen ging.

Wie groß die Arbeit war, welche Bonifatius geleistet hatte, geht aus einem Briefe hervor, welchen er an Cudbercht von Canterbury sandte. Er erscheint hier so recht als ein müder, abgematteter Arbeiter, der sich auf den Feierabend freut. Er fühlt sich nicht mehr stark genug, das Schiff der Kirche aufmerksam zu lenken; und doch vermag er es nicht über sich, dasselbe im Stich zu lassen. Er will die Worte des Hohen Liedes auf sich anwenden: „Meiner Mutter Kinder zürnen mir; man hat mich zum Hüter des Weinbergs gesetzt; aber meinen Weinberg, den ich hatte, habe ich nicht behütet" (1, 5). Er erwartete, „daß er Trauben brächte, aber er trug Herlinge". Er meint, einem Hund zu gleichen, „der zwar bellt, wenn er Räuber und Diebe das Haus seines Herrn verwüsten sieht; aber weil er keine Hülfsgenossen hat, nichts als stöhnend aufseufzt und trauert." Doch raffte er sich wieder auf. Was er so oft mündlich gesagt, will er schriftlich niederlegen, daß das geschriebene Wort noch lange nachhalle. So verfaßte er eine Schrift „über die Einheit des katholischen Glaubens". Der Grundgedanke derselben ist: die Eine katholische Kirche unter dem Einen Lenker und dem Stellvertreter des heil. Apostelfürsten ist die wahre, heilige, apostolische Kirche. Das ist der Gedanke, für welchen Bonifatius sein Leben einsetzte.

26. Karlmanns Rücktritt. Pippin König.

Im Frankenreich war eine große Veränderung vor sich gegangen. Die Alamannen hatten die Treue gebrochen (745). Um sie zu demütigen, griff Karlmann zur List. Er gab vor, einen Krieg gegen die Sachsen führen zu müssen. Zu diesem Zwecke bot er auch das alamannische Heer auf die Walstätte nach Canstatt. Dieselben kamen gehorsam, da sie sich gegen

den trefflich gerüsteten Karlmann im Augenblick nicht vor=
zugehen getrauten. Als ihr Aufgebot am Platze war, ließ es
Karlmann umzingeln und die Alamannen mußten sich ergeben.
Er übte ein strenges Gericht unter ihnen, mehrere Tausend
blieben auf dem Platz. Der Widerstand Alamanniens war
gebrochen.

Allein Karlmann scheint nachher diese That bereut zu
haben. Er faßte den Entschluß, seinen Fehltritt wieder gut
zu machen. Dies konnte nach Anschauung der damaligen Zeit
am besten durch den Eintritt in ein Kloster geschehen. So
ordnete er noch die Angelegenheiten seines Reiches, beschenkte
Klöster und Kirchen, traf mit Pippin ein Uebereinkommen,
welches dahin ging: Pippin sollte solange allein regieren, bis
Karlmanns ältester Sohn, Drogo, soweit herangewachsen sei,
daß er die Herrschaft übernehmen könnte. Dann nahm er
Abschied von seinem Weibe und legte Ende des Jahres 747
die Herrschaft nieder. Ein großer Entschluß! Weg von
glänzender Herrschaft, weg von stolzen Unterthanen, weg von
Weib und Kind — das erforderte große Selbstüberwindung.
Schon in seiner Zeit hat der Schritt vom Thron zum Kloster
großes Aufsehen erregt. Das Klosterleben hatte eben nie
seinen Reiz auf den Mann auszuüben unterlassen, dessen
Kindeserinnerungen an Klostermauern hafteten. Die Ent-
sagung gerade der Fürstenwürde galt zudem als ausnehmendes
Verdienst, und Karlmann wollte sich dasselbe erringen. Und
doch ist es merkwürdig, wie im selben Jahrhundert manche
Fürsten ein unwiderstehlicher Zug zum Kloster, zur Einsamkeit zieht: der englische König von Mercia und der von Essex
stiegen vom Throne und weihten ihre Kronen dem heil. Petrus,
und zwei Jahre nach Karlmann that der Lombarde Rachis
denselben Schritt. Das Kloster war ein Ort der Sühne;
hier konnte man abbüßen, was man in Krieg und Frieden
gesündigt hatte.

Mit großer Begleitung zog Karlmann gen Italien.
Unterwegs suchte er St. Gallen auf und Pippin beschenkte
dem scheidenden Bruder zu lieb das Kloster aufs freigebigste.
In Rom besuchte er den Papst und gab ihm durch reiche
Geschenke seine Unterthänigkeit kund. Der Papst war hoch=
erfreut über den fürstlichen Besuch, verschmähte auch einen
silbernen Bogen, 70 Pfund schwer, nicht und nahm dann

dem hohen Beichtkind das Klostergelübde ab. Unweit Roms, auf dem Berg Soracte, baute sich Karlmann ein Kloster, in welchem er jedoch nur kurze Zeit verweilte. Das berühmte Kloster auf dem Monte Cassino zählte ihn bald unter seinen Genossen. Ein Kranz von Sagen hat sich um die Gestalt des königlichen Mönches gewunden. Sie alle bezeugen seine unermüdliche Demut und aufrichtige Reue. Früh ist er gestorben (754).

Pippin war nun Alleinherrscher. Er zog seinen Stiefbruder Grifo an den Hof und wollte es einmal mit Freundlichkeit bei ihm versuchen. Doch Grifo vergalt diese Güte mit eitelm Undank. Er floh zu den Sachsen und wiegelte sie auf. Der Aufruhr wurde in kurzer Zeit niedergeschlagen. Das Christentum mußte dazu dienen, die ungefügen Sachsen zu treuen Reichsunterthanen zu machen. Der neue Glaube trennte sie von ihren Volksgenossen und brachte sie den Franken näher. Bonifatius freute sich über diesen Fortschritt und taufte hin und wieder bekehrte Stammesbrüder; war er doch selbst ein Sachse. Bei dieser Thätigkeit lebte er wieder auf. Unermüdlich beschäftigte er sich mit dem Wiederaufbau von zerstörten Kirchen und Kapellen. Vielleicht hat er erwartet, daß jetzt die Stunde schlagen würde, da er in Freiheit hingehen dürfte und den Sachsen das Evangelium verkündigen.

Unterdessen ließ Pippin das Ziel nicht aus den Augen, das er sich gesteckt hatte. Die Alleinherrschaft besaß er ja thatsächlich. Aber doch hatte er den Titel nicht dazu. Immer lebte noch dieses Scheinbild von einem König neben ihm. So beschloß er, den König seiner Würde zu entkleiden. Es ist bezeichnend, daß Pippin aus eigenem Antriebe in einen Briefwechsel mit dem Papste trat. Von Bonifatius nahm er dabei Umgang, und auch der Papst brauchte seinen Erzbischof nicht mehr. Ueber ihn weg verhandeln die Herrscher des geistlichen und weltlichen Reiches mit einander. Zunächst hatte Pippin dem Papst eine Reihe kirchlicher Fragen vorgelegt; er wollte sich beim päpstlichen Stuhl Rat in betreff des Seelenheils holen. Das war kein bloßes Scheinmanöver, denn es war ihm ernstlich darum zu thun, die Kirche seines Reiches in gesundem, guten Zustande zu wissen. Desto besser, wenn er mit solchen Anliegen den Papst vielleicht für weitere Schritte gewinnen konnte. Zacharias fühlte sich außerordent-

lich) geschmeichelt. Um dem Fürsten alle nur mögliche Be=
lehrung zu geben und ihn ganz in den Geist der römischen
Kirchengesetze einzuführen, verfaßte er ein kleines Werkchen,
in welchem er sämtliche Aussprüche der Kirchenväter und
Kirchentage, die von einigem Belang waren, bis hinauf in
die Apostelzeit zusammenstellte. Diese kleine Gesetzessammlung
überschickte er dem Frankenfürsten. Er gab der Sache sofort
größere Wichtigkeit und betrachtete dieses Schreiben nicht bloß
als Antwort an Pippin persönlich, sondern nannte in der
Adresse absichtlich alle Geistlichen und Fürsten des Franken=
landes; das Werkchen sollte in priesterlichen Versammlungen
durch Vorlesung verbreitet werden. Derart spielte sich der
Papst bereits als Gesetzgeber in der fränkischen Kirche auf.
Er befolgte die alte Weise: die Gegner durch die ständig
wiederholten Forderungen zu ermüden. So langweilig es
ist, immer zu hören, wie der Papst den Erzbischöfen und
Bischöfen seine Mahnungen giebt, wie er immer mit den=
selben Worten die Festhaltung der kirchlichen Ordnungen
befiehlt, so wohlberechnet ist dieses Verfahren. Schließlich
gewöhnt man sich an die Ansprüche, meint, es könne nicht
mehr anders sein, giebt nach, und Rom hat gewonnen. Doch
verfolgen wir, welch' weitere Maßnahmen dieser eröffnete
Briefwechsel zwischen Pippin und Zacharias herbeiführte.

Schon Karlmann hatte einst von seinem Bruder den
Ausdruck gebraucht: „Pippin, dem Gott die Sorge der
Regierung überträgt". Er ahnte, was kommen würde. Das
Scheinkönigtum der Merovinger war dem Untergange nahe.
Der Widerspruch zwischen dem scheinbaren Recht und der
wirklichen Gewalt war zu grell. Im Jahre 752 setzte Pippin
den König Childerich einfach ab.

Wie konnte er es wagen, den König vom Throne zu
stoßen? Wohl wußte man keinen mächtigeren Mann im
Frankenreich, als ihn. Auch die Geistlichen standen auf seiner
Seite; denn er war ein frommer Fürst, der mit Schenkungen
an die Kirche nicht kargte. Aber um den König zu stürzen,
brauchte er doch noch anderen Beistand. Der Königstitel
war ja allerdings nur noch eine leere Form. Aber das
Volk konnte eben empfindlich werden, wenn man diese Form
verletzen würde; es hatte trotz allem noch die Erinnerung
an den mächtigen König dieses Geschlechtes, der ihr Franken

reich gegründet hatte. So konnte nur einer helfen, welcher die größte Achtung genoß. Das war der Papst. Aeußerst günstig für Pippin war es, daß Zacharias nichts sehnlicher wünschen konnte, als einen engen Anschluß an das fränkische Reich. Der oströmische Kaiser hatte ihn verlassen; in Italien hausten die Langobarden, ein kriegslustiges, wildes Volk. Kein katholischer Fürst von irgend ansehnlicher Macht stand auf seiten des Papstes. Welch herrliche Aussichten mußten sich ihm bieten, wenn er den Frankenherzog gewinnen konnte! Hatte sich doch schon ein Vorgänger um die Gunst des Hausmeiers beworben, wenn auch vergebens. So rechnete Pippin, daß der Papst gern auf seine Absichten eingehen würde.

Zuerst berief er eine Versammlung seines Volkes zusammen und machte ihr den Vorschlag, Gesandte nach Rom zu schicken, welche den Papst um seine Meinung betreffend die Aenderung des Thronrechtes befragen sollten. Der Vorschlag wurde gebilligt. Die Gesandten, an ihrer Spitze der Abt von St. Denys, stellten dem Papste die Versunkenheit und Machtlosigkeit des Königshauses aufs eindringlichste vor. Der Papst hatte keinen persönlichen Grund, sich für Childerich zu erwärmen; er hatte niemals Verkehr mit demselben; die Herzöge hatten den Erzbischof bei seinem Reformationswerk unterstützt; sie kannte er schon von jeher als die einzigen Machthaber. Sachliche Bedenken hätte der Papst natürlich haben sollen; denn die ganze Angelegenheit lief auf einen Staatsstreich hinaus. Und die beabsichtigte Thronentsetzung war eine Gewaltthat und ist es heute noch. Ueber derlei Dinge konnte man sich jedoch im Vatikan schon hinwegsetzen; hier wurde nur die Frage erwogen: ist es klug? Und der Papst atmete auf, als ihm die fränkischen Gesandten unter der Hand Aussicht auf Unterstützung gegen die Langobarden machten. Da war nicht mehr zu zögern. Er gab den Bescheid: besser und nützlicher scheine es ihm, daß derjenige König genannt würde, welcher die Macht im Staate hätte, als jener, der fälschlich König genannt würde. Damit war der Staatsstreich gebilligt und der apostolische Stuhl hatte ihn gutgeheißen (752).

Sofort ging man ans Werk. Pippin wurde zu Soissons unter Zustimmung des Reiches zum König erhoben. Er und seine Gemahlin Bertrada wurden von den Bischöfen feierlich gesalbt. Childerich schickte man ins Kloster; auch die Königin wurde wahrscheinlich gezwungen, den Schleier zu nehmen. Damit war dem merovingischen Haus die Herrschaft genommen und dieselbe an das karolingische übergegangen. Jenes Gesicht, das Chlodovechs Vater gehabt haben soll, hatte sich jetzt erfüllt: einst sah er im Traume gewaltige Tiergestalten durch die Höfe der fränkischen Königsburg schreiten: Löwen, Einhörner, Leoparden. Dann erblickte er in denselben Räumen Bären und Wölfe und endlich sah er Hunde und kleine Tiere miteinander zanken und sich gegenseitig bellend anfahren. Dieses Gesicht deutete sein Weib auf die Schicksale des königlichen Hauses: es wird uns ein Sohn geboren werden, der wird in der Stärke gleich sein dem Löwen; seine Söhne werden sein wie die Leoparden; die von ihnen Erzeugten werden stark und gefräßig sein wie die Bären und Wölfe. Die aber, die du zuletzt sahest, werden die letzten des Reiches sein und werden herrschen wie die Hunde und ihre Kraft wird gleich sein wie die der kleinen Tiere.

Uns ist es eine liebe Gewißheit*), daß bei all diesen politischen Abmachungen Bonifatius ohne jede Mitwirkung geblieben ist. Weder hat er die Sache beim Papst vermittelt, noch hat er den neuen König gesalbt. Wie hätte denn später der Papst Stephan III, als er über die Alpen kam, den König nochmals salben können, wenn dies der päpstliche bevollmächtigte Erzbischof Bonifatius schon früher gethan hätte? Politische Fragen verstand Bonifatius nicht und wollte sie nicht verstehen. Er wollte — zu seinem Glück — kein Staatsmann sein und hätte sich dazu mit seinem empfindlichen Gewissen recht schlecht geeignet.

27. Fulda.

Eben dieses Gewissen machte ihm viel zu schaffen. Die alten Skrupel stiegen in ihm auf, ob er den Auftrag des Papstes auch recht erfüllt, ob er vor allem seinen Eid nicht gebrochen hätte, indem er mit unzüchtigen Geistlichen habe in Berührung kommen müssen. Der alte Erzbischof bittet den Papst um Vergebung für seine Sünden, falls er sich hierin vergangen und erklärt sich sogar bereit, Kirchenbuße

---

*) Vergl. hinten Seite 192 f.

zu thun. Ein rührendes, fast schmerzlich ergreifendes Bild! Er, der sich nie am Hof wohl gefühlt, beugt sich vor dem päpstlichen Hofe; er, der sich von Politik stets rein gehalten, bittet den um Vergebung, welcher einen Staatsstreich gebilligt; mit seinem zerrissenen Gewissen eilt er zu den Stufen St. Peters, wo man nach dem Gewissen öfters erst in zweiter Linie fragte.

Es sind fast lauter Kleinigkeiten, über welche Bonifatius den Papst zu Rate zieht. Er erkundigt sich, in welchem Alter die Priester anstellungsfähig seien; nach den kirchlichen Vorschriften war das 30. Lebensjahr festgesetzt. Bonifatius brauchte aber für seine neueingerichteten Kirchen viele jüngere Leute, und Zacharias trug den Verhältnissen Rechnung und ließ auch noch das 25. Jahr gelten. Ebenso machte es dem Erzbischof zu schaffen, daß er in einigen Notfällen an anderen Tagen, als an den gewöhnlichen, Priester geweiht hatte. Weiter fragte er an, ob sich beim Abendmahl die Nonnen gegenseitig die Füße waschen dürften; es war Brauch, daß sich die Mönche beim Mahl des Herrn diesen Dienst erwiesen. Im Frankenland war eine Menge von Segensformeln üblich, welche die römische Kirche nicht kannte; er zweifelte, ob dieselben anwendbar wären. Ebenso war er im Unklaren darüber, wie oft man in der Messe das Kreuz zu schlagen habe, was man in Bezug auf die Osterlampen beobachten müsse. Der Papst entschied dahin, daß am fünften Wochentag vor Ostern an einem geheimen Ort der Kirche drei nach der Gestalt des inneren Tabernakels aufgestellte Lampen von großem Umfang mit dem Oel, das man aus den verschiedenen Ampeln der Kirche gesammelt habe, unter fortwährend sorgfältiger Aufsicht unterhalten werden — und das in christlichen Kirchen, da man Gott anbetet im Geist und in der Wahrheit! Weitverbreitet war die sogenannte Königskrankheit: der Aussatz; wie waren diese unglückseligen Geschöpfe im Gottesdienst zu behandeln? Endlich fragte er über die Speisegesetzgebung an: wann man rohe, wann gekochte Speisen essen dürfe, ob Dohlen, Krähen, Störche, Biber, Hasen reine oder unreine Speisen seien. Zacharias verbot den Genuß aller dieser Tiere. Derlei Dinge erscheinen übertriebene Kleinigkeiten, mahnend an den Gesetzesbund des alten Testaments. Und doch waren sie dem Bonifatius ansehnend wichtig. Einheit der Kirche wollte er herbeiführen und jede noch so kleine Abweichung in Sitten und Gebräuchen mußte nach seinen Begriffen diese Einheit stören.

Andere Fragen waren von größerer Wichtigkeit. Zuerst jene im ersten christlichen Altertum vielfach besprochene Frage: ob der Christ einer heidnischen Verfolgung ausweichen dürfe oder nicht? Was hier dem einen Gewissen als feig erschien, mochte dem anderen als klug und geboten vorkommen. Schon früh mußten sich große Bischöfe verteidigen, weil sie den größten Gefahren sich durch die Flucht entzogen hatten. Bonifatius war geneigt, eine derartige Flucht als Fahnenflucht und Verrat an der Sache Christi aufzufassen. Der Papst entschied sich mehr dafür, daß eine Flucht geboten sei. Unthunlich erschien es dem Bonifatius, daß Sklaven, welche der Christen Land bewohnten, Zins für die Benutzung desselben bezahlen sollten. Der Papst wollte davon nichts wissen; er billigte das Zinsbezahlen ohne weiteres; anders würden, meinte er, die Sklaven meinen, sie seien Herren im Land. Das größte Leidwesen aber verursachten dem alten Mann seine Franken. Er beklagt sich, daß sie ihre Versprechungen gar nicht erfüllten. Ein Stein des Anstoßes war ihm Milo, der Mainzer Bischof. Immer saß er noch auf seinem Bischofstuhl und kümmerte sich keinen Deut um Angelegenheiten der Kirche. Zucht und Ordnung hörten in seinem Bezirk auf. Priester, Mönche und Nonnen lebten, wie es ihnen behagte. Das Vermögen der Kirche wurde verschleudert. Und Bonifatius mußte ruhig zusehen. Er wurde unzufrieden mit sich und seinem Werke; er sah überall nur die Schatten und klagte sich der Lässigkeit und Unachtsamkeit an. Gut war es, daß er einen Ort hatte, wo er mit dieser traurigen Stimmung fertig werden konnte. Das war sein geliebtes Kloster Fulda.

Hier waltete der Abt Sturm. Die Insassen hatten im ersten Feuer der Begeisterung ein strenges Gelübde abgelegt. Sie wollten sich des Fleischgenusses ganz enthalten; nur dünnes Bier durfte getrunken werden; kein Wein sollte über die Klosterschwelle kommen. Sie hatten keinen Knecht und erarbeiteten alles mit eigener Hand. Fulda sollte eine Musteranstalt werden. Deshalb war Sturm nach Italien gezogen und hatte alle Regeln geprüft, nach welchen die Mönche in

den einzelnen Klöstern lebten (751). Er regierte mit starker
Hand. Später ist er besonders durch Bekehrung der Sachsen
berühmt geworden und hat den Namen eines „Apostels der
Sachsen" errungen († 779). Was so dem Meister nicht ver=
gönnt war, fiel dem Schüler zu.

Bonifatius kam jedes Jahr nach Fulda, um von seiner
Arbeit auszuruhen. Er wohnte dann auf einem Hügel in
der Nähe, welchen dazumal noch dichter Wald bedeckte, später=
hin „der Bischofsberg" genannt. Dort hatte er sich eine kleine
Hütte erbaut, und hier saß der große Erzbischof und schaute
im Waldesdickicht träumerisch hinaus auf Vergangenheit und
Zukunft. Hier fühlte er sich wohl. Dieser Platz sollte ihm
eigen gehören. Zu diesem Zwecke wandte er sich an den Papst
mit der merkwürdigen Bitte, der päpstliche Stuhl möchte Fulda
unmittelbar unter seine Gerichtsbarkeit stellen. Er schilderte
dem Zacharias sein Klösterlein, wie es mitten in waldiger
Einsamkeit stehe, von frommen und gottesfürchtigen Männern
mit Schenkungen bedacht worden sei und sich großen Ansehens
erfreue; außerdem liege es sehr günstig mitten zwischen vier
Volksstämmen, welchen er das Evangelium verkündet habe.
Zacharias zögerte keinen Augenblick, die Bitte zu erfüllen.
In der Bestätigungsurkunde heißt es unter anderem: „Wir
untersagen, daß außer dem apostolischen Stuhl je ein Priester,
welcher Kirche er auch angehören möge, in dem obgenannten
Kloster irgend welche Gewalt und Ansehen habe, so, daß keiner,
wenn er vom Abt des Klosters nicht eingeladen worden ist,
sich in irgend einer Weise unterfangen soll, darin die Feier
der Messe zu begehen" (4. November 751). Diese Ausnahme=
stellung des Klosters Fulda war eine „unerhörte Neuerung"
im Frankenreich. Denn die Klöster standen nach dem frän=
kischen Recht einfach unter dem Bischof des Sprengels und
hatten einige sich von ihnen losgesagt, so hatte doch keines
gewagt, sich unmittelbar unter den Schutz des päpstlichen
Stuhles zu stellen. Allein Bonifatius traute eben den frän=
kischen Geistlichen nicht recht. Er befürchtete, daß dieselben
nach seinem Tode Fulda in irgend einer Weise bedrückten und
quälten. Es war ihm überhaupt ein unangenehmer Gedanke,
diesen seinen Lieblingsplatz der Macht der fränkischen Kirche
unterstellt zu sehen, in welcher er noch Gegner mehr als
genug hatte. Deshalb hatte er zu diesem Mittel gegriffen,

das in Italien und England oft angewendet wurde: nämlich
das Kloster unmittelbar unter den Rechtsschutz des apostolischen
Stuhles zu stellen. Pippin ließ es zu. Er wollte Bonifatius
nicht verletzen. Auch betrachtete er dies ganze Verfahren als
reine Ausnahme, das nur die Regel bestätigen sollte. Er war
fest gesonnen, die fränkische Kirche in der Hand zu behalten
und verordnete deshalb (11. Juli 755), daß nach kirchlichen
Gesetzen die Klöster den Bischöfen des jeweiligen Sprengels
unterthan sein müßten. Dies war gerade in diesem Augenblick
eine deutliche Sprache.

28. Mainz. Stephan II.

Nach der Krönung Pippins zum König hielt sich der
alte Bonifatius in den Grenzländern der Sachsen auf. Hier
erwachte in seinem Herzen der früher gehegte Lieblingsgedanke
mit neuer Kraft, den Heiden das Evangelium zu verkündigen.
Es lag ihm scheinbar nichts im Wege. Immer mehr mußte
er fühlen, daß er entbehrlich war. Deshalb wollte er die
alten Bande lösen.

An die deutsche Kirche knüpfte ihn sein Bistum Mainz,
welches ihm übertragen war. Er entschloß sich, diese Stellung
aufzugeben. Denn er hatte es satt, sich mit den fränkischen
Geistlichen herumzuschlagen. Gregor III. hatte ihm noch das
Recht gegeben, sich einen Nachfolger im kirchlichen Amt zu
wählen, und Zacharias bestätigte dieses Recht. Bonifatius
schaute nach einem Mann um, welchem er den wichtigen Posten
übertragen konnte. Es war Lul, welchen er dazu ausersah.
751 war dieser schon mit einer erzbischöflichen Sendung nach
Rom gekommen und hatte sich dort dem Papste vorgestellt.
Derselbe hatte einen günstigen Eindruck von dem Mann erhalten und Bonifatius zögerte nicht, ihn zum Chorbischof zu
weihen. Nun bat er Pippin, Lul zum Bischof in Mainz zu
ernennen; „er würde sicherlich zum Prediger und Lehrer der
Gemeinde taugen". Zugleich legte er ein Schreiben an den königlichen Kaplan bei, worin er ihm die üble Lage seiner Schüler
in herzbeweglichen Worten ausmalte. Es handelte sich dabei
meistens um seine Landsleute, welche aus England herbei
gekommen waren und sich in den Dienst der deutschen Mission
gestellt hatten. An vielen Orten zerstreut, seien sie nachgerade

im Dienst ergraut und führten teilweise ein äußerst kärgliches und armseliges Leben. Lul sollte ihnen ein rechter Meister werden. Der König gewährte die Bitte. Freilich die Würde des Erzbischofs und päpstlichen Stellvertreters war damit dem Lul nicht übertragen; diese Würden hafteten eben an der Person des Bonifatius selbst. Allein der Erzbischof war befriedigt und dankte dem König in recht freundlichen Worten, daß er „sein Alter und seine Hinfälligkeit zu lindern geruht habe". Noch weihte er den eingesetzten Bischof, nahm ihn an der Hand und empfahl ihn allen anwesenden Fürsten. Dies war eigentlich der Abschied von der fränkischen Kirche: er sollte ihr nicht weiter dienen.

Bonifatius Wunsch war in Erfüllung gegangen: er fühlte sich frei. Seine Kräfte nahmen wieder zu. Er fühlte sich so rüstig, daß er dem König schreiben konnte, er hoffe, ihm wieder dienen zu können. König und Erzbischof standen in gutem Verhältnis zu einander. Lul schloß sich Bonifatius an und beide machten eine Rundreise in den Gemeinden. Es ist ein wehmütiger Anblick, wie der alte Mann mit rührender Sorgfalt dem kräftigen Nachfolger seine Schöpfungen übergiebt, ihm die Seelen, die er bisher versorgt hatte, anbefiehlt, wie er ihn bittet, den armen Geistlichen beizustehen, die angefangenen Kirchen zu vollenden, und die Gemeinden in der Heilserkenntnis zu fördern. Wie viel Gedanken mußten den Erzbischof bewegen, als er durch die wohlbekannten Gegenden ging: wie viele Liebe, die er erfahren, wie vielen Haß, den er getragen, riefen ihm diese Orte ins Gedächtnis! Eben diese hessisch-thüringische Kirche war sein Werk, das ihm Gott hatte gelingen lassen. Einst war er eingezogen allein, unerfahren: nun hatte er Hunderte nach sich gezogen und eine Kirche war erstanden, welche Schönes versprach. Manchmal mag ihn die Erinnerung überwältigt haben! Doch Bonifatius war keine sentimentale Natur. Arbeit war seine Freude gewesen, und wirken wollte er bis ans Ende. Er bat den König um Schutz für seine thüringischen Gemeinden. „Ich bitte den Herrn Christus, er wolle euch im Himmelreich ewiglich dafür lohnen, daß ihr meine Bitte erhört!" Das war der Segen des scheidenden Hirten. Ehe er von Lul ging, zog er ihn in ein vertrautes Zwiegespräch. Er empfahl ihm besonders sein Klösterlein Fulda. Dort wolle er einstens begraben werden.

In seinem Grabe sollten die Gebeine seiner Freundin Lioba ruhen. Ihre Arbeit im Leben sei eine gemeinsame gewesen; ihre gegenseitige Liebe habe ihnen zum Trost und Schutz ge= dient; deshalb wollten sie auch in gemeinsamer Hoffnung warten auf den Tag, da die Posaunen rufen und die Menschen auferstehen werden aus ihren Gräbern. Ob solchen Reden wurde beiden Männern das Herz schwer. Aber beide waren stark genug, den Schmerz zu überwinden.

Bonifatius wollte noch einmal hinaus unter die Heiden, ihnen das Evangelium zu predigen. Deshalb ließ er auch „das letzte Band fallen", das ihn noch mit Rom verknüpfte. Das Verhältnis zu Zacharias war kein so freundliches gewesen, wie zu seinen Vorgängern. Er war am 15. März 752 ge= storben, seinen Nachfolger traf nach wenigen Tagen der Schlagfluß. Noch in demselben Monat bestieg Stephan II. den päpstlichen Stuhl. Man wird fast unwillkürlich erinnert an die Erzählung aus dem alten Testament von Joseph und der Zeit nach ihm, da es heißt: es kamen Könige auf, die nichts wußten von Joseph. So schien es, daß Stephan II. nichts von seinem Erzbischof wußte, welcher es sich seines Lebens Kraft hatte kosten lassen, in deutschen Landen eine katholische Kirche fest zu gründen und dem Papst den Weg zum fränkischen Fürstenhause zu ebnen. Bonifatius war zu sehr mit seinen Gedanken beschäftigt, als daß er einen Brief= wechsel mit dem Papst als notwendiges Bedürfnis empfunden hätte. Zwei oder drei Jahre lang berücksichtigten sich die beiden Männer nicht. Erst dann kam Bonifatius dazu, nach Rom zu schreiben. Er entschuldigte sich wegen der Verspätung seines Briefes. Seine Arbeit in Nordschwaben habe ihn daran gehindert. Noch immer zeigt er sich als den treuen, dienst= beflissenen Untergebenen des heiligen Stuhles; er schreibt unter anderem: „wo ich weniger geschickt oder gar unerfahren etwas gesagt oder gethan zu haben erfunden werde, so verspreche ich nach dem Urteil der römischen Kirche bereitwilligst und demütigst mich zu bessern". Ob Stephanus auf diesen freundlichen Brief antwortete, wissen wir nicht; jedenfalls verzichtete er auf weitere Dienste und verkehrte unmittelbar mit Pippin. Er kam selbst über die Alpen herüber: der erste Papst, welcher sich dazu entschloß. Er kam als Bittender. Hatte ihn doch der Langobardenkönig Aistolph abgewiesen und die Unter=

werfung Roms gefordert. Aber er trat nicht als Bittender
auf. Als oberster Kirchenfürst wollte er den König weihen,
welcher sich als getreuer Sohn der katholischen Kirche erwiesen
hatte, die er nach außen gegen die Heiden beschützte, im
innern durch die Reformen des Bonifatius kräftigte. Im
königlichen Schloß zu Phontion begrüßen sich die beiden
Herrscher. Pippin versprach dem Papst, er wolle ihn in
seinem Besitzstand schützen. Damit hatte dieser sein Ziel er=
reicht. Der König lud ihn ein, in St. Denys seinen Winter=
aufenthalt zu nehmen. In den Frühlingsmonaten erkrankte
der Papst so schwer, daß man an seinem Wiederaufkommen
zweifelte. Wider Erwarten erholte er sich. Nun wollte er
nicht länger zögern, den christkatholischen Frankenkönig zu ehren.
Mit aller Feierlichkeit wurde Pippin in der St. Dionysius=
kirche bei Paris gesalbt; ebenso erhielten seine beiden Söhne,
Karl und Karlmann, die Weihe. Pippin wurde zum „römischen
Patricius" ernannt. Einstweilen ruhte Bonifatius auf seinem
Bischofsberg bei Fulda und führte einige Zeit ein Leben
stiller Beschaulichkeit. Ihn berührten diese Weltereignisse nicht.
Seine Gedanken bewegten sich in ganz anderer Richtung.

29. Letzte Missionsreise.

In Friesland hatte des Bonifatius Lauf begonnen; in
Friesland sollte er schließen. Wie hatten sich dort die Ver=
hältnisse gestaltet? Willibrord war unersetzlich. Lange Zeit
blieb der Utrechter Bischofsitz unbesetzt. Auf Karlmanns Befehl
hatte Bonifatius endlich einen tüchtigen Mann dorthin gesandt.
Aber nach dessen Tod trat dieselbe Unordnung ein. Der
Bischof von Köln maßte sich das Recht an, im Utrechter
Sprengel zu regieren; trotzdem kümmerte er sich äußerst wenig
um denselben. Die Mönche an der Martinskirche thaten,
was des Bischofs Amt gewesen wäre.

Da eilte Bonifatius mit jugendlicher Kraft herbei. Er
ließ sich seine Kiste mit Büchern füllen; denn die wissen=
schaftlichen Beschäftigungen wollte er nicht aufgeben. „Aber",
sagte er zu Lul, „lege auch das Linnen dazu, in das man
meinen altersschwachen Leib hüllen wird." Noch einmal
wollte er Lioba sehen, bevor er abreiste. Ob sie sich noch
getroffen haben, wissen wir nicht. 754 traf Bonifatius in

Friesland ein. Mit kräftigem Arm fuhr er durch. Er setzte auf den leeren Bischofstuhl seinen Chorbischof Eoban. Eben dieser Rechtshandel zwang ihn — diesmal zum letztenmal — an den apostolischen Stuhl zu gehen. Er bat um Bestätigung dieses Bischofs; außerdem möge der Papst ihm die Urkunden aus dem römischen Archiv zustellen, um den Kölner Bischof von der Ungerechtigkeit seiner Forderungen zu überzeugen. Leider wissen wir wiederum nicht bestimmt, ob ihm Stephan II. antwortete. Jedenfalls blieb Utrecht ein eigenes Bistum und Bonifatius hat demnach gesiegt.

Noch einmal kehrte er zu seiner thüringischen Kirche zurück. Allein im folgenden Jahr (755) zog es ihn un= widerstehlich zu den wasserreichen Gestaden Frieslands. Der Erzbischof nahm Abschied von Lul und seinen Genossen. Alle waren tief erschüttert. Sie ahnten, daß sie ihn nicht mehr sehen würden. Bonifatius war heiter; durfte er doch nach seines Herzens Wunsch zeugen von Jesu Christo unter den Heiden ohne Banden, ohne Rücksichten. Er bestieg sein Schiff und fuhr den Rhein hinab. Von da ging's in die Zuidersee. An der Ostseite derselben landete die Gesellschaft. Predigend und taufend war er allmählich bis nach Dockum gelangt (an dem Flüßchen Bordne gelegen). Es war ein kleines Gehöft. Dorthin hatte er auf einen bestimmten Tag die Neugetauften zusammenberufen, um ihnen die Firmung zu erteilen. Er erwartete seine Schützlinge in gehobener Stimmung. Aber statt der frommen Gesänge ertönte wildes Geschrei. Eben steigt die Sonne in prachtvollem Licht am Himmel empor; da stürzt eine Menge von heidnischen Friesen auf die Zelte der Christen ein. Bonifatius ist so überrascht von diesem plötzlichen Angriff, daß er noch, wie zum Schutz, das Evangelienbuch über das Haupt hält. Aber schon holt ein Friese zum Todesstreich aus. — Der 5. Juni 755 wird als Tag seines Märtyrertodes angegeben.

Es war ein blutiges Schauspiel, das die aufsteigende Sonne beleuchtete. Die meisten Genossen wurden nieder= gehauen: die Zelte ausgeraubt und verbrannt. Als die christlichen Friesen von dem Tod ihres Meisters erfuhren, rächten sie denselben an ihren Landsleuten. Den Leichnam brachte man nach Utrecht unter Weinen und Klagen. Als Lul eine Botschaft sandte, welche den Leichnam des Erz-

bischofs nach Mainz zu bringen befahl, widersetzten sich die
Friesen. Allein er konnte sich auf die klaren Worte des
Verstorbenen berufen, wonach er bestimmt hatte, in Fulda
bestattet zu werden. Es war ein feierlicher Zug, der von
Norden daherkam: sie trugen einen großen Toten. Glocken-
geläute empfing ihn in der Bischofstadt. Unter Psalmen-
gesang wurde die Bahre zum Stadtthor hereingetragen. Nun
eilte Sturm nach Mainz, um den entschlafenen Meister zur
letzten Ruhestätte zu abzuholen. Am Ufer des Rheins standen
die Edlen des Volkes und daneben arm und gering: alle
trauerten um den, der ihnen jetzt genommen war. In seinem
geliebten Fulda wurde der Leichnam bestattet.

30. Lioba.

Ihr sei noch ein kleines Gedenkblatt gewidmet!

Sie traf der Tod des Bonifatius am härtesten. Ihr
war er auf Erden alles gewesen. Ihr hatte er noch seine
Kutte geschenkt, und unvergeßlich blieb ihr die Mahnung,
welche er daran geknüpft hatte: das deutsche Land nie zu
verlassen. Sie ehrte den Toten, indem sie treulich an dem
begonnenen Werk weiter arbeitete. König und Fürsten kehrten
bei ihr ein um ihre Weisheit zu bewundern und ihre Aufmerksamkeit durch irgend einen Dienst zu bezeugen. Eine
liebe Freundin gewann sie in der Königin, und diese Freundschaft erleichterte ihr die Arbeit in ihrem Tagewerk. Hochbetagt und müde des Amtes, ordnete sie die Angelegenheiten
ihres Klosters und begab sich auf den Rat des Bischofs Lul
nach Schonersheim unweit Mainz. Dorthin schickte die
Königin Hildegard einen Boten mit der dringenden Bitte,
sie und ihren Gemahl mit einem Besuche zu erfreuen. Sie
folgte der Einladung und verlebte einige schöne Tage an dem
Hofe, der sie so freundlich aufgenommen. Beim Abschied
küßte sie die Königin und sagte: „Leb' ewig wohl, geliebteste
Herrin und Schwester! Christus unser Schöpfer und Erlöser
gebe, daß wir uns am Tag des Gerichts ohne Beschämung
wiedersehen." Ins Kloster zurückgekehrt, fing sie zu kränkeln
an. Bald schlug ihre Stunde. Am 28. September 779
ging sie zur ewigen Ruhe heim.

Bonifatius hatte sie einst gerufen; in Bonifatius Grab
senkte man ihren Leichnam. Gerade ihr hat das deutsche
Volk nicht wenig zu danken; für immer ist ihr Name mit
dem des Bonifatius verbunden. Auch unser Württemberger
Land besitzt der Sage nach eine ihrer Stiftungen: Liebenzell.
Die warme Quelle verdanke ihren Ursprung den Thränen,
welche Lioba dort über das Elend der deutschen Heiden
geweint!

II. Beurteilung von Bonifatius Person und Werk.

Das Leben des Bonifatius liegt vor uns. Wir haben
ihn auf seinem Weg von England herüber, auf seinen Reisen
durch die deutschen Gaue und auf seinem letzten Gang zu
den friesischen Gestaden begleitet. Blicken wir nochmals mit
prüfendem Auge darauf zurück!

Durch all sein Reden und Handeln hinterläßt Bonifatius
unwillkürlich einen Gesamteindruck günstiger Art. Er ist
eine in sich geschlossene Persönlichkeit. Das hastende und
unbefriedigte Treiben eines Amandus, das Hin= und Hertasten
der irischen Missionare ist ihm fremd. Wir fassen den Ein=
druck, den wir von dem Arbeiten des Bonifatius erhalten
haben, einfach dahin zusammen: Er war ein Charakter.

Nichts lag dem deutschen Erzbischof ferner, als sich zu
beteiligen an politischen Machenschaften. Hofluft war ihm
zuwider; er glaubte, darin ersticken zu müssen, und gerne hat
er sich auf seinen einsamen Waldberg zurückgezogen, um dort
unter den Bäumen des deutschen Waldes sich zu sammeln
und zu stärken. Er sehnte sich weg von den Palästen, in
welchen hochmütige Kirchenfürsten in üppigen Gewändern
einherstolzierten und Grafen und gefürstete Herrn die Fragen
des Staatswohls in ihrer Weise besprachen. Wäre er nicht
einfach durch seine Aufgabe und sein Amt gezwungen gewesen
— wahrlich! er hätte nie den Umgang mit den Großen
dieser Welt gesucht. Er fühlte gar kein Bedürfnis darnach.
Denn die Sache des Christentums war ihm eine heilige
Angelegenheit. Dazu wollte er sich nicht verstehen, daß

dasselbe durch Politik gefördert werde, welche unter Umständen auch Mittel benutzte, die dem heiligen Zwecke nicht entsprachen. Allerdings erschien es ihm selbstverständlich, daß der Staat seine Macht zur Ausbreitung des Christentums benützen soll, und Karl der Große ist ganz in seinen Spuren gegangen, als er die Sachsen zum Uebertritt zwang. Hat er doch selbst die Großen des Thüringerlandes aufgefordert, ihren Einfluß geltend zu machen. Trotzdem ist er dadurch seinem Grund= satz nicht untreu geworden. Denn er war sich dabei gewiß, rein auf dem Standpunkte des wohlmeinenden Erziehers zu stehen, welcher für das Wohl seines Zöglings unter Umständen gegen dessen Willen zu sorgen hat. Und andererseits hätte er sich überall gesträubt, dem Staate das Recht zuzuerkennen, allein deshalb die Leute zum Christentum zu führen, damit sie an den christlichen Staat der Franken desto fester ge= kittet seien. Um der Vortrefflichkeit des Christentums selbst willen sollte der Staat für die Mission sorgen.

Deshalb durfte nach seiner Anschauung das Christentum nicht mit politischen Fragen verquickt werden. Sein eigenes Verständnis für Politik war so gering, daß er auch anderen Amtsgenossen nicht ohne Weiteres zutraute, sie könnten sich etwas derart beigehen lassen. Es ist doch unbestreitbar, daß der Eifer, welchen der Vatikan zu Rom der Missionsarbeit des Bonifatius entgegenbrachte, kein durchaus lauterer war. Dem Papst war es zum mindesten ebenso sehr um Aus= breitung seiner Macht, als um Verkündigung des Evangeliums unter den deutschen Stämmen zu thun. Und war es nicht volles Bewußtsein, so war es eine richtige Ahnung, daß die Päpste gerade hier in deutschen Gauen durch des Bonifatius treues Wirken sich ihr festestes Machtgebiet schufen. Von dem allem ahnte Bonifatius selbst kaum etwas. Dem aposto= lischen Stuhle vermochte er nichts Arges zuzutrauen, wenn er vielleicht auch an den Personen, die darauf jeweilig saßen, etwas auszusetzen hatte. Nein! die Päpste brauchten sich über ihn nicht zu beklagen! er war ihnen treu und ganz ergeben; und sie wußten sich diese volle Hingabe eines treuen Arbeiters zu nutz zu machen, wie dies von jeher zu den Hauptkünsten Roms gehört hat.

Ein strittiger Punkt ist das Verhalten des Erzbischofs bei dem Staatsstreich Pippins. Manche Schriftsteller katho lischer- und evangelischerseits geben sich viele Mühe, ihn dafür verantwortlich zu machen. Mit Unrecht! wir wissen bestimmt, daß er nicht im Rat Pippins gesessen ist, als über diese Angelegenheit verhandelt wurde. Wir wissen, daß nicht er es gewesen ist, welcher in Rom die Sache Pippins vertrat, sondern der Abt Fulrad; ebenso gewiß ist es, daß dieser jenen günstigen Bescheid vermittelt hat, durch welchen sich der Hausmeier vollends zum Sturz des Königs berechtigt glaubte. Dies steht also fest, daß er weder den Rat zum Staatsstreich gegeben, noch die Ausführung desselben vermittelt hat. Eine andere Frage ist die: hat Bonifatius den nun zum König erwählten Pippin gesalbt? Die Einen — und es ist die Mehrzahl — bejahen diese Frage, andere verneinen sie; wir schließen uns den letzteren an*): für uns steht Bonifatius in dieser ganzen Angelegenheit rein da.

Politische Händel gingen ihn wenig an. Er verkehrte genau ebenso mit den fränkischen Hausmeiern wie mit ihrem Gegner, dem stolzen Bayernfürsten. Ihm kam es allein darauf an, daß die Kirche gefördert werde; ihr war sein ganzes Denken gewidmet. Am Interessantesten ist in dieser Beziehung ein Brief an jenen unglücklichen Aufrührer Grifo, welcher uns von des Bonifatius Hand erhalten ist. Grifo hatte in Sachsen die Fahne des Aufruhrs entrollt. Zündstoff war überall reichlich vorhanden. Da dachte der alte Erzbischof mit Schrecken daran, wie seine Gemeinden in Hessen und Thüringen diesen feindlichen Scharen ausgesetzt seien. Darum wandte er sich unmittelbar an Grifo und bat ihn inständig: „wenn euch Gott die Macht verleiht, die Diener Gottes und die Geistlichen und Priester in Thüringen,

---

*) Hauck in seiner ausgezeichneten „Kirchengeschichte Deutschlands" hält daran fest, daß Bonifatius Pippin gesalbt habe, und meint: dem Bonifatius konnte nicht in den Sinn kommen, das zu verwerfen, was der Papst als sittlich gerechtfertigt anerkannt hatte. Für unsere Stellungnahme ist weniger das ausschlaggebend, daß der Name des Bonifatius in einer Reihe linksrheinischer Quellen nicht bei der Salbung genannt wird, als vielmehr das andere: daß die später erfolgte Königsweihe durch Stephan III., welche mit so großem Aufwand in Scene gesetzt wurde, nicht als Wiederholung oder Ergänzung einer früher vom päpstlichen Vikar Bonifatius vorgenommenen, nur vorläufigen Salbung erwähnt wird? Und eine solche hätte man doch nicht einfach unberücksichtigt lassen können, wenn sie stattgefunden hätte.

die Mönche und Mägde des Herrn gegen die Bosheit der Heiden zu schützen und dem christlichen Volk zu helfen, damit die Heiden sie nicht zu Grunde richten." Aus diesem Brief haben viele herausgelesen, daß Bonifatius die empörerische Haltung Grifos gutgeheißen habe, ja daß er dem Pippin eine Niederlage gewünscht habe. Ein solcher Landesverräter war Bonifatius nicht. Er bat einfach um Schutz für seine Kirchen und bat darum nicht Grifo, den Empörer, sondern Grifo, den Christen, der seinen heidnischen Truppen dementsprechende Befehle geben sollte. Ja er redete ihm sogar, wenn freilich ganz leise, ins Gewissen. In demselben Schreiben mahnt ihn Bonifatius an „die Worte des Psalmisten: des Menschen Tage sind wie Gras; er blühet wie eine Blume des Feldes," und an „das Wort des Apostels: die Welt stehet im Argen". „Ebenso", fährt er fort, „stehet die Wahrheit im Evangelio: So einer die ganze Welt gewänne, und nähme doch Schaden an seiner Seele: was hülfe ihn das?" Damit wies er doch den Abenteurer auf das Unrecht seiner Handlungsweise hin. Demnach bleiben wir dabei: Bonifatius war zu ehrlich, um politische Machenschaften auszusinnen, oder gar sich auf solche zu verlassen.

Seine Ehrlichkeit hinderte ihn auch, sich zum Sklaven zu erniedrigen. Dazu hat er sich nicht hergegeben, weder gegenüber der weltlichen, noch gegenüber der geistlichen Gewalt. Es war nicht seine Sache, gegen seine Ueberzeugung zu handeln. Wo er sich im Recht wußte oder wo er das Wohl der Kirche bedroht sah, hat er ein offenes Wort nie gescheut. Einstens war ein Knecht der Mainzer Kirche entflohen. Derselbe wandte sich unmittelbar an Pippin und wußte diesen durch falsche Vorspiegelungen zu gewinnen. Pippin ließ sich erweichen und gab dem Knecht einen Rechtsbrief mit. Mit diesem stellte er sich bei Bonifatius ein und trotzte auf seine königliche Urkunde. Kurzer Hand schickte ihn Bonifatius wieder zu Pippin zurück und gab ihm ein Handschreiben an den König mit. Darin beklagt er sich, daß Pippin dem hergelaufenen Knecht ohne weiteres Vertrauen geschenkt und sich nicht zuvor bei ihm, als seinem Vorgesetzten, des Näheren erkundigt habe. Oder ein anderes Beispiel! Aus seiner Heimat war ihm betrübte Kunde zugegangen. In Mercia regierte ein kraftvoller König mit Namen Ethelbald. Allein er führte ein äußerst

schamloses Leben. Die Geistlichkeit des Landes machte Vor=
stellungen bei Hof. Das half nichts. Da wandte sie sich an
Bonifatius, und ohne jede Scheu sandte dieser ein ausführ=
liches Schreiben an den König, in welchem er ihm seine
Sünde ungeschminkt vorhält. Nicht als hätte sich der Erz=
bischof überhoben und hätte es, wie so mancher seiner späteren
Amtsgenossen, mit dem Unterthanengehorsam zu leicht genommen.
Ebensowenig war ihm jene Angelegenheit, wie manchen, die
später kamen, ein willkommener Anlaß, die Macht der Kirche
zu zeigen, welche doch mit ihren eigenen Sünden zuerst hätte
ins Gericht gehen sollen. Nein! eine solche Nachricht schmerzte
ihn tief, und in diesem Schmerz schrieb er an den König, wie
er geschrieben hätte an jeden andern Mann. Er war seinen
Frankenherzögen treu zugethan. Niemals hatten sie Anlaß,
sich über ihn zu beklagen. Sie fanden in ihm einen ergebenen
Bundesgenossen bei der Reform der fränkischen Kirche. Mit
Karl Martell pflegte Bonifatius keinen näheren Umgang:
diese beiden Charaktere waren zu verschieden; und doch hat
ihm Karl mit seinem Schutzbrief unendlich viel genützt. Aber
zwischen den herzoglichen Brüdern und dem Erzbischof herrschte
lebhafter Gedankenaustausch. Besonders Karlmann hat von
ihm einen tiefen Eindruck wahrer Frömmigkeit erhalten. Die
Fürsten sahen in Bonifatius einen Diener der Kirche, wie er
sein soll, und einen Arbeiter in der Mission, welcher ungeahnte
Erfolge errang. Bonifatius hinwiederum erkannte in den
Hausmeiern die Beschützer seiner Arbeit, welchen er sich zu
herzlichem Dank verpflichtet wußte. Es ist rührend von dem
alten Mann, den die Krankheit ans Lager fesselt, daß er doch
seinem König schreibt: noch hoffe er, ihm mit neuer Kraft
wieder dienen zu können. Wohl war er ein Fremdling im
Frankenreich. Sein Vaterland lag jenseits des Meeres, und
nie hat er es vergessen. Und doch hat er seine ganze Kraft
der Kirche des fremden Volkes gewidmet, nicht um sich bei
den Herzögen einzuschmeicheln, nicht um sich eine hervorragende
Stellung zu verschaffen, sondern einfach um den päpstlichen
Auftrag zu erfüllen. In der That! sein Bild sticht vorteilhaft
ab von dem manchen modernen Erzbischofs!

Das Schleichen war nicht seine Sache. Wo er hintrat,
trat er festen Fußes hin. Der sich vor dem grimmigen
Radbod nicht gescheut, hat sich auch vom Papste seine Ueber

13*

zeugung nicht leichten Kaufes nehmen lassen. Päpstliche Entscheidungen sind für ihn vom höchsten Wert; doch erlaubt er
sich, dieselben einer Prüfung zu unterziehen. Erinnern wir
uns zurück an jene Ehefragen! Da wich die Meinung des
deutschen Erzbischofs gänzlich ab von derjenigen des apostolischen Stuhles. Bonifatius hatte zu viel Herz im Leib, um
durch jene harten Bestimmungen des kirchlichen Eherechts die
Gewissen der Gläubigen irre zu machen. Wie er so mitten
unter den Leuten drinnen stand, da fühlte er mit, wie gerade
jene Bestimmungen am empfindlichsten drückten. Und er wollte
nicht begreifen, daß es gerade hier der römisch-katholischen Kirche
einfach darauf ankommt, ihre Macht zu zeigen. Bonifatius
wußte noch von Gottes Gebot, an welchem die Satzungen
der Kirche zu messen sind. Da fand er im Alten Testament
jene Bestimmung, wonach es religiöse Pflicht eines Mannes
war, seine verwitwete Schwägerin zu ehelichen. Wie stimmten
da Rom und die Bibel zusammen? Er konnte beides nicht
vereinen. Ueberhaupt: Christen waren doch untereinander
Brüder und Schwestern. Wozu da jene lästigen Ehehinder-
nisse? Das hat er nie begriffen. Auch gab er seinem un-
willigen Staunen darüber Ausdruck, daß in diesen wichtigen
Angelegenheiten der eine Papst es so zu halten beliebte und
der andere anders. Hatte doch Gregor I. die Ehe im dritten
Verwandtschaftsgrad gestattet und Gregor II. stellte es bereits
als eine außerordentliche Vergünstigung dar, wenn er die
Ehen im vierten Grad noch zuließ. Auch fand man es in
Rom für gut, jene Bestimmungen als uralte Gesetze des
römischen Staates hinzustellen. Dies vermochte sich Bonifatius in seiner Einfalt nicht zurecht zu legen. Die Päpste
redeten sich hinaus; ob sich damit ihr deutscher Vikar zufrieden
gab — wir wissen nichts Weiteres darüber.

Bonifatius ging noch weiter. Er prüfte nicht nur was
von Rom kam; er tadelte auch, was ihm dort nicht gefiel.
Von Alamannen, Franken und Bayern ging ihm die Kunde
zu, daß „am Neujahrstag zu Rom öffentliche Tänze in den
Straßen der Stadt aufgeführt werden. Wie bei den Heiden
erhebe sich überall Geschrei und Getümmel. Gottlose Gesänge
erfüllen die Luft. Die Tische seien überladen mit allen möglichen Speisen. Eben hier komme der krasseste Aberglauben
an den Tag. Denn niemand lasse es sich einfallen, seinem

Nachbar Feuer oder Geschirr oder irgend etwas derart zu leihen; andernfalls fürchte er ins tiefste Unglück zu geraten." Dies alles berichtet nun Bonifatius dem Papst und fährt fort: „Derlei Dinge gereichen uns zum Vorwurf und hindern die Verkündigung des Evangeliums. Von solchen Dingen sagt der Apostel scheltend: ihr haltet Tage und Monden und Feste und Jahreszeiten. Ich fürchte, daß ich vielleicht umsonst an euch gearbeitet habe. Wenn Ihr, mein Vater, diese heidnischen Bräuche abstellet, werdet ihr euch Lohn und uns die mächtigste Förderung in dem kirchlichen Unterricht verschaffen." Das sind ernste Worte aus dem Munde eines so ergebenen Dieners des apostolischen Stuhles. Und ein derartiges Vorgehen steht nicht vereinzelt da. Die größte Macht, gegen die er bei den deutschen Christen zu kämpfen hatte, war der Aberglauben. Dieses zähe Unkraut war fast nicht auszurotten. Desto schmerzlicher mußte es berühren, wenn die Gläubigen, welche nach Rom gewallfahrtet waren, erzählten, sie hätten dort Weiber gesehen, die trügen Amulette und Bänder an Armen und Schenkeln, natürlich um sich gegen die Einwirkung böser Geister zu schützen; ja, sie berichteten, daß mit derlei Dingen unter den Augen des heil. Vaters Handel getrieben werde. Auch dies ist Bonifatius unbegreiflich. Fast möchte man rufen: o sancta simplicitas (o heilige Einfalt!). Was würde er erst zu dem heute so schwunghaften Handel mit Benediktus- und Herz Jesu-Medaillen sagen? wie würde er erstaunen über kirchliche Empfehlungen der Skapuliere und Josephsgürtel und sich verwundern über den Reingewinn, den jährlich die Versendung von Lourdes-Wasser und Wasser des heil. Ignatius abwirft.

Auch in andern Dingen ist Bonifatius nicht so gefügig gegen Rom, wie es sich heute für einen apostolischen Vikar schickt. Er hatte einem Franken die Eheschließung mit einer Nonne verboten. Der Zurückgewiesene wandte sich nach Rom und erschien nach einiger Zeit wieder vor dem Erzbischof mit einer päpstlichen Erlaubnis. Das ist dem Bonifatius nicht recht glaublich; in einem Schreiben mahnt er den Papst, daß durch solche Dinge „die jungen Christen notwendig Schaden an ihrer Seele nehmen müssen". Ebenso hatten einige Bischöfe sich an den apostolischen Stuhl gewandt. Bonifatius hatte sie wegen unwürdigen Wandels entsetzt. Bald erschienen sie

und behaupteten, unmittelbar vom Papst Erlaubnis zur Weiter-
führung ihres Amtes erhalten zu haben. Zacharias erhält
von seinem Vikar ein ernstliches Schreiben, worin ihn derselbe
um Aufklärung bittet; natürlich stellt er die Aussage einfach
als Lüge dar. Ob dies ganz dem Sachverhalt entsprochen,
oder ob der Papst wenigstens etwas mit sich handeln ließ —
das können wir nicht ausmachen. Sicher ist nur das Eine:
Bonifatius hat sich auch vor ernstem Tadel gegen den päpstlichen Stuhl nicht gescheut. Wie entschlossen steht er vor uns
in jener Angelegenheit mit den drei Pallien! Ein heiliger
Zorn überkommt ihn bei dem Gedanken, daß der Papst zu
Rom sich in Geldgeschäfte einlassen könne! Vor solch schmutziger
Gesinnung ekelt ihn!

Das Gewissen ist es, auf welches sich Bonifatius steift.
Nicht als hätte er gegen römischen Zwang protestantische
Gewissensfreiheit geltend gemacht; dieser Begriff war ihm
und seiner ganzen Zeit fremd. Aber der deutsche Vikar des
apostolischen Stuhles war ein durch und durch gewissenhafter
Mann; und das sei ihm zur Ehre gesagt. Keinen Schritt
machte er ohne die reiflichste Ueberlegung. Sind wir auch
mit manchem, was er that, nicht einverstanden, — das müssen
wir ihm rückhaltlos zugestehen: er ist immer mit seinem Gewissen zuerst zu Rat gegangen und hat jedenfalls immer nach
bestem Wissen handeln wollen. Nicht nur wenn er in der
Einsamkeit und Stille seines Klösterleins Fulda weilte, kamen
ihm beängstigende Gedanken über seine Arbeit, daß er mit
Paulus sich ernstlich fragen mochte, ob er nicht umsonst ge-
laufen sei (Galat. 2, 2). Mitten unter den aufreibendsten
Geschäften steigen in ihm Gewissensbedenken auf; er wird
schwankend und zweifelt, ob er seine Verhandlungen ver-
antworten könne, und dieser Zweifel begleitet ihn wie ein
Gespenst. Besonders jener Eid, den er in Rom dem Papst
hatte schwören müssen, ist es, der ihm viel bittere Stunden
gemacht hat. Es streift ans Krankhafte, wie er stets von der
Furcht gequält wird, jenen Eid gebrochen zu haben. Was
machten sich seine Amtsbrüder daraus, mit unwürdigen Priestern
zu verkehren! und er hätte es nie über sich gebracht es zu
thun, und mußte es doch thun, um des Heils der Kirche
willen: aber schon diese äußerliche Berührung dünkte ihn
etwas Verunreinigendes; er zeigte sich als der Sohn des

Alten Testaments, der so viel Gewicht auf levitische Reinheit legt. Diese Eigenschaft verrät sich auch darin, daß ihm die belanglosesten Dinge, die Auswahl der Speisen z. B., unendlich viel zu schaffen machen. Die Frage, ob und wann ein Christ Schweinefleisch essen dürfe, ist ihm genau so wichtig, wie die Grundfragen der Heilserkenntnis. Ja, es ist niederdrückend, wenn man sieht, wie dieser Mann am Gängelband Roms läuft — rein um seines Gewissens willen; wie er kein Schrittchen thut, ohne beim apostolischen Stuhl vorher angefragt zu haben. Selten hat wohl ein Mann, der eine solche Riesenarbeit in späten Jahren seines Lebens unternommen hat, ein derartig empfindliches Gewissen gehabt, wie Bonifatius.

Eben die ungeheure Arbeit, die ihm aufgeladen war, hat ihn gerettet. Hätte sie nicht Geist und Herz des Bonifatius immer von neuem in Anspruch genommen, er wäre seiner Skrupel wohl kaum Herr geblieben, sondern ein grillenhafter Hypochonder geworden. Die Arbeit verhalf ihm zur geistigen Gesundheit, und als ein rastloser Arbeiter steht er vor uns. Wir begleiten ihn hinaus auf seine Predigtgänge in den Dörfern, seine Wanderzüge durch die Länder, seine Visitationsreisen durch die einzelnen Bezirke; wir sehen ihn am Hofe der Fürsten weittragende Pläne ausarbeitend und im Kloster bei seinen lieben Mönchen ratend und belehrend; wir erblicken ihn auf den Kirchenversammlungen mitten unter weltlichen und geistlichen Herren, wie er unentwegt auf sein Ziel losgeht und dasselbe zu erreichen weiß; und wieder sehen wir ihn hinabsteigen ins Thal zu der Hütte des Armen, welchem er Trost und Hülfe bringt, und hinträten an das Krankenlager des Betagten, selbst ein betagter Gottesdiener, in niederem Gelasse stehend, eine gewaltige Gestalt und doch liebreich den Segen der Vergebung verkündend. Und endlich schauen wir ihm nach, wie der Seewind mit dem greisen Haar des Mannes spielt, der dort im Boot steht, um den Heiden noch mit der letzten Kraft der Rede das Evangelium zu verkündigen. Woher diese Fülle von Kraft?

Bonifatius war ein frommer Mann. Freilich wird es demjenigen, der die Geschichte der christlichen Kirche in den verschiedenen Jahrhunderten liest, nicht leicht gemacht, unter den verschiedensten Formen und Aeußerungen doch die Eine

Frömmigkeit zu entdecken, welche „die Gemeinde der Heiligen" aller Zeiten und Orte verbindet. Die Frömmigkeit des Herzens hat sich von jeher den mannigfaltigsten Ausdruck ge= schaffen. Jene irischen Mönche, welche in überschäumender Gottesbegeisterung Haus und Heimat verließen, um Gott zu dienen, wird kaum jemand als Vorbilder eines gesunden Christentums hinstellen; aber ebensowenig ist man berechtigt, die tiefe Frömmigkeit zu übersehen, welche in den Herzen jener Männer eine Flamme entzündet hatte. Schwer zu be= urteilen ist ebenso, wie viel die Klöster wahrer Herzens= frömmigkeit Vorschub geleistet haben und wie sich in dieser Richtung Vorteile und Nachteile gegen einander abwägen lassen. Anfänglich war ja das Mönchtum übel gelitten im Abendland. Einzelne Kirchenväter ließen es sich viel Mühe kosten, dasselbe einzuführen; aber noch im Jahre 384 erregte das Volk in Rom einen Aufruhr gegen „das verfluchte Korps der Mönche", da sich in der Stadt das Gerücht verbreitete, ein junges Mädchen sei wegen übertriebenen Fastens gestorben. Jedenfalls dienten die Klöster in deutschen Gauen zunächst wirklich dazu, das christliche Leben zu vertiefen. Denn im Abendland entwickelten sich dieselben zu Stützpunkten der Frömmigkeit und Trägern der Kultur, während sie im Morgen= lande teilweise einer ungesunden und arbeitsscheuen Andacht dienten. Auch Bonifatius blieb sein Leben lang ein Mönch. Wir haben von seiner Hand ein merkwürdiges Schreiben, welches uns die Thatsache bestätigt. Er schreibt an einen Jüngling, Namens Nithart, hält ihm die Vergänglichkeit aller irdischen Dinge vor Augen und verwirft mit echt mönchischer Uebertreibung kurzer Hand „alles, was die Welt schätzenswertes hat". Darin drückt sich ganz deutlich die weltflüchtige Stimmung aus, welche besonders das spätere Mönchtum kennzeichnet. Bonifatius Schüler Sturm hat dieselbe in sich verkörpert und bildet so einen ziemlichen Gegensatz gegen seinen Mitschüler Lul, den bischöflichen Nachfolger des Bonifatius in Mainz. Es ist bezeichnend, daß sich beide, der besonders den Studien und der Andacht hingegebene Sturm und der rührige Kirchen= mann Lul, gleichermaßen auf Bonifatius berufen konnten. Wir könnten uns Bonifatius ebensogut als Abt eines großen englischen Klosters vorstellen; und doch hat sein Freund Daniel einen richtigen Blick gehabt, als er ihm den Weg frei machte

und ihn aus der Verlegenheit herausriß, welche ihm seine
Genossen durch den Antrag der Abteswürde bereitet hatten.

Bonifatius war ein frommer Mann, und in dieser
Frömmigkeit lag seine beste Kraft. Was im Kloster Gesetz
und Zwang und infolgedessen manchmal bloß gedankenlose
Form geworden war, das übte er, weil's ihm Herzensbedürfnis
war: das Gebet. Hier fand er die Kraft, sich in die gött=
lichen Führungen zu schicken; hier kam so recht seine Ueber=
zeugung zum Ausdruck, daß an Gottes Segen alles gelegen.
Zum Gebet hatte er darum stets ein zuversichtliches Vertrauen.
Nichts stärkte ihn mehr, als die Gewißheit, daß seine eng=
lischen Freunde in Gebetsgemeinschaft mit ihm stehen und
ihn selbst auf fürbittendem Herzen tragen. Kaum Ein Brief
ging über das Meer, in welchem er nicht seine lieben Genossen
und Freundinnen um Fürbitte für sein Werk bat. An die
Aebtissin Eadburga schreibt er: „Wiewohl ich schon um eben
das gebeten habe, so bitte ich doch, daß du nicht unwillig
werdest, weil ich immer wieder erbitten muß, was ohne Unter=
laß nach meinen innigsten Wünschen geschehen sollte; die täg=
liche Trübsal mahnt mich nun einmal, die göttlichen Tröstungen
bei den Brüdern und Schwestern zu suchen." Aehnlich in
einem Briefe an die Aebtissin Bugann: „ich bitte dich an=
gelegentlichst, du möchtest, des alten Versprechens eingedenk,
für mich beten, auf daß der Herr, welcher unser Heiland und
Erlöser ist, aus den vielfachen Gefahren unsere Seele errette
zu geistlicher Frucht!" Und endlich an einen Abt Aldher:
„ich beschwöre deine Liebe und Güte, so herzlich ich nur
immer kann, du wollest in deinem Gebet und deiner Fürbitte
meiner eingedenk sein, auf daß der heilige Gott, um dessen
Willen ich auf der Wanderschaft bin, mein zerbrechliches Schiff
nicht in den Fluten der Stürme untergehen lasse, sondern mit
seinem rechten Arm schirmend und leitend es unverletzt an
das Gestade des himmlischen Jerusalems führe. Ich empfehle
mich eurem Gebet, auf daß ich lebend oder sterbend in der
Gemeinschaft eurer Liebe verbleibe." So wußte sich Bonifatius
auch im fremden Land immer getragen von dem Gebet eines
weiten Freundeskreises. Diese feste Gewißheit hat ihn aufrecht
gehalten und ihm über manche schwere Stunde hinübergeholfen.
Er stand nie allein und kämpfte nie allein: er sah um sich
die Gestalten seiner Lieben und spürte, wie ihre Hände für

ihn aufgehoben waren gen Himmel. Von jeher hatte er das lebhafteste Bedürfnis, Freunde zu besitzen. Mit seltener Treue ist er ihnen sein Leben lang angehängt. „Halte fest an dem alten Freunde!" Dieses Mahnwort pflegte er im Munde zu führen. Darnach hat er gehandelt, und das ist unbestreitbar einer der gewinnendsten Züge an dem deutschen Erzbischof. Er will nicht einsam auf erhabener Höhe stehen und die Geschicke seiner Kirchen lenken; nein; er fühlt sich angewiesen auf die Fürbitte und das Gedenken treuer Herzen und will von ihnen abhängig sein.

So ist das eigene Gebet und die Fürbitte der anderen die Hauptstütze des arbeitbelasteten Mannes gewesen. Ein anderer Fundort ewiger Kraft that sich ihm auf in der Schrift. Bedenken gegen dieselbe waren ihm etwas Unfaßliches. Er, der nicht zweifelte an der Geltung und Heiligkeit der kirchlichen Ueberlieferung, konnte es nicht verstehen, wie man an dem Ansehen der Schrift zu rütteln vermöge. In kindlicher Unbefangenheit nahm er dieselbe einfach als Gottes Wort an. Und er war darinnen wohl bewandert. Wenn wir seine Briefe durchlesen, werden wir eine Menge von Schriftworten angezogen finden. Er liebte es, wie seine ganze Zeit, immer Worte heiliger Bücher einfließen zu lassen. Besonders gerne verwandte er Aussprüche aus dem Prediger und den Sprüchen; auch das Buch der Psalmen hat er oft verwertet. Im Neuen Testament ist, daß wir so sagen, sein Hauptevangelium dasjenige des Matthäus und seine Lieblingsbriefe die des Petrus an die Gemeinden zu Corinth und Rom. Seine Schriftauslegung ging natürlich ganz mit seiner Zeit. Von einem Gegensatz zwischen der Bibel und Rom ahnte er nichts. Sie galt ihm auch mehr als Gesetz und stand ihm so einfach neben der Kirche mit ihren Satzungen. Diese hielt er für ebenso unantastbar als jene. Allein zur Stärkung und Belebung der persönlichen Frömmigkeit nahm er die heiligen Schriften außerordentlich gerne zur Hand. Bei seiner Predigt legte er dieselben zu Grunde. So war ihm die Bibel zunächst persönliches Erbauungsbuch. Immerhin benutzte er sie, wenn auch schüchtern, zu einer Kritik an den kirchlichen Satzungen. Wir kennen wenigsten einen Fall dieser Art. Aus dem Neuen Testament hatte er die Gewißheit gewonnen, daß alle Christen untereinander eins und gleich sind; die Gottes kindschaft der Gläubigen sollte sich ausdrücken in ihrer gemeinsamen Brüderlichkeit. In solchen Gedanken störte ihn das kirchliche Verbot betr. die Eheschließung, und an diesem Punkt hat er das Ansehen des auf die Schrift gegründeten christlichen Gedankens geltend gemacht gegen die Rechtssatzungen der römischen Kirche. Dies ist aber nach unserer Kenntnis der einzige Fall, in welchem er einen Widerspruch zwischen Bibel und kirchlicher Ueberlieferung klar erkannte. Die wissenschaftliche Arbeit hat er nicht gering geschätzt. Bonifatius war keineswegs, was man so nennt, ein berühmter Theologe; seine Begabung und seine Wirksamkeit bewegten sich in anderer Richtung. Er wollte selbst nichts anderes sein als der schlichte Bote des Evangeliums im Dienste Roms. Auch seine Predigten waren keine Proben glänzender Beredtsamkeit, welche die Hörer überrascht und gefangen nimmt. Wenn er so in ein thüringisches Dorf kam, erzählte er den Umstehenden in einfacher, ungeschminkter Weise von dem Heiland aller Welt, von dem sie teilweis schon gehört haben mochten. Mitten unter einer Schar andächtiger Weiber und sinnender Männer redete er von dem, was sein eigen Herz bewegte, ruhig und bescheiden. Es war nichts Besonderes an ihm, und doch: eben diese schlichte Einfachheit machte Eindruck. Er erbaute die Zuhörer weniger durch das, was er sprach, als durch die ruhige Würde seiner Erscheinung. Und nach der Predigt wandte er sich an den Einzelnen: da war ein Weib, die hatte zu Haus ein krankes Kind; er ging hin, betete und tröstete; dort hatte ein verkommener Alter gestanden und die Worte brannten ihm im Herzen, da vernahm sein Ohr die Worte der Vergebung der Sünden aus dem Munde des Predigers. Wieder andere jammerten, schalten, klagten, drohten: denn sie waren nie sicher an ihrem Herd; die Sachsen, die Sachsen! — sie waren täglich das drohende Gespenst. Und Bonifatius wehrte nicht; er verstand den Schmerz und wollte ihn nicht unterdrücken, nur sänftigen und läutern. Er hungerte mit und darbte mit, er teilte den Schmerz und teilte die Furcht. So lebte er, was er predigte; so wurde er den Geängsteten ein Geängsteter, den Armen ein Armer; dadurch vor allem gewann er die Herzen. Er diente seinem Gott durch die Predigt der That. Aber, wie gesagt, er hat darob die Wissenschaft nicht verachtet. Wissen-

schaft natürlich nicht in unserem Sinn, sondern Wissenschaft
seiner Zeit. Bis in sein hohes Alter gab er sich selbst damit
ab. Besonders beschäftigte er sich mit der Auslegung der
heiligen Schriften. Manch gelehrtes Buch ließ er sich von
England herüberkommen, und in den Mußestunden, die ihm
sein Aufenthalt in Fulda bot, wie auf Reisen ließ er sich's
recht angelegen sein, immer weiter zu forschen. Vor allen
Dingen waren es die Werke von Beda, dem „großen Schrift-
forscher", wie ihn Bonifatius nennt, welche er in seinen
Besitz zu bekommen trachtete. Beda schrieb über die pauli-
nischen Briefe, und sein gelehriger Schüler auf dem Festland
ruhte nicht, bis er die einzelnen Schriften alle gelesen hatte.
Deshalb drang er auch in Fulda darauf, daß die Mönche
keineswegs wissenschaftliche Forschung vernachlässigen sollten.

Ueber seine eigenen theologischen Anschauungen wissen
wir zu wenig, als daß wir etwas Bestimmtes darüber sagen
könnten. Wir werden der Wahrheit am nächsten kommen,
wenn wir vermuten: er hat kaum dergleichen gehabt, sondern
teilte einfach die Anschauungen seiner Zeit. Einen kleinen
Einblick gewährt ein Brief, welchen Bonifatius an die Aebtissin
Eadburga richtete. Darin schildert er die Gesichte eines
Mönches, der im Kloster Wenlof vom Scheintod wieder erwachte und nun seine Erinnerungen während seiner Entrückung
aus dem Körper preisgab. Diese zeigen uns den Gesichts-
kreis, in welchem auch Bonifatius bei seinen Genossen im
Kloster aufwuchs. Die Vorgänge beim jüngsten Gericht
werden ganz nach Art eines Prozesses beschrieben. Der
Mensch ist der Angeklagte. Die Geister haben ein Interesse,
ihn zu gewinnen. Die bösen Geister geben sich deshalb alle
Mühe, die Sünden des Vorgeführten zu vergrößern, um ihn
in ihr Reich einzuführen. Die Engel wiederum suchen fortwährend zu entschuldigen. Die eigentlichen Ankläger sind
die Sünden. Dieselben schreien laut auf. Die Eine sprach:
Ich bin die Begierde, womit du so häufig unerlaubte Dinge
begehrt hast. Die andere: Ich bin der eitle Ruhm, wodurch
du bei den Menschen dich prahlend erhöhtest. Die Dritte:
Ich bin die Lüge, in welcher du lügend sündigtest und dergleichen mehr. All diese Sünden sind aber nur solche, die
er in der Jugend begangen hatte oder die ihm bei der Auf-
zählung in der Beichte enthalten waren oder die er wissentlich

verheimlicht halte. Allein das Geschrei der Sünden tönt
nicht allein; ebenso laut rufen die Tugenden. Es ist be=
zeichnend, welche Tugenden hier in erster Linie als frei=
sprechend erscheinen. Man hört rufen: er hat den Oberen
den Gehorsam nie verweigert; eine andere Stimme schreit:
er hat durch Fasten sein Fleisch kasteit; eine dritte: er hat
Psalmen gesungen und ist in aufrichtigem Gebet vor Gott
gelegen. So viel über die Art, wie der Prozeß geführt
wird. Der Mönch wird nun an der Hand gefaßt. Er
enthält einen Einblick in die Tiefen. Hier sieht er eine
Menge feuriger Brunnen und darüber die Geister unseliger
Menschen gleich schwarzen Vögeln, weinend und klagend. Sie
klammern sich ängstlich an die Ränder der Brunnen, aber
unbarmherzig stoßen die bösen Geister sie in den Pfuhl
hinab. Aus dem tiefsten Abgrund ertönt unsagbar trauriges
Seufzen und Weinen. Dort wohnen in ferner Abgeschieden=
heit diejenigen, zu welchen das Erbarmen Gottes nie mehr
dringt — ein entsetzlich Schauspiel! Der Mönch wird weg=
gerissen. Da wird sein Auge erquickt durch den Anblick
eines wunderbaren Ortes. Daselbst ergingen sich die schönsten
Menschenkinder. Wunderbar süß war der Geruch, der von
dort herüberdrang. Aber weiterhin erblickte er einen feurigen
Pechstrom: zischend und siedend wälzte sich die dunkle Masse
dahin. Ein einzig Holz führte über diesen schaurigen Fluß.
Dies war der Weg, auf welchem die heiligen Seelen aufs
andere Ufer hinübergelangen konnten. Da gingen einige
festen Schrittes, ohne zu wanken, hinüber. Das waren die
Seelen der Reinen und Heiligen. Manche strauchelten und
fielen vom Steg hinab in den höllischen Fluß. Die Einen
sanken ganz unter in der glühenden Masse, die andern nur
teilweis. Aber keiner ertrank. Alle stiegen sie weit schöner
und herrlicher aus dem Fluß ans andere Ufer. Erst jenseits
des Flusses lag das heilige Jerusalem, die erhabene Zions=
stadt. Im hellsten Morgenglanz schimmerten ihre Mauern,
unermeßlich hoch und unermeßlich weit. Dahinein konnte
das Auge nicht dringen. — Dies ist der Inhalt jener Toten=
gesichte. Wahrscheinlich hat auch Bonifatius durch ähnliche
anschauliche Bilder auf die heidnischen Gemüter zu wirken
versucht: war ihr Sinn doch für derartige Dinge empfänglich
und ihr Auge auf Gemälde aus dem Jenseits gespannt.

Betrübend ist uns heutzutage, wie „der Gehorsam gegen die Oberen" hier als die oberste oder doch erste unter den Tugenden angeführt wird. Es ist ganz unzweifelhaft, daß Bonifatius auch in diesem Stück mit seiner Zeit ging; ja er sah ein Hauptmerkzeichen echten Christentums in der Unter= ordnung unter den kirchlichen oder klösterlichen Vorgesetzten. Daß dies eine Verkümmerung der christlichen, sittlichen Voll= kommenheit bedeutet, ist ganz klar; darinnen tritt wesentlich der Zug des römischen Papsttums mit seinen Herrschafts= gelüsten zu Tage. Allein zur gerechten Beurteilung muß doch auch daran gedacht werden, daß eben in jener Zeit die Be= obachtung kirchlicher Ordnung außerordentlich notwendig war. Wohl ist durch die strenge Priesterherrschaft Roms das religiöse Leben der Völker in eine schiefe Bahn geleitet worden; allein bei dem Stand desselben unter den deutschen Völkern war sie notwendig und unentbehrlich, wollte man nicht einfach alles verlieren.

So steht Bonifatius vor uns als ein persönlich frommer Mann, der aus dem eigenen Gebet und der Fürbitte seiner Genossen Mut und Kraft zu seinem Wirken schöpft, dem die Schrift das liebste Erbauungsbuch ist, der aus ihr auch predigt, nicht mit zündenden Worten, sondern mit ruhiger Kraft, vor allem durch sein eigenes Beispiel von christlicher Liebe überzeugend. Und mochte er über sich als über einen „ungebildeten Vater" scherzen, mochte er eben die Anschau= ungen seiner Zeit teilen: er hatte doch immer Interesse an der Wissenschaft und hielt dieselbe zeitlebens hoch.

Freilich blieb sie ihm immer nur Mittel zum Zweck. Bonifatius war ein Mann der That. Er war kein Theologe, sondern ein geborener Kirchenmann, der jeden Gedanken und jede Handlung nach der praktischen Bedeutung für die Kirche beurteilte. Welche Anschauungen über die Kirche hatte denn der deutsche Erzbischof? Er war weit davon entfernt, etwa mit wissenschaftlichen Mitteln den Begriff der Kirche zu er= läutern. Der beste Kirchenbegriff stand nach seiner Anschauung längst verkörpert da in der römisch=katholischen Kirche. Alles, was er deshalb von der Kirche redet, ist von ihr gemeint. Er vergleicht sie mit einem „Schiff, welches durch das Meer dieser Welt schwimmt und in diesem Leben von mancherlei Fluten der Versuchung hin= und hergeschlagen wird; deshalb darf es aber nicht im Stich gelassen werden, man muß es nur lenken." Der alttestamentliche Gedanke einer Herrschaft Gottes im Volke Israel giebt die Grundlage seiner Anschauungen ab; er meint: „der Weinberg des Herrn Zebaoth ist nach dem Propheten Nahum das Haus Israel, jetzt ist dasselbe offenbar die allgemeine Kirche." Was war denn das Eigentümliche an jenem israelitischen Gemeinwesen? Doch wohl dies, daß man hier weder von einem israelitischen Staat, noch von einer israelitischen Kirche als von getrennten Körperschaften reden konnte. Beide standen gleichgeordnet nebeneinander, oder besser ausgedrückt: sie waren so innig miteinander verflochten, daß man sie kaum zu unterscheiden vermochte. An diesen Zustand denkt Bonifatius. Ihn hält er für den idealen. Eine unmittelbare Herrschaft Gottes in seinem Volk steht ihm als höchstes Ziel vor den Augen. Allerdings fand Bonifatius in staatlicher Hinsicht schon feste und bestimmte Verhältnisse vor. Als er in den deutschen Gauen zu wirken anfing, erfuhr er überall die Macht des fränkischen Staates, welche weithin reichte. Mit ihr galt es sich auseinander zu setzen. Sein Ziel war: es dahin zu bringen, daß eben dieser fränkische Staat seine ganze Macht in den Dienst der katholischen Kirche stelle. Mit staatlichen Machtmitteln sollte das Christentum geschützt, befördert, ja, eingeführt werden. Die Kirche nimmt in dem Gedankenkreis des deutschen Erzbischofs die Hauptstelle ein. Der Staat hat nur die Aufgabe, dieser Kirche zu dienen, ihre Ausbreitung mit allen Mitteln zu unterstützen und jeden Widerstand mit Gewalt niederzuschlagen. In dieser Dienerrolle, welche damit dem Staat übergeben war, sah Bonifatius keineswegs etwas Entwürdigendes, sondern einfach die gottgewollte Aufgabe desselben. So versuchte er, jenes israelitische Ideal zu verwirklichen. Dort herrschte als König des Staates und der religiösen Gemeinde Jehovah selbst; an seine Stelle trat nun die Kirche, unter dem Papst; sie sollte herrschen über den Staat. Alles sollte nur mit Rücksicht auf sie, zu ihrem Schutz und zu ihrer Ausbreitung gethan werden.

Am deutlichsten zeigt sich ja die römische Vorstellung vom Begriff des Staates in der Ketzerfrage. Grundsatz der römischen Kirche ist: die Kirche dürstet nicht nach Blut. Sie übergiebt den „Ketzer" dem weltlichen Gericht. Dieses aber hat die unweigerliche Pflicht, ihr Schwert im Dienst der

Kirche zu gebrauchen und einen solchen Menschen zu strafen, ja zu töten. Dem päpstlichen Bann folgte die Acht des Reiches. Schon zur Zeit des Bonifatius sehen wir diese Entwickelung sich anbahnen. Er hatte ja auch mit „Ketzern" zu thun. Es ist bezeichnend, daß sich Bonifatius in eine wissenschaftliche Widerlegung nicht einläßt. Clemens und Aldebert bedrohten und störten die Einheit der Kirche; das war ihm genug. Warum sie dies thaten, kam für ihn gar nicht in Betracht. Als solche Störer waren sie zu verurteilen. Und Bonifatius wendet sich sofort an den Arm der weltlichen Gerechtigkeit, dieser sollte die Ruhestörer zurechtbringen. Wenn sich der fränkische Staat dazumal noch nicht dazu hinreißen ließ, ein Bluturteil zu vollziehen, wenn er überhaupt im allgemeinen eine zuwartende Stellung einnahm, so zeigt dies nur, daß wir noch am Anfang der Entwickelung stehen. Aber der Grundsatz war ausgesprochen: der Staat hat einen Ketzer zu bestrafen, und diesem Grundsatz widersprachen auch die Herzöge nicht. Es ist betrübend, daß ein Bonifatius keinen Ekel daran fand, sich in Glaubenssachen an die rohe Gewalt zu wenden. Wir sahen, er war ein treuer Sohn seiner Kirche. Ihr galt all sein Streben und Wirken; dem apostolischen Stuhl wollte er die Lande erobern.

Wie dem Staat, so schärft er weiterhin auch den kirchlichen Vertretern ihre Pflichten ein. Nichts war ihm mehr zuwider, als ein Priester, der seinen Verpflichtungen nicht nachkam. Er, der arbeitsgewohnte und gewissenhafte Mann, konnte so etwas gar nicht begreifen, geschweige entschuldigen. Gottes Gebot galt allen seinen Knechten, und gegen Gottes Gebot versündigte sich der treulose Hirte. Mit Ehrfurcht schaut Bonifatius zu den großen Kirchenfürsten früherer Tage hinauf: einem Clemens in Rom, einem Cyprian in Carthago, einem Athanasius in Alexandrien, „welche unter heidnischen Kaisern das Schiff Christi oder die Kirche, seine teuerste Braut, durch Unterstützung und Verteidigung, durch Arbeit und Geduld bis zur Vergießung ihres Blutes regierten." Man spürt aus diesen Worten den sehnlichen Wunsch des Schreibers, auch eines solchen Todes gewürdigt zu werden. Das geistliche Amt galt ihm als das ehrenvollste, aber auch als das verantwortungsreichste. Vor allen Dingen muß der Geistliche einen unbescholtenen Wandel führen. Anders nützen seine

Mahnungen nichts, seine strafenden Worte treffen ihn dann
selbst zuerst. Wo er überhaupt konnte, machte Bonifatius
Gebrauch von dem Recht der Kirchenzucht und schloß alle
Priester von ihrem Amt aus, welche der Gemeinde in ihrem
Wandel Aergernis gaben. Solch unordentliche Geistliche konnten
nicht den rechten Zeugenmut besitzen, und auf diesen legte
Bonifatius das Hauptgewicht. Freien Mut im Reden und
Bekennen hat er von jedem Diener Christi gefordert, „damit er
von sich bezeugen könne wie der Apostel Paulus: ich bezeuge
euch, daß ich rein bin von euerem Blut." Vielmehr sollte der
Geistliche Prophetenart an sich haben. Wenn Ezechiel (3, 17)
schreibt: „du Menschenkind, ich habe dich zum Wächter gesetzt
über das Haus Israel, du sollst aus meinem Mund das
Wort hören und sie von meinetwegen warnen", so sieht
Bonifatius eben darin die Aufgaben des geistlichen Amtes
ausgedrückt. „Wie es die Pflicht des Wächters ist, von er-
habenem Standpunkte aus mehr zu schauen als alle andern,
so soll der Priester einen höheren sittlichen Standpunkt ein-
nehmen und die Gaben höherer Wissenschaft haben, um die
andern unterweisen zu können." Der Priester soll ein Wächter
sein, der Glück oder Unglück seiner Gemeinde nahen sieht, ein
Späher, der alle Vorgänge mit scharfem Auge überwacht, und
wo Gefahr droht, in sein Horn stößt, um die Bürger aufmerksam zu machen. Das Amt der alttestamentlichen Propheten
war vor allem dies: in jedem Augenblick bereit zu sein, Gottes
Willen dem Volke vorzulegen. Darum soll nach der Weisung
des deutschen Erzbischofs der Priester „nur reden, was er aus
der Lesung des göttlichen Wortes gelernt und was ihm Gott
eingegeben hat; nicht aber was menschliche Gedanken erfunden
haben." Voll Schrecken las er die Fluchrede im 34. Kapitel
des Propheten Ezechiel gegen die ungetreuen Hirten, und
meinte: „unter den Hirten versteht er die Bischöfe, unter der
Herde des Herrn die gläubigen Völker zur Weide. Aber sich
selbst weiden sie, die nicht des Volkes Heil, sondern ihre
eigenen Gelüste im Auge haben. Die Milch und die Wolle
der Schafe Christi nehmen sie in den täglichen Opfern und
Zehnten der Gläubigen an und die Sorge für die Herde des
Herrn legen sie ab. Sie heilen nicht mit geistlichem Rat die
Schwächen des Sünders, sie stärken nicht durch geistlichen
Beistand die vielfach Heimgesuchten, sie rufen die Verirrten

nicht auf den Weg des Heils, sie suchen nicht in priesterlicher
Sorge den auf, der bereits in Verzweiflung dahingeht, noch
verteidigen sie den Geschlagenen gegen die Gewalt der Mächtigen,
welche gleich wilden Tieren gegen sie wüten, und die reichen
und mächtigen Sünder verehren sie, und daher trifft das
göttliche Wort drohend den Hochmut solcher, wenn es sagt:
wehe den Hirten Israels! Wer sollte bei solchen Worten
nicht zittern, als wer nicht an das Zukünftige glaubt . . .
Wenn ich Solches und Aehnliches bedenke, so überfällt mich
Schrecken, und Finsternis meiner Sünden bedeckt mich beinahe;
ich wollte gern das einmal übernommene Ruder der Kirche
weglegen, wenn ich vermöchte, das Beispiel der Väter oder
der heil. Schriften damit in Einklang zu bringen." Voll gewissen
Vertrauens will sich Bonifatius damit getrösten: was wir
nicht durch uns tragen können, wollen wir durch ihn tragen,
„der allmächtig ist und spricht: mein Joch ist sanft und meine
Last ist leicht."

In diesem Geiste, wollte Bonifatius, sollten seine Amts=
brüder wirken. Es ist kein anderer, als der Geist der Zucht
und des Gebets. Mit ihm suchte er die ganze Kirche zu
durchdringen. Dazu schlug er zwei Wege ein. Vor allem
hielt er verschiedene Kirchentage ab. Sie sollten Zeugnis
davon ablegen, daß thatsächlich eine lebenskräftige, einheitliche,
selbstbewußte Kirche vorhanden sei. Wer war anwesend auf
solchen Versammlungen? Die Geistlichkeit und die Grafen
und Herrn. Zunächst wollte Bonifatius in seiner untergebenen
Geistlichkeit den Gemeingeist heranziehen und den Sinn für
Zucht und kirchliche Ordnung wecken. Auch ihm erschienen
die Priester als der Körper der Kirche und es kam ihm allein
darauf an, bis in die äußersten Glieder dieses Körpers neues
Leben zu verbreiten. Er legte das Hauptgewicht auf Hebung
des geistlichen Standes. Doch übersah er dabei das erziehungs=
bedürftige Volk keineswegs. Er betrachtete es aber auch rein
vom Standpunkte des Erziehers aus und legte eben das Amt
und die Befugnis dazu allein in die Hände des Priesters.
Das war ja auch in jenen Zeiten das einzig Mögliche. Von
einer wirklichen Teilnahme der Gemeinden am Kirchenregiment
konnte dazumal keine Rede sein; denn solche Gemeinden mußten
erst geschaffen werden. Doch hätte Bonifatius auch grund=
sätzlich eine solche Einmischung ablehnen müssen: vertrat er

doch die Rechte und Gesetze des apostolischen Stuhles. Die Laien, welche zu den Kirchentagen beigezogen wurden, kamen nicht als Laien in Betracht, sondern als weltliche Behörden. Sie mußten nur die geistlichen Beschlüsse des Tages in der Ausführung unterstützen.

Der andere Weg, den Bonifatius als apostolischer Vikar einschlug, war der: ein möglichst genau gegliedertes Priesterregiment in seinen Kirchen zu schaffen. Mochten noch so viele Priester vorhanden sein, mochten sie ihres Amtes noch so treu warten: das genügte Bonifatius nicht. Sie mußten alle unter Einen Bischof gestellt werden, sollten sie zum Besten ihrer Gemeinden wirken können; über den Bischöfen wiederum mußte ein Erzbischof stehen und über diesem stand der Papst. Diesen pyramidenförmigen Bau in Deutschland auszuführen, war die Hauptaufgabe des angelsächsischen Mönches. Er selbst war von der Notwendigkeit desselben völlig durchdrungen. Wollten seine Schöpfungen überhaupt einigermaßen Bestand haben, so mußte er sie nach seiner Ueberzeugung durch straff angezogene Bänder zusammenhalten. Er sah einen doppelten Nutzen in einer streng durchgeführten Gliederung. Der Bischof konnte die Fähigkeit seiner Priester prüfen und Unwürdige ausstoßen und wiederum: wo er keinen Rat mehr wußte, konnte er seine Sorgen dem Erzbischof mitteilen und so die Verantwortung von sich abwälzen. Und wir dürfen den Wert einer Abgrenzung der verschiedenen Bezirke untereinander, der Zerschlagung von alten Bistümern und der Gründung von neuen nicht unterschätzen! Was für eine Nachlässigkeit und Teilnahmlosigkeit mußte bei den Leuten um sich greifen, wenn sie nicht wußten, wohin sie eigentlich „eingepfarrt" waren! Wie wohlthätig mußte es wirken, wenn die Leute von dem Thüringerwald nicht stundenweit mehr mit ihren kleinen Täuflingen oder ihren Firmlingen zu wandern hatten, sondern bald die Thüre eines Kirchleins oder Klösterleins antrafen! Es ermüdet manchen, zu hören: wie Bonifatius da ein Bistum, dort eines gegründet, wie er hier die Grenzen anders zog, wie er an jenen Ort einen Priester setzte u. dergl. mehr. Aber eben in diesen kirchenregimentlichen Leistungen lag weit mehr Wert für die Heranbildung des Volkes zum Christentum, als man so obenhin vermutet.

Freilich nach des Bonifatius Meinung hatten alle diese

14*

Einrichtungen keinen Wert ohne das Gutheißen des Papstes. Hier in Rom lag der Schlußstein des ganzen Gebäudes oder eigentlich besser gesagt das tragfähige Fundament. Ohne Rom kein Gedeihen bei der kirchlichen Arbeit; allein in seiner Ge= meinschaft die Gewähr eines dauerhaften Bestandes! Das war die felsenfeste Ueberzeugung des Mannes, der zum erstenmal in deutschen Landen eine Kirche gründete. Der päpstliche Stuhl mußte nicht nur in großen Fragen seine Entscheidung geben; auch in den allerkleinsten Angelegenheiten befragte der getreue Vikar den Oberhirten zu Rom. Der Papst leitete ihn völlig. In ihm sieht er seinen „Vater, in dessen Dienst er zu verharren und dessen Vorschriften er zu gehorchen wünscht". Natürlich verstand es Bonifatius, diesen Gehorsam als eine göttliche Pflicht aus der heil. Schrift abzuleiten. Er erinnerte an das Gebot: „ehre deinen Vater, daß der Segen Gottes über dich komme" und verweist auf die Worte: „lieben Kinder, höret die Stimme des Vaters und lebet also, daß es euch wohl gehe". Uns erscheint diese Abhängigkeit von Rom in der That eines Mannes, wie Bonifatius, unwürdig. Er selbst sah darin nichts Erniedrigendes oder Entwürdigendes; es erschien ihm selbstverständlich, mit allen Fasern an dem apostolischen Stuhl zu hängen. So hatte er es in seinem englischen Kloster gelernt. Die Söhne Albions waren die fügsamsten, welche der Papst sich wünschen mochte; all ihre Dankbarkeit für das Evangelium, das ihnen Gregors Sendling, Augustin, gebracht hatte, drückte sich aus in der tiefsten Ehr= erbietung gegen Rom und gegen alles, was von dorther kam. Bonifatius hat Rom sein Leben geopfert. Dem Papst hat er gehorcht und die Rolle eines einfachen Predigers des Evan= geliums, die seiner innersten Neigung entsprochen hätte, ver= tauscht mit der andern eines Reformators der deutschen Kirchen nach römischem Muster. Dem Papst hat er gehorcht und seine Lieblingswünsche bis an das Ende seines Lebens zurück= gedrängt und dem Sehnen seines Herzens Stille geboten. Des Papstes Wunsch war ihm Befehl und ihm hat er den Weg nach Hessen und Thüringen, den Weg ins Herz des Franken= reichs, den Weg zum Thron der Pippiniden geebnet. Boni= fatius sah den apostolischen Stuhl im idealen Licht. Hier war der Fels der Einheit; auf ihn allein wollte er seine Kirchen gründen. Gregor III. war ein Mann, der weiter ausschaute,

als sein Vikar an der Unstrut. Er sah mit erhobenem Herzen,
welch reiches Machtgebiet für den apostolischen Stuhl sich eröffnete; er mochte ahnen, daß hier einstens seine Nachfolger
gewaltiglich zu herrschen vermochten — dank den ersten treu-
gemeinten Arbeiten des Bonifatius. Blicken wir weit hinaus!
Es ist die Zeit um die Mitte des Jahres 1869. Alle Gemüter in Deutschland sind in Spannung und Aufregung.
Der Papst hat eine allgemeine Kirchenversammlung nach Rom
ausgeschrieben. Die Civiltà cattolica hatte geschrieben: „Wenn
der Papst denkt, so ist es Gott, der in ihm denkt.“ War es
in der That wahr, was man so herüber- und hinübersprach?
wollte der Papst sich für unfehlbar erklären? Da versammeln
sich im September die deutschen Bischöfe am Grabe des Bonifatius zu Fulda. Sie erlassen von dort aus einen Hirtenbrief
zur Beschwichtigung der aufgeregten Gemüter und versichern:
es sei unmöglich, daß von dem Konzil etwas Anderes beschlossen
werde, als was in der heil. Schrift und in der apostolischen
Ueberlieferung bereits enthalten sei und was allen gläubigen
Katholiken ins Herz geschrieben sei. Aber es kommt der
18. Juli 1870 und Pius IX. verkündet als ein „zweiter
Moses“ unter Donner und Blitz seine eigene wie aller seiner
Vorgänger und Nachfolger Machtvollkommenheit und Unfehl-
barkeit. Und die deutschen Bischöfe gehorchten! — Solche
Frucht hat des einfachen Bonifatius Wirken in deutschen
Landen getragen.

Es ist eine erstaunliche Arbeit, welche dazumal von einem
Einzigen gethan wurde. Bonifatius hätte nie vollführen
können, was ihm gelang, hätte er nicht einer ausgesprochen
praktischen Begabung sich erfreut. Er war zäh, wie seine
Volksgenossen. Was er einmal angefaßt hatte, ließ er nicht
mehr los; erschrecken war seine Sache nicht; unbekümmert
ging er seinem Ziel entgegen, mochten hier gehässige Gegner,
dort ungeschickte Eiferer seine Pläne durchkreuzen. Enttäuschungen haben ihn nicht ermüdet, Sorgen nicht erschlafft,
Beschwerden nicht gebeugt. Er wollte sie tragen und konnte
sie tragen. Was ihm vor allem zu statten kam, war eine
vorzügliche Gabe, zu organisieren. Jene irischen Mönche hatten
trotz des besten Willens und der tiefsten Frömmigkeit nicht vermocht, eine dauerhafte Kirche zu gründen. Der Angelsachse hat
es fertig gebracht. Sein scharfer Blick ließ ihn immer erkennen,

was im Augenblick zu erreichen war. Sofort hat er jedesmal
darnach gegriffen und so schrittweise festen Boden gewonnen.
Gewandt und klug, verstand er es, die Verhältnisse zu benutzen,
ohne daß ihm eine jesuitische Handlungsweise nachgesagt werden
könnte. Er ist das vollendete Gegenbild jenes Amandus,
dessen unglückselige Arbeit wir verfolgt haben. Beide sind
zwar tief ergriffen von der Wahrheit des katholischen Glaubens;
beide zeigen einen heiligen, ja verzehrenden Eifer, die katholische Kirche auszubreiten. Aber Amandus ist ein eifriger
Schwärmer, Bonifatius ein eifriger Praktiker; dort ein gewisses
Zufahren und Hin- und Hertappen; hier verständige Ueberlegung und Ausdauer. Jeder Schritt wurde genau überlegt;
so ersparte er es sich fast immer, getroffene Maßregeln wieder
rückgängig machen zu müssen. Er war nüchtern in der Beurteilung der Wirklichkeit. Er wollte nicht mehr und nichts
Anderes, als unter den damaligen Verhältnissen möglich schien.
Das ist der Hauptschlüssel zum Verständnis seiner Erfolge.

Welches war denn eigentlich sein Werk? es ist ein
doppeltes. Er hat am mächtigsten eingegriffen in die Geschichte
der deutschen Lande; aber auch im eigenen Vaterland finden
wir die Spuren seines Wirkens.

Bonifatius ist der Baumeister, welcher den Grundstein
zu der gewaltigen päpstlichen Macht gelegt hat, welche sich im
Mittelalter unter den Deutschen besonders entfalten konnte.
Durch ihn wurden die Bischöfe gewöhnt, nach Rom hin zu
horchen. Durch ihn wurde die öffentliche Meinung geschaffen,
daß nur im engsten Zusammenhang mit Rom eine christliche
Kirche blühen und gedeihen könne. Was Bonifatius angefangen,
hat Karl der Große kräftig durchgeführt. Dessen Ziel ist es
ja gewesen, Ein großes Reich christlicher Völker zu bauen.
In diesem neuen Reich sollte das alte römische Weltreich, das
in Trümmer gesunken war, wieder erstehen. Der christliche
Staat war das Ziel, zu welchem alle Maßregeln seiner Regierung helfen sollten; von diesem Gedanken aus werden sie erst
recht verständlich. Karl der Große wollte einen christlichen
Weltstaat heraufführen und eben damit sich als getreuen
Schüler des Bonifatius ausweisen.

Er ist es auch gewesen, welcher das Missionswerk des
Bonifatius weiter ausgebaut hat. In der deutschen Mission
der ältesten Geschichte kann man drei Linien ziehen. Die

erste Linie bildeten die Länder an der Donau und am Rhein und die Landschaften, welche zwischen beiden Strömen liegen. Hier finden wir die ältesten Christen. Es sind die Bewohner der ehemaligen römischen Provinzen. Hinter dieser ersten Linie standen die Völkerschaften der Franken, Hessen, Thüringer. Sie bildeten das Herz von Deutschland. Hier war es den Römern nie gelungen, festen Fuß zu fassen. Ihnen widmete sich vor allem Bonifatius. Hier finden wir sein Missionsfeld. Noch aber waren Deutsche übrig, welche dem Andrange des Christentums in zäher Entschlossenheit gegenüberstanden. Es sind die Alt=Sachsen. Sie hatten den Norden Deutschlands in Besitz, waren Herren über die Niederelbe, Weser und Lippe und wurden nordwestlich durch die Ems von den nahe ver= wandten Friesen getrennt. Wir wissen, daß Bonifatius gerade diesen Stämmen so gern seine Thätigkeit gewidmet hätte. Was ihm nicht gelang, blieb deshalb nicht ungethan. Ja, es geschah ganz in seinem Geist. Der Abt Sturm († 779) ist es gewesen, welcher wegen seiner großen Dienste in den Sachsenkriegen sich den Namen: eines Apostels der Sachsen errungen hat. Die blutigen Kriege selbst aber hat Karl mit unerschütterlicher Ausdauer geführt und so mit dem Schwert in der Hand den Weg geebnet.

Blicken wir auf dieses katholische Missionswerk zurück und urteilen darüber als Protestanten. Nie darf man ver= gessen, daß es in jenen frühen Zeiten fast unbedingt not wendig war, gerade die römische Bischofskirche einzuführen, wollte man nicht überhaupt auf den Bestand eines kräftigen Kirchentums verzichten. Das Heidentum bildete immer noch eine geschlossene Macht. Den zarten Anfängen christlichen Glaubens und Lebens mußten von hier aus Gefahren drohen. Gerade die Sachsenkriege, welche Karl 33 Jahre hindurch führte, geben den besten Beweis, welche unheimlichen Kräfte noch im deutschen Heidentume verborgen lagen. Dieser Macht konnten „freie" christliche Gemeinden, wie solche etwa von den irischen Glaubensboten teilweise gegründet waren, auf die Dauer keinen siegreichen Widerstand leisten. Ihr mußte eine ebenso geschlossene Macht entgegentreten, und Bonifatius hatte nicht unrecht, wenn er diese in der streng gegliederten römischen Bischofskirche fand. Erinnern wir uns weiterhin, wie der fränkische Staat zum Teil in recht eigen=

mächtiger Weise mit der Kirche umging. Es lag demselben bei der Wahl seiner Maßregeln keineswegs die Frage am nächsten: wird diese oder jene Verordnung zum Besten des christlichen Lebens dienen? Die Kirche war sich ihrer Eigenart kaum bewußt geworden und führte kaum ein selbständiges Leben. Sie lebte vom Staate und war durchaus von ihm abhängig. Bonifatius stärkte die Kirche in ihrer Selbständigkeit und lehrte sie auf ihre Rechte merken. Er durfte das: denn keiner hat mit solchem Ernst Gemeindegliedern und vor allem Priestern ihre Pflichten eingeschärft. Dadurch aber, daß er es that, hat er die Fortdauer der Kirche möglich gemacht. Man mag es tief bedauern, daß an die Einführung des römischen Kirchentums in Deutschland so verhängnisvolle, das religiöse wie für das staatliche Leben gleich schädigende Folgen sich anschlossen; man darf aber für dieselben Bonifatius nicht verantwortlich machen. Er hat nicht nur in guter Meinung gehandelt, sondern eben das gethan, was zur Sicherung der kirchlichen Verhältnisse das einzig Mögliche war. Das Unheil, das Rom über die deutschen Lande gebracht hat und noch immer bringt, ist dem Papsttum, nicht dem Bonifaz auf die Rechnung zu schreiben. Und es ist eine tragische Fügung, daß gerade die Arbeit der besten und ernstesten Diener der katholischen Kirche immer nur dazu dienen mußte, den Glanz des Apostelfürsten zu erhöhen.

Vom deutschen Boden nur einen kleinen Ausblick auf des Bonifatius Heimatland hinüber! Auch hier finden wir noch manche Spuren seiner Teilnahme und Arbeit; und wie viele Spuren haben die Jahrhunderte verwischt! In einer stattlichen Reihe von Briefen beschäftigt sich Bonifaz mit den heimischen Angelegenheiten. Bald erteilt er einen Rat; bald giebt er eine Mahnung. Es that ihm bitter weh, daß seine Volksgenossinnen in Italien zu schlechtem Wandel verführt werden. Dringend verlangt er einen englischen Kirchentag, um diese Mißstände offen zu besprechen und auf ihre Abschaffung zu dringen. Ebenso ernst ist es ihm, wenn er seine Stimme gegen den überhandnehmenden Luxus, besonders in der Kleidung, erhebt. Er sieht darinnen nur die „Vorboten des Antichristen, der durch seine Diener mit List Ausschweifung und Unzucht in die Mauern der Klöster einzuführen gedenkt." Am tiefsten hat ihn die Nachricht von den Ausschweifungen

des Königs von Mercia erschüttert. Sein Herz blutete, als
er davon hörte und sich die Gefahr klar machte, welche durch
ein solches schamloses Leben der Kirche drohte. Mit den
ernstesten Worten wendet er sich sofort an den König und
ruft ihn zur Buße. Er schreibt: „es ist die Sage von einem
bösen Leumund über den Wandel eurer Liebden zu unseren
Ohren gekommen, worüber wir uns betrübt haben und
wünschen, es möchte nicht wahr sein: Ihr hättet nämlich, wie
uns viele erzählen, Euch nicht ehelich verheiratet, was doch
von Gott dem Herrn von Anbeginn der Welt bestimmt und
durch Paulus eingeschärft wurde (1. Kor. 7, 2). Hättet Ihr
um der Keuschheit und Enthaltsamkeit willen Euch der ehelichen Verbindung aus Furcht und Liebe Gottes enthalten
wollen und es vor Gott wahrhaftig erfüllt und bewiesen, so
würden wir uns darüber freuen, weil es nicht tadelnswert,
sondern mehr lobenswert ist. Wenn Ihr aber — möge es
nicht sein! — weder ein gesetzlich Ehegemahl angenommen,
noch Keuschheit und Enthaltsamkeit vor Gott bewahrt habt,
sondern von der Lust beherrscht mit den Lastern der Ausschweifung und des Ehebruchs den Namen Eurer Ehre vor
Gott und den Menschen befleckt habt, so betrüben wir uns
sehr, weil vor Gottes Angesicht eine Schandthat und vor
den Menschen eine Befleckung Eures Ruhmes und Eurer
Ehre darin liegt; und, was noch schlimmer ist, die uns das
erzählen, fügen bei, daß diese Unthat meistens mit Nonnen
und Gott geheiligten Frauen in Klöstern verübt werde; daß
das eine doppelte Sünde sei, ist nicht zweifelhaft: deshalb
bitten und beschwören wir Euch, geliebtester Sohn, bei Christus
dem Sohne Gottes und bei seiner Ankunft und seinem Reiche,
daß Ihr Euer Leben durch Reue bessern und reinigen möget.
Seid eingedenk, wie anerkannt unziemlich es ist, das Bild
Gottes, welches Euch anerschaffen ist, durch Ausschweifung
zum Bild und der Aehnlichkeit des bösen Teufels zu verkehren.
Und Ihr, welchen nicht eigene Verdienste, sondern die reiche
Güte Gottes zum Könige und Fürsten über Viele gestellt hat,
solltet Euch selbst zum Sklaven des bösen Geistes durch Ausschweifung machen, sintemal nach dem Wort des Apostels:
wer Sünde thut, der ist der Sünde Knecht! Nicht bloß bei
den Christen, sondern auch bei den Heiden gilt es für Schmach
und Schande, da sie selbst, obwohl sie den wahren Gott nicht

kennen, doch von Natur des Gesetzes Werk thun, und was
Gott von Anfang an geboten hat, in diesem Punkt beobachten,
da sie ihren eigenen Weibern den Bund der Ehe halten.
Wenn im alten Sachsenland eine Jungfrau das väterliche
Haus durch Unzucht entehrt, oder wenn eine verheiratete Frau
den ehelichen Bund mit Füßen tritt, so zwingen sie dieselbe
bisweilen, mit eigener Hand an einem aufgehängten Strick
ihr Leben zu enden; über den Hügel der verbrannten Leichen
hängen sie aber den auf, der sie geschändet hat . . . auch die
Wenden, die sonst ein gar häßliches und wüstes Geschlecht
sind, bewahren doch die gegenseitige eheliche Liebe so eifrig, daß
das Weib nach dem Tode ihres Mannes nicht mehr leben
mag . . . Drum ist es höchste Zeit, dich nicht weiter zu be-
flecken." Diesen Brief legte Bonifatius einem andern bei,
welchen er an den Priester Herfrid sandte; dieser vermochte
noch am meisten über den König und sollte ihm deshalb auch
des Bonifatius Schreiben überreichen, welches er nur verfaßt
hatte, „weil ich, aus demselben Volk der Engländer geboren
und darinnen erzogen, obzwar nach der Vorschrift des
apostolischen Stuhles nur in fremdem Lande wirkend, der
Güter und Tugenden meines Volkes mich von Herzen freue,
über ihre Sünden aber und üble Nachreden innigst traure
und mich betrübe." Der Brief blieb nicht ohne Eindruck.
Der König berief einen Kirchentag (747), auf welchem mit allem
Ernst an die Reformation des priesterlichen und mönchischen
Standes in sittlicher Beziehung herangetreten wurde. Auch
sandte er dem König einen Habicht und zwei Falken, deren
Zucht in Deutschland hoch stand, und der Königin Ethelburga
einen silbernen Spiegel und elfenbeinernen Kamm. Dies weist
auf eine Aussöhnung mit dem König hin. Noch tiefergehend
war der mittelbare Einfluß, welchen Bonifatius auf die englische
Kirche ausübte. Er galt dort bald als Vorbild, und man
war auf seinen Namen stolz. Die Einrichtungen, welche er
auf den fränkischen Kirchentagen beantragte, wurden jenseits
des Kanals nachgeahmt. Dadurch wurde das Band zwischen
der angelsächsischen Kirche und der des deutschen Festlandes
desto fester geknüpft und beide zusammen um so unauflöslicher
an Rom gekettet.

Die treue Teilnahme, welche Bonifatius an dem Ergehen
seiner Heimatkirche allezeit nahm, haben ihm seine Genossen

treulich belohnt. Als tüchtige Mitarbeiter sind sie an die
Seite ihres großen Landsmannes getreten und haben auf
deutschem Arbeitsfelde ihre Gaben und Kräfte verwendet.
Schon wiederholt haben wir auf die große Bedeutung hin=
gewiesen, welche die englischen Frauen für die deutsche Kirche
und das deutsche Volk hatten. Manchmal in der späteren
Geschichte ist die sächsische Stammesverwandtschaft wieder offen
an den Tag getreten. Jene schöne, stille Frau, Edgitha, welche
17 Jahre an der Seite des großen Kaisers Otto I. dem
deutschen Volke eine Landesmutter im wahren Sinne des
Wortes wurde (929), jene jugendliche Braut Mathilde, welche
Heinrich V. einstens zu Mainz an den Traualtar führte (1414),
jene treue, liebliche Gemahlin Heinrichs des Löwen, welche
ihn in den Stürmen seines Lebens aufrecht hielt (1168), des
großen Hohenstaufen Friedrich II. Weib, Isabella, deren Tod
ihm so bitter weh that (1241) — in ihnen allen floß angel=
sächsisches Blut; und wie einstens Lioba sich des Volkes Liebe
errungen, so haben's diese nicht minder verstanden. Bonifatius
ist es gewesen, welcher zuerst das Band zwischen Albion und
den deutschen Stammesbrüdern fest geschlungen hat.

Nach all dem, was wir von der Person und dem Werk
des Bonifatius gehört haben, können wir nicht anders, als
in das Urteil einstimmen: er war der größte angelsächsische
Missionar, und die christliche Kirche Deutschlands hat ihm
vieles zu verdanken. Am meisten hat uns seine Gestalt
erinnert an einen Mann der katholischen Kirche Frankreichs
im 17. Jahrhundert: an Vincenz von Paula (1576—1660),
den Gründer des Ordens der barmherzigen Schwestern. Nie
hat dieser nach hohen Kirchenwürden gestrebt. Immer be=
wahrte er seine einfache Schlichtheit, obgleich er in den höchsten
Kreisen Frankreichs verkehrte. Er war eine durchaus praktische
Natur und sein ganzes Denken immer aufs Handeln gerichtet.
Seine Anfechtungen überwand er durch tüchtige Arbeit. „Lasset
uns Gott lieben, aber mit der Kraft unserer Arme und im
Schweiß unseres Angesichts," so muntert er die barmherzigen
Schwestern auf, welche er zuerst um sich versammelt hat.
Beten ist recht; Frömmigkeit ist gut: aber sie muß arbeitsam
sein. Daneben bleibt er besonnen und ruhig. Er thut nur,
was er erreichen kann, und vergeudet seine Kräfte nicht für
Unmögliches. Er beherrscht die Verhältnisse, weil er sich

selbst zu beherrschen weiß. „Lassen wir Gott machen und
halten wir uns demütig im Warten und in Abhängigkeit von
den Befehlen der Vorsehung", pflegte er zu sagen, wenn ihm
jemand seine zuwartende Haltung vorwerfen wollte. Ein tiefes,
innerstes Gottvertrauen war seine Stütze. — Sind das nicht
dieselben Charakterzüge, wie wir sie bei Bonifatius beobachtet
haben? Aber die Aehnlichkeit beider Männer wird dadurch
noch eine größere, daß sie teilweise dieselben Aufgaben zu
lösen hatten. Die französische Priesterschaft war äußerst
heruntergekommen; man mußte etwas zu ihrer Hebung thun.
Die Gemeinden waren entsprechend verwahrlost, das kirchliche
Leben erlahmt. Kaum hatte Vincenz die Not erkannt, als er
schon nach einem Hülfsmittel griff. Wie Bonifatius seine
Landsleute herüberrief, um dem deutschen Volke die Lehre des
Evangeliums näher zu bringen und Arbeiter für die Mission
unter demselben zu erhalten, so stiftete Vincenz eine Gesellschaft
von Priestern, welche aufs flache Land hinausgehen und daselbst
christliches und kirchliches Leben wecken sollten. Wie Boni=
fatius in Lioba eine tüchtige Genossin im Missionswerk und
vor allem in den Werken der helfenden und dienenden Liebe
gefunden hatte, so verband sich Vincenz mit Louise Marrilac,
Madame le Gras, welche ihm bei Ausbildung der barm=
herzigen Schwestern hingebungsvoll an die Hand ging, in der
Ueberzeugung, „daß in unserem Jahrhundert die göttliche
Vorsehung sich unseres Geschlechtes bedienen will, um klar
erscheinen zu lassen, daß sie allein es ist, die den bekümmerten
Völkern mächtige Hülfe leisten will zu ihrem Heil." Selbst
der Schatten fehlt nicht, den wir bei Bonifatius Haltung
gegenüber den Irrlehrern entdeckt haben. Vincenz stellte seinen
barmherzigen Schwestern die Aufgabe, den Armen zu dienen,
„um sie zu unterweisen und ihnen zu helfen, daß sie in das
Paradies eingehen": mit andern Worten, sie sollten die ketze=
rischen Protestanten, die sie pflegten, bekehren. Und so voller
Liebe er war, so unduldsam ging er gegen Andersgläubige
vor. Er jubelte, wenn aus einem Spital die Nachricht kam,
daß dort 20 oder gar mehr Irrgläubige bekehrt waren. Denn
beide trugen das Joch des Papstes: Bonifatius hat es mehr
nur geahnt, Vincenz hat es gewußt. Und von dem giftigen,
jesuitischen Hauch, welchen die katholische Kirche seit der
Kirchenversammlung in Trient atmet, ist denn doch die Gestalt

des Bonifatius rein geblieben. Nie mögen ihm jene demütigen und bescheidenen Worte vergessen sein: „Wiewohl ich der letzte und schlechteste aller Sendboten bin, welche die katholische und apostolische römische Kirche zur Predigt des Evangeliums bestimmt hat, so möchte ich doch dereinst nicht ganz ohne Frucht des Evangeliums sterben und ohne Söhne und Töchter heimkehren, damit ich nicht, wenn der Herr kommt, weder beschuldigt werde, das Talent vergraben zu haben, noch, wie es meine Sünden verdienten, für meine Arbeit statt eines Lohns die Strafe wegen eines unnützen Tagewerks von dem empfange, der mich gesandt hat."

Anhang.

Die Osterfrage (in der irischen Kirche).

Bei der Osterfrage handelt es sich um zwei Fragen:
1. Welcher Cyklus von Jahren muß abgelaufen sein, ehe der Ostervollmond wieder auf denselben Tag fällt?
2. An welchem Tage des Ostermonats ist die Osterfeier zu begehen? Genauer: darf Ostern, wenn der unmittelbar auf den Ostervollmond einfallende Sonntag der vierzehnte Mond ist, bereits an diesem Tage gefeiert werden?

Zur Berechnung des Cyklus, nach welchem die Osterfeier anberaumt wurde, bediente sich die römische Kirche des 84jährigen Cyklus. Patric führte diese römische Ordnung in Irland ein, wo sie im siebenten Jahrhundert noch zu Recht bestand. Dabei ergaben sich bedeutende Abweichungen zwischen dem Morgen= und Abendland. In Alexandrien benutzte man den Cyklus mit 14jährigem saltus; die römische Berechnung kannte nur den 12jährigen. Unter Leo I. (440—461) entbrannten die Osterstreitigkeiten zwischen Rom und Alexandrien aufs neue. Nach der römischen Rechnung, deren neuer Cyklus im Jahre 382 begann, fiel Ostern im Jahre 444 auf den 26. März, in Alexandrien auf den 23. April. Leo bequemte sich zunächst der Rechnung der Alexandriner an. Papst Hilarius führte sodann 465 eine verbesserte Osterberechnung ein, welcher die römische Kirche bis 567 folgte. Da lieferte der Abt Dionysius unter Zugrundelegung des 90jährigen Cyklus eine Ostertafel, welche eine einheitliche Zeit herbei führte. Rom und ganz Italien nahmen diese Rechnung an,

Gallien behielt einen mittleren Cyflus bei, die Briten blieben bei dem 84jährigen stehen.

Die irische Osterberechnung begriff auch den vierzehnten Mond selbst dann, wenn er auf den Sonntag fiel, unter die Zahl derjenigen Tage ein, an welchen Ostern gefeiert werden durfte. Jene kleinasiatische Sekte der Quartodezimaner dagegen hielt am Wochentag fest und beging Ostern nicht ausschließlich an einem Sonntag. Die Froschotten führten ihre Gewohnheit auf die Ostertafel des Bischofs Anatolius von Laodicea zurück. Dieser hatte den 90jährigen Cyflus zu Grunde gelegt, aber eine neue Rechnung aufgestellt, wobei die Tag= und Nachtgleiche auf den 19. März verlegt wurde. Diese Ostertafel hatte die irische und britische Kirche in verderbter Form überkommen. Dieselbe war jedoch bereits auf der Kirchenversammlung zu Nicäa verworfen. (Bellesheim, Geschichte der irischen Kirche.)